LET'S GET REAL OR LET'S NOT PLAY

帮助客户成功

TRANSFORMING THE BUYER/SELLER RELATIONSHIP

世界500强企业使用的解决方案销售实用教程

[美] 马汉·卡尔萨（Mahan Khalsa）
兰迪·伊利格（Randy Illig） 著

中国青年出版社

图书在版编目（CIP）数据

帮助客户成功：世界500强企业使用的解决方案销售实用教程 /（美）马汉 · 卡尔萨，（美）兰迪 · 伊利格著；彭相珍译. —北京：中国青年出版社，2023.12
书名原文：Let' s Get Real or Let' s Not Play: Transforming the Buyer/Seller Relationship
ISBN 978-7-5153-6917-4

Ⅰ. ①帮… Ⅱ. ①马… ②兰… ③彭… Ⅲ. ①销售管理 Ⅳ. ①F713.3

中国国家版本馆CIP数据核字（2023）第001514号

帮助客户成功：世界500强企业使用的解决方案销售实用教程

作　　者：[美] 马汉 · 卡尔萨　兰迪 · 伊利格
译　　者：彭相珍
审　　校：张小虎
策划编辑：肖　佳
责任编辑：刘宇霜
美术编辑：张　艳
出　　版：中国青年出版社
发　　行：北京中青文文化传媒有限公司
电　　话：010-65511272 / 65516873
公司网址：www.cyb.com.cn
购书网址：zqwts.tmall.com
印　　刷：大厂回族自治县益利印刷有限公司
版　　次：2023年12月第1版
印　　次：2023年12月第1次印刷
开　　本：787mm × 1092mm　1/16
字　　数：266千字
印　　张：17.5
京权图字：01-2021-6511
书　　号：ISBN 978-7-5153-6917-4
定　　价：69.00元

好评如潮

《帮助客户成功：世界500强企业使用的解决方案销售实用教程》是每个客户服务类从业者的必读之作。它是所有行业中每个顾问的必备宝典。

——里克·韦勒，
怡安咨询怡安全球CEBS高级副总裁

本书正确地将销售的艺术定位为建立人际关系的艺术。这是一种简单、有力、实用的发展业务的方式。

——约翰·詹斯奇，
《胶带营销》（*Duct Tape Marketing*）作者

如果你想在竞争中脱颖而出，请阅读本书。最重要的是，这本书将助你帮助你的客户成功，你也将更成功。

——杰夫·伦奇，
佩罗系统公司全球销售与营销执行副总裁

对于致力于提升销售技能和订单的任何级别的销售人员，本书是必读。两位作者很好地解释了销售流程的基础，即了解客户需求，与客户建立信任，让客户接受你。

——阿芒·A. 马努吉安，
联合商业技术公司首席执行官

销售是一份复杂的、充满竞争和挑战的职业。两位作者向读者展现了思考客户的方式，这种思考方式将产生更好的解决方案、更高的客户忠诚度、更大的交易额，并减少销售人员及其客户浪费的时间。

——杰弗里·P. 凯恩，
NEC统一解决方案公司总裁

本书不是给那些随易、投机取巧、想浏览技巧的销售人士准备的，而是面向那些希望在销售中做到真实的人。两位作者提供了一套理念、该做什么以及如何做等信息，明确地指导我们如何应对一些最艰难的挑战，取得销售的突破性成功。

——戴夫·斯坦，
ES研究集团首席执行官和创始人

将本书送给你的每一个潜在客户吧。如果他们阅读了这本书，并理解了关于销售和购买的变革性信息，你便拥有一个很好的潜在客户；而如果他们不理解，那将为你节省大量的时间，继续前进，去寻找其他潜在客户吧！

——泰勒·麦克唐纳，
Deltek全球渠道和销售联盟副总裁

本书对于任何一个从事B2B销售的人而言，都是至关重要的。本书分享的概念和工具，将把你的理解、思考、信任度和影响力提升到新的水平，为你与客户的合作创造最佳的基础，从而为双方创造非凡的成功。

——格雷格·博伊德，
MIS集团总裁

本书提供了一条强大的流程和一套实用的工具，能帮助销售人员远离效率低下的销售活动并做到真实，真正地理解客户并创造价值。如果你想要持续地赢，且留住客户，就阅读本书。

——拉尔夫·奥利瓦，
宾夕法尼亚州立大学斯米尔商学院商业市场研究所执行董事

这是一本能够帮你实现销售的实用指南。

——菲尔·克拉克，
英维思过程系统公司全球销售和营销高级副总裁

本书直指如何成为真正帮助客户成功的世界级、可信的顾问的核心。本书提供的方法和工具，可以使任何想要为客户提供价值，而不仅仅是提供收费服务的公司发生巨大改变。

——安·拉斯罗普，
Crowe Chizek and Company LLC市场开发和销售主管

目 录

序　言

史蒂芬·R. 柯维

在销售和提升收入方面，各大公司发现自己正面临着巨大的压力，需要实现更快、更好地销售，以获得更高水平的销售绩效。此外，全球的竞争变得非常激烈，买家变得日益精明，给卖家施加压力，要求他们以更低的价格销售更多的东西。在这种大环境下，许多公司，甚至是那些最成功的公司发现，为了保持利润水平，缩短销售周期和降低成本，以及发展长期的业务伙伴关系，他们不能像过去那样销售，他们必须做出改变。

我认为，公司和涉及销售流程的每个人，无论是公司的首席执行官、销售经理，还是销售人员，都应该打破无效的销售和购买习惯，采用全新的范式和框架，将销售提升到一个更高的水平。

在《帮助客户成功：世界500强企业使用的解决方案销售实用教程》这本书中，你将看到一个实现卓越销售的全新范式，以及引领你在全球竞争环境中达成高效销售的习惯。我相信，本书的框架、原则和“怎么做”的指导，为创造和保持卓越的销售绩效提供了必要的流程、方法、工具和技能。没有其他的销售图书像本书一样，我对书中实现长期销售成功的持久原则充满了信心。

多年来，马汉以谦逊和勇气，挑战了购买与销售的传统范式，我对此深表钦佩。他创造了一种以原则为中心的突破性方法，帮助买卖双方消除恐惧和对彼此的不信任，破除因缺乏信任而产生的诸多无效的做法。本书的核心即“帮助客户成功”思维方式、工具箱和技能组合。马汉为商界提供了一种强大的、常识性（但尚未成为常规做法）的方法，让买卖双方都能以真实、相互信任和诚信的方式，进行沟通、思考和行动，从而实现双赢。

马汉的方法认为，销售人员需要热切地关注客户，帮助客户成功。简单地说，销售人员越是专注于客户的业绩，他们自己的销售绩效也就越好。此外，如果这个过程以真实有力的方式进行，那么在客户眼中，销售人员就转变为值得信赖的商业顾问。这将为未来的业务构建有协同作用的伙伴关系，将销售带入一个更高的层次——体现在高度正直、值得信赖、双赢的关系，以及增加的商业机会和收入上。

在这本书中，马汉与他的同事兰迪提供了一个完整的销售流程和框架，这将能够极大地提高整个销售周期内的销售绩效和效率。从为销售漏斗注入正确的新机会，到确定和提升商业机会，再到结束业务，通过遵循本书的这一流程，销售组织将实现成功。最好的一点是，他们提高现在销售绩效的方式，将为未来创造更多的销售额。

我相信，在本书中，销售团队的领导者、销售团队或销售人员都将为他们面临的日常挑战找到答案。通过提供必要的范式、流程和技巧，这本书将帮助领导者，让他们不是专注于快速的解决办法，而是专注于持久销售成功的原则。至关重要的是，领导层需要重新思考销售的方式，以及如何管理团队。马汉和兰迪在本书中，为销售团队的领导者提供了他们需要的东西，帮助他们建立和维持一种卓越的销售文化，这种文化将释放销售人员潜力，使他们积极主动地帮助客户成功，并在此过程中，实现自身的成功和成就，不仅是在短期，也是持续、年复一年地。

在团队或个人层面，关于他们的角色以及如何极大地提升销售绩效，销售人员将获得一种全新的思维方式。乍看之下，本书的许多原则似乎有违常理，但它们挑战销售人员以不同的方式看待问题，并提升了他们帮助客户成功的能力。以“移开解决方案”为例。没有迫不及待地开始谈论他的解决方案以及它有多棒，你能想象这样的销售人员吗？然而，为了让客户感到被理解和重视，销售人员必须遵循先理解客户，再寻求被客户理解的原则，这就要求销售人员少说、多听。要做到这一点，销售人员就要首先移开解决方案，提出有效的问题，然后用心聆听。

在本书中，销售人员将学习如何创造一个诚实和开放的环境，让客户有足够的安全感，分享他们的想法、信念和价值观。通过这个过程建立起的信任，使客户能够与销售人员一起，共同论证业务逻辑，并提出精准满足客户需求、对双方有益的解决方案。这是真正的共赢!

我相信，遵循马汉和兰迪所提供的销售框架，将让所有销售人员感到更有活力和力量。对于销售人员而言，没有比没能完成业绩更沮丧的事情了。此外，销售人员越是没完成业绩，越有可能被提高指标，导致销售压力倍增。拥有本书介绍的思维方式、工具箱和技能组合，销售人员将在工作中找到全新的自由和乐趣，因为他们将拥有一种已被证明有效的方法，可以让他们与客户进行诚实、结构化的业务对话，让客户感到被理解和重视，并得到成果显著的解决方案。

在竞争日益激烈的全球市场，值得信赖的商业顾问的角色是最重要的区别。那些能真正理解客户和客户的业务问题，并提供切实利益的人，能更好、更快赢得更多业务。

这是一本强大、具有突破性的书。马汉和兰迪巧妙地将影响力和销售的艺术与科学放在了一个新的、更高的高度。任何希望通过具有实用性、纪律性、常识性的销售流程和执行来重新调动与更新其销售队伍的组织，将在本书中找到经过验证的答案。马汉和兰迪证明，你确实可以通过完全聚焦于帮助客户成功来创造双赢的结果，并在任何销售组织中创造一种卓越的文化。

对于任何从事销售和业务拓展的人来说，这都是一本必须阅读和实践的经典，但它的重要意义远不止于此。我发现，马汉和兰迪在本书中提供的关于有效人际交往、建立信任、批判性思维和执行的原则，对整个商界来说，都是极其宝贵的。

前　言

关于这本书的诞生，其实有一个故事。有些读者可能并不想要知道。你可能更喜欢跳过前言，直接阅读正文。毕竟，如果书的内容无法吸引你，你又怎么会对这个故事感兴趣呢？而且，你总是可以回过头来看这个故事。如果你更喜欢这样，那么请直接跳到本书的引言。跳过这本书背后的故事，并不会影响你对本书的阅读和使用。

但其他读者喜欢先了解作者和他们的背景，从而对即将阅读的内容有一个概念。如果你是这类读者，请接着往下看。

我是马汉 · 卡尔萨，我和本书的合著者兰迪 · 伊利格都认为，故事由一个人讲比两个人讲更好。因此，尽管本书的主体是我们两人共同努力的结果，并以共同的声音来书写，但在这篇前言中，我是讲故事的人。这似乎是合宜的，因为这段旅程从我开始，随后才有兰迪的加入。为了保持一些平衡，兰迪在本书结尾处的“结语”部分接着我的讲述，完成了整个故事。

我热爱销售。它激励着我在各个方面不断地成长。我非常期待与客户一起工作。但我向你保证，情况并非总是如此，而且远非如此。

我与销售的最初接触是痛苦的。我当时正需要一份工作来完成大学学业，所以找了一份挨家挨户推销的职位。负责培训我的人，让这份工作看起来轻松无比。他负责的销售区域很好，当他敲门的时候，人们会说，“约翰，很高兴见到你，你今天给我准备了什么？”于是我对自己说，“我也可以做到”。但我被分配到了镇上最糟糕的区域。我一敲门，屋里的人就会拉下窗帘，要么就是大声地咒骂我。常规的流程是这样：敲门，被拒绝，再重复个50到100遍，终于卖出去一件东西。哪怕终于做成一单生意，麻烦依然可能发生：要么对方要求我一周之后送货，但送货时却发现没人在家；或对方没钱支付货款；或买家已经搬走了；或他们反悔了，不想要自己买的东西……总之，这是一段残酷的人生体验，令我倍感受伤。

于是我决定换另一份销售工作，依然是挨家挨户的兜售，但这次的销售区域是有很多高楼的城市。我想，如果所有潜在客户离得很近，我如果被拒也会被拒得很高效。培训我的人，用销售员最常说的一句话安慰我："没问题！"他会按大楼顶层住户的门铃，住户应答后，销售员会说："西联汇款（Western Union）！"对方会打开楼下的门，然后我们爬到最顶层。那个人开门后，我的主管就会开始推销。几分钟后，那个人非常困惑地说："我以为你是西联汇款公司的人。"我的主管会理直气壮地说："西联汇款？哦，我的天呐，我很抱歉，我刚刚说的是我的名字，莱斯特·纽曼（Lester Newman）。"对方会生气地摔上门，但我们有机会继续去敲这栋大楼里其他住户的门了。

后来我在一家工厂里找到了一份工作，这是我人生中最快乐的一段时光。多么幸福啊！我向自己保证，我永远也不会再干销售了。我之前的销售经历，对买方和卖方来说都是一种折磨。

就这样，我完成了大学学业，毕业当天我把所有的书都烧了，并发誓自己再也不会进入大学学习了。经历过更多的冒险，以及试图找到自己真正想做的事情之后，我成为一个社区瑜伽和冥想团体的主任。我们每天凌晨3:30起床，洗个冷水澡，然后做2.5小时的瑜伽和冥想。我很乐意整天沉浸于瑜伽和冥想中，然而这种生活方式要求我们将每天晨练给予的东西应用于日常的真实世界。为此，许多社区居民开创了自己的事业，以便在日常生活中践行这些价值观。

我参与了其中几个小型的创业项目。尽管我不愿意回到学校，但我发现，如果我获得一个工商管理硕士学位，这将符合我这些成长中的企业的最佳利益。我很幸运地被附近的哈佛商学院录取了，这样一来，我在上学的同时，可以保持与这些企业的联系。

获得工商管理硕士学位后，我创办了一家计算机系统公司。在耗尽风投资本后，新公司到了必须销售东西的阶段，对我来说，那是一个危机和难题。一方面，作为公司的负责人和创始人，我觉得，如果公司没有足够的收入，就得由我来负责创收。另一方面，我在销售方面的经验使我认为，你要么是一个销售人员，要么是一个精神领袖，但不能两者兼是。

紧张有时能产生创造力。我积极地寻找各种途径，以便以高效且相互尊重的方式来销售。这二者的结合很难做到。有时候我觉得自己可敬，但没有销售成功。有时候我成功地获得了即时收入，但妥协了个人的价值观，并且可能损害了我与客户的长期关系。有时候，我觉得我都做到了，但还是失败了。然而最终，我做到了。我不仅在自己曾经害怕和讨厌的事情上获得了成功，它还变成了我最喜欢做的事情。

当我们最终卖掉电脑公司时，我可以自由选择下一步要做什么。我在销售方面的演变，对我个人产生了深刻而积极的影响，我想其他人可能会从我所学到的东西中受益。我很幸运地与鲍勃·埃尔莫尔（Bob Elmore）建立了联系，他是安达信会计事务所商业系统咨询部的负责人。在研究了销售商业咨询和技术服务及产品的全球最佳实践后，我为安达信公司的合伙人设计并教授了一门课程。这门课程很成功，随着时间的推移，它也成为安达信公司在全球进行面对面销售的模式。

与安达信公司的成功合作，为我带来了与其他一流公司合作的机会，也引起了另一个难题。我寻求的是乐趣，而不是建立另一家大公司。我和妻子已经搬离了原来的社区，住在科罗拉多州博尔德市的山里，有一块美丽、宁静、占地32公顷的地产。我们两个人都不希望我把大部分时间花在出差上。此外，我的目标是，永远不要雇用一个以上的人，而这很快就变得不可能。幸运的是，我的一个客户是富兰克林柯维，他们看重我带来的东西，在1999年收购了我的公司，这是一段非常好的合作关系。他们让我做我擅长和喜欢的事情，同时提供全球规模的受众、优秀的人才和良好的管理。我们的部门被称为富兰克林柯维销售绩效部。

作为收购的一部分，我同意写一本书，且只能用业余时间来写，因为我们正在打造一个新的业务。我问出版一本书要多长时间，被告知大概需要18个月。但问题是，微软想要5000本（尽管我还没动笔），用于他们的全球合作伙伴大会，这个会议在4个月后举行。要写什么内容其实不是问题，我已经实践和教授这些材料多年，问题是漫长的出版流程。最终，我们解决了这个问题，自行出版了这本书，书名为《帮助客户成功：世界500强企业使用的解决方案销售实用教程》（*Let's Get Real or Let's not Play: The Demise of Dysfunctional Selling and the Advent of Helping Clients Succeed*）。

我为这本书感到骄傲，只通过富兰克林柯维和亚马逊网站发行，就已经售出10万多册。然而，当企鹅出版公司找到我们，表示他们希望我重新编写、拓展本书的内容时，我感到十分兴奋。自本书第一版出版以来，我和我的销售绩效部的同事们，已经与来自世界上最成功的公司的数万名销售人员和顾问合作。"帮助客户成功"课程已在40多个国家，以9种不同的语言教授。我们已为数十亿美元销售额的项目提供过辅导和咨询。因此，这本新书得益于近十年来的严格应用、持续改进和全新的材料。

应用、改进、新材料，这是介绍兰迪·伊利格的很好的切入点，因为他在这三个方面都起到了重要作用。我第一次见到兰迪时，他是一家非常成功的信息技术咨询公司的创始人和首席执行官，他的公司即将被授予微软年度最佳商业解决方案的荣誉。他和他的公司正在寻找销售培训，我代表销售绩效部接受了他们的面试。在得到他的几个重要高管的赞许后，我与兰迪会面。我们一拍即合，他雇用了我们，而我则负责培训。

与许多首席执行官不同的是，兰迪也参加了培训，并立即将其用于客户身上。他是那种以身作则的领导者，而且他树立了一个很好的榜样。一段时间后，他给我打电话说："你教的东西，都是好东西，都很有用，但我们如何在我们整个公司实施它？我们怎样才能真正做好它？我们如何继续改进？"我的回答是："做更多的培训。我们将强化基础，并不断增加更高级的技能。"兰迪沉默了一段时间，然后拖长声音说："好的……"我可以从他的声音中听出"这就完了？"的意思。我们都知道更多的训练会有用，但这并没有完整地回答他的问题。

兰迪积极行动，实施他认为必要的变革。他的公司继续取得了成功，随后被收购，这使兰迪开始思考如何利用他的自由时间，使之变得有趣而富有挑战性。幸运的是，他联系了我，看我们是否对他能为销售绩效部贡献什么感兴趣。我们当然感兴趣。兰迪加入了我们，立即领导了两项重要工作：第一项工作是开发辅导和咨询业务，使我们能够直接在现场与客户合作。第二项工作是销售领导力项目，通过将销售经理转变为销售领导者，使客户能够利用和维持他们在销售培训方面的投入。他的努力为我们的客户和富兰克林柯维带来了巨大的红利。

兰迪热衷于帮助客户成功。在他任职的早期，他认为我们需要提高自身帮助客户产生需求的能力。或许诸位已经不记得了，但20世纪90年代中期到后期，主要是一个满足需求的时代。你将小船划到机会的海洋里，鱼儿会自己跳上船，你的工作是，弄清楚哪些鱼要留下，并确保它们一直留在船上。过小的鱼会被温柔地放回大海，等它们日后长大了再捕。最优秀的渔民会得到最好的鱼，但似乎每个人都拥有很多鱼。

进入新世纪后，一切都变了。鱼儿不仅没有主动跳上船，还学会躲起来游走。很多鱼曾经上过钩，并且决定不再上钩。以前能够吸引鱼儿的饵料，已经被鱼儿嫌弃。能力一般的渔民空手而归。即使是那些最优秀的渔民，也不得不调整战术，提高捕鱼技能，他们不能坐等鱼儿上门，必须主动出击去找鱼。在当前更加典型的销售环境中，产生需求显然与满足需求同等重要。兰迪带领团队，打造和部署创造需求的能力，这种能力因其方法和产生的卓越结果而与众不同。

这个故事还没有讲完，虽然兰迪和我是本书的作者，但我们实际上是我们所合作的众多同事和客户的代言人。我们共同努力，不断推动自身成长，不断改进、不断超越。我们正在利用新的学习技术，来帮助销售人员加速和增强他们帮助客户成功的能力。我们正在完善我们的产品；我们正在实施新的商业模式，为个人和组织提供各种手段，以提高他们的销售绩效。

我们邀请你加入这场冒险，为这个正在进行的故事添砖加瓦。希望这本书能成为一段持续的对话，愿它能为你带来帮助。

引 言

销售技能也是生活技能。使我们在销售方面做得更好的东西，会使我们在生活中做得更好，反之亦然。当我们磨炼自己的销售能力时，我们学会了更清晰地思考和更有效地沟通，更有效地利用我们的时间和别人的时间，面对并克服人类的核心恐惧，变得更加警觉和灵活，生活变得更有吸引力和充满乐趣。

同样，几乎所有领域的研究和经验，都可以很好地应用在销售上。深刻影响我们生活的洞察和学习，可以极大地提高我们的销售能力。

虽然许多人的工作都在某种程度上涉及销售，但这本书针对的是从事企业对企业销售的人。本书面向的是那些希望发展持续的关系，而不是一次性交易的人。在持续的关系中，买家和卖家都必须参与到相互满足的共生关系中；否则，就会有一方想退出。重要的是，今天实现销售的方式能够带来未来更多的销售。

本书中的材料，倾向于复杂的销售，即会牵涉许多人、多个互动、重大投资和关系重大的商业问题。如果你从事的是不那么复杂的销售，你仍会发现书中的流程和技巧有帮助，尽管你可能会更迅速、不太深入地阅读。

许多商界人士认为，组织中的每个人和活动都会以某种方式影响销售。我们同意这个观点。本书的天然受众是那些直接负责营收增长的职业人士。然而，无论你的销售工作是全职还是兼职，已经成功还是正在通往成功的路上，经验丰富还是初出茅庐，你都会因本书受益。

术语的定义

在本书中，我们需要首先阐明几个术语的定义。

销售：我们认为销售是以客户满意的方式，帮助其实现成功的过程。对我们来说，帮助客户成功，不是销售的委婉说法——它是销售的本质。

> ★我们确信的一点是，我们所做的任何让客户更成功的事情，必然会给我们带来经济回报。
>
> ——杰克·韦尔奇

客户：这个词指的是任何我们试图帮助的人，试图帮助其成功。客户可以是当前的客户，也可以是潜在的客户。客户可以是组织的内部或外部人员。客户可以是多人，而且通常是多人。

在我们看来，“客户”和“顾客”是同义词，为了保持一致，我们在书中一直使用“客户”这个术语。但如果对你来说，“顾客”这个词更常见，那么可以在看到“客户”这个术语时，自行切换理解。

顾问：我们用“顾问”这个词来指任何试图帮助客户成功的人。顾问可以是销售人员、业务拓展人员、顾问、技术或专业顾问，或朋友。

做到“真实”：这是一个主观的术语，在本书中指的是成为真实的人，说我们真心想说的，与我们的价值观一致。做到真实涉及挑战懒惰的思维，穿透虚伪、游戏、防御、恐惧和错觉，审视自己的信念体系，找到问题的核心。

精准的解决方案：没有哪个解决方案是完美的，我们可能越来越接近完美，但不可能达到完美。我们使用“精准满足客户需求的解决方案”这一术语，来代表一个不比客户需求的多，不比可能实现的少的解决方案。它是一个目标，而非绝对的事物。它也是本书关键方法论、首字母缩略词为ORDER中的“E”。

> ★希望达到完美是合理的，因为这将使我们朝着完美靠近，尽管我们知道，永远也不可能达到完美。
>
> ——塞缪尔·约翰逊

提高觉察，增加选择

不存在所谓的终极销售方法，也没有绝对正确的做事方式。如果你目前所做的事情能让你得到想要的结果，就继续做下去。本书提供的是附加选项，而不是必须要做的。拿走你认为有用的东西，留下你不需要的东西。我们的目标，是提高你对于在销售对话中可以达成什么的觉察，并增加获得成功的选项，从而使你和客户都受益。提高觉察，增加灵活性，将带来更大的成功和乐趣。

为什么要读这本书

存在着巨大的机会，来从根本上提高买方和卖方的成功机会和满意度。在买方真正需要的东西和解决方案供应商所擅长的之间找到好的契合，有更多有效的方法。这是值得我们努力的。好的契合会带来双赢，而不契合会给双方都造成损失。

不幸的是，许多买方觉得销售人员是在试图强行达成契合。无论在“销售”前面加什么词（顾问式、解决方案、有远见的、创造性的、诚信、基于价值观的），都会让人联想到一个人对某人做某事，而不是为了他们或与他们一起做某事。即使是有才华、有道德的销售人员，在他们被证明无辜之前，也会被客户判定为有过错。

销售关系往往会变成一种基于恐惧的关系。常常有客户因销售人员的操纵、不诚实或不称职而感到被不当对待。因此，许多客户害怕销售人员会说服他们购买并不真正适合他们、不能满足他们的需求或创造价值的东西；他们害怕自己会支付过高的费用，或者被销售人员说服，做出愚蠢的决定。糟糕的购买决定可能会影响他们的工作和他们组织中许多人的命运。客户可能会怀疑销售人员没有真正了解他们的业务，怀疑他们会是无知、傲慢，且难以捉摸的。他们担心宝贵的时间会被浪费掉。

另外，销售人员可能害怕他们无法完成销售。如果他们“失去”足够多的销售机会，他们将无法完成指标，无法得到很好的报酬，无法满足自己或对他们重要的人的需求。销售人员也知道，许多客户并不打算雇用他们。客户也许是想看看价格，了解一下市场；也许客户早已经决定了要雇用谁，但被要求必须有另外3个投标。有些客户对于让解决方案供应商投入大量的时间、人员和预算，却不真正期望建立工作关系毫无愧疚。

为了应对无效的销售行为，可能会产生无效的购买行为。例如，买方可能会发出提案请求书，杜绝一切人际间的沟通。当买方不信任卖方时，他们会隐藏和保护重要信息，并限制个人接触。卖方不得不去猜测什么是对客户有用的，而且经常猜错。这就强化了卖方不可信任的观念，而不满意的买方因此会制造更多的障碍。卖家要么默许这样的做法，去做那些没有意义的事情，要么选择退出。

买方讨厌自己的时间被浪费，但却非常乐意浪费卖方的时间。卖方被要求填写数页的问题文件，无论这些问题是否与买卖有关；卖方被要求在前期投入大量的时间和精力，并透露专有知识，而买方却不给予回报；买方面临的问题可能已经存在了多年，但他们希望卖方在两周内提出一个解决方案；一些客户已经决定不必为服务付费，他们向五六家公司发出提案请求书：他们让每家公司详细解释会做什么以及如何做，然后从收到的方案中选出最好的加以实行，这样一来，买方就获得了免费的咨询。

买方希望创造出“公正、公平的竞争环境”，从而能够“公平比较”，所以他们会要求卖方对提案请求书做出符合一致性的公式化回应，但买方可能会得到缺乏创造力和创意的结果，可能的优秀解决方案因而被扼杀。买方可能会要求卖方同意单边的苛刻条款与条件，作为仅仅是回应提案请求书的前提条件。而优秀的解决方案供应商可能因此选择不回应。这就扼杀了双方开展创造性对话的可能性。

那么，为什么要读这本书呢？因为我们可以共同做出改变。我们可以用专注于帮助客户成功的态度、技能和流程，取代无效的销售方式。我们可以将无效的购买行为，转变为对客户更有用的行为。我们可以创造一种环境，让买方和卖方坦诚相见，然后共同做出明智的决定，决定合作是否是有意义的。如果没有意义，就让我们迅速地发现这点，握手，友好地告别。如果有意义，那就享受这一过程，做有价值的事情，并且赚钱。

为什么选择我们

尽管有研究作为基础，但本书的内容来自作者们的直接经验。我们负责帮助众多财富500强公司建立和发展客户。我们在现场为客户提供辅导和咨询。我们和同事一起，在数十亿美元的销售中起到了积极作用；我们从这个领域的大量反复实践中受益，在这个领域，成功与否是显而易见的。我们两人都曾担任过首席执行官和其他领导职务，因而也为本书提供了销售领域以外的视角。

“如果你想学一样东西，就去教授它。”本书的内容已经在40多个国家，以9种不同的语言向有需求的听众讲授过。我们做我们所教的，教我们所做的。只要是有效、有意义、与核心价值观相一致的东西，我们就会应用它。如果它持续有效，我们就加强、重复和奖赏。如果不奏效，我们就剖析，重新评估，然后替换。本书中的内容已经过彻底的验证，对买方和卖方都起到了富有成效的作用。

本书的结构

本书有4个主要部分。“关键信念”阐述了本书其他内容所依据的基本前提。接下来的部分是“评估业务需求”“达成双赢结果”和“开发新客户”。在本书中，“开发新客户”被放在最后，尽管它在销售周期中可能排在最前面。这样安排是为了学习的目的：当你进入“开发新客户”部分时，你将具备“评估业务需求”和“达成双赢结果”中描述的所有技能和能力，这将使你能够有效地“开发新客户”。从陌生人当中开发新客户，是具有挑战性的；但如果有广泛的选择，这项任务就容易些。

下面是对这3个主要部分内容的概述：

评估业务需求：我们应该继续洽谈吗?

就是否在一个机会上投入精力和资源，我们和客户如何做出明智决定?

达成双赢结果：你应该和我们一起做这件事吗?

我们如何有效地主张一个精准满足客户需求的解决方案? 我们如何推动客

户做出符合其最佳利益的决定？

开发新客户：我们是否应该开始对话？

我们如何从零开始，以一种我们和客户都感觉良好的方式开发机会？

本书是一个概述，而不是一部百科全书。在每个方面，都有更深入的经验。虽然书中包含了一些获取和应用技能的练习，但本书并不能替代培训课程，培训课程也不能替代实际合作。如果这个概述引起了你的共鸣，让你想要进一步探索，请给作者打个电话。这是一个很好的方法，可以检验我们是否说到做到。

第一章

关键信念

每一种销售或决策方法，都有潜在的假设和信念。有时，这些假设和信念是明确的，有时则是含混不清的。我们的销售方法基于下列假设：

1. 顾问和客户想要的东西是一样的。

2. 意图比技巧更重要（技巧仍然重要）。必然的结果：当你专注于别人的成功，而不是自己的成功时，你会更成功。

3. 解决方案本身没有价值。

4. 方法论很重要。

5. 一流的询问先于一流的主张。

关键信念1：顾问和客户想要的东西是一样的

在某种程度上，顾问和客户有着相同的、共同的自我利益。双方都希望有一个能完全满足客户需求的解决方案。如果客户认为他们得到的解决方案不能满足他们的需求，他们可以选择不采纳，或者找其他顾问。如果足够多的客户做出这两种选择，顾问就会开始感到痛苦。

如果客户的确购买了你提供的解决方案，但最后发现它无法满足需求，那么对你来说，事实上更糟糕。在这种情况下，你可能需要花掉所有的利润（有时更多）来试图纠正解决方案。如果你不能纠正，那么客户就不会满意，也不会向其他人推荐你。有时，你花费了大量努力和金钱去纠正解决方案，但最终仍然让客户不满和失望。此外，互联网使买方很容易广泛传播他们的体验——无论是好的，还是糟糕的。本书的作者便曾与一些公司合作，这些公司曾在销售上损失了数亿美元，以至于他们希望从未达成这些销售。当客户认为自己没有得到真正满足其需求的解决方案时，顾问显然会遭受损失。

客户也同样会遭受损失，如果他们不购买解决方案，就无法解决想要解决的问题，无法实现想要实现的结果；而如果客户购买了一个解决方案，但它没能满足其需求，客户将在购买和实施这个解决方案的过程中浪费大量的金钱和时间，同时可能失去预期的经济效益。每一次对解决方案的修正尝试，都会导致顾问和客户的支持者遭遇更多的嘲讽和抵制，取得成功的可能性也会降低。

买方和卖方都希望有一个能精准满足客户需求的解决方案。如果得到了，双方都是赢家；如果没有得到，双方都是输家。好消息是：知道买卖双方想要的东西是一样的，将使这一任务变得更容易。

然而，坏消息是：客户并没有一直得到满足其需求的解决方案。尽管双方都希望得到，且如果得不到，双方都将遭受损失，但买卖双方总会采取适得其反的行为。让我们首先提高对这些行为的意识，从而做出更好的选择。

顾问的无效行为

当我们问顾问，他们的哪些行为导致他们无法为客户提供一个可以完全满足需求的解决方案时，以下是他们的回答：

"我们没有聆听。"

"我们做出了假设。"

"我们没有和正确的人交谈。"

"我们认为自己比客户更了解他们需要什么。"

"我们试图将客户的需求配合我们的解决方案。"

"我们必须完成销售任务。"

"花费了太多时间。"

"我们不了解客户的业务。"

客户的无效行为

那么客户呢？他们想要一个能满足他们需求的解决方案，但他们也存在阻碍这个目标实现的行为或行动。顾问对客户的一些常见抱怨，包括：

“他们不知道自己需要什么。”

“他们不能清楚地表达自己的需求。”

“他们不能就自己的需求达成一致意见。”

“他们不会给我们提供有效的信息。”

“他们不让我们与合适的人交谈。”

“关于所需的时间、资金和人员，他们不切实际。”

“办公室政治与个人问题比商业意识更重要。”

“他们总是拖拖拉拉。”

“他们不愿意做决定。”

如果我们一直专注于一个精准满足客户需求的解决方案，这将引导我们的行为朝着一个共同的目标前进。它成为一个试金石，来检验买卖双方要求的行动。每当我们向客户提出要求，或者客户向我们提出要求时，我们就检查这一努力是否使我们更接近，而不是更远离精准满足客户需求的解决方案。

专注于共同的利益——买卖双方都想要的东西——并没有消除我们与客户会有不同甚至相冲突利益的可能。例如，当涉及为客户创造价值，即如何做大蛋糕时，我们和客户想要的是同样的东西：更大的蛋糕。而当双方商讨应该为增加的价值支付多少钱（如何分蛋糕）时，双方的利益诉求可能会有分歧，各方都觉得自己应该得到更大份额的蛋糕。大多数人发现，将蛋糕做大，将使协商一个有意义的份额更容易。如果我们没有一个满足客户需求的解决方案，就可能没有可以分的蛋糕。

关键信念2：意图比技巧更重要（技巧仍然重要）

想要帮助你的客户成功，你要从客户处获得有效的信息，为此需要提出问题。你的客户将决定披露多少信息，这主要基于他们怎么看你问题背后的意图。你的提问，是为了帮助客户以一种他们感觉良好的方式获得他们想要的东西，还是为了帮助你以一种自己感觉良好的方式获得自己想要的东西？如果客户向你提供信息，他们能否相信你是为了他们的利益来用这些信息，而不是损害他们的利益？许多客户都是在潜意识里出于本能地做出这些判断。

> ★你是谁，比你的言语更大声，以至于我听不见你说的话。
>
> ——爱默生

然而，你可以影响这些判断。

有一句古老的格言："人们不在乎你懂多少，除非他们认识到你有多么关心他们。"

建立信任

我们的朋友和前同事史蒂芬·M. R. 柯维，在他的《信任的速度》一书中，详细说明并展示了两个关键点：

1. 信任的程度有确凿的经济后果：随着信任的增加，速度会提高，成本会降低；当信任度降低时，一切都会变慢，成本会上升（大多数人都凭直觉理解这一点，而史蒂芬用证据证明了这一点）。

2. 我们可以刻意地建立信任。赢得信任是一种可以学习和提升的技能，而不是靠运气、环境或希望。

我们对信任的描述如下：信任=意图+专业知识。客户必须相信，你的意图与他们的最大利益是一致的，而且你有足够的专业知识，来设计和提供一个满足客户需求的解决方案。大多数顾问认为，提高自身的专业知识，远比改善客户对你的意图的看法更重要。然而，如果客户对你的意图感到不舒服，他们对你专业知识的信任可能也会打折扣。

无论你是否愿意，客户都会认为你怀有某种意图。他们如何揣测你的意图，将对你的对话质量产生很大的影响。如果你自己不清楚自身的意图，那么它对客户而言也是含糊不清的。

我们强烈建议你写出一份意图声明，并培养行动与意图一致的能力，即便是在压力之下。本书附录2提供了一个阐明意图的有效练习。

必然的结果：当你专注于别人的成功，而不是自己的成功时，你会更成功

当人们感到自己被操纵，或是被引导得出你的，而不是他们的结论时，他们往往会积极地反向而行。这种行为也被称为感应抵抗（reactance）或对立反应（polarity response）。你越是努力向人们推销，达成销售的可能性就越低。人们感觉自己的选择受到了限制，进而非常积极地想要去颠覆这种局限。这是一种情绪反应。当信任遭受损害时，信息流就会受到严重限制，你就更不可能为客户设计出他们认为满足自身需求的解决方案了。相反，当客户认为你的意图是帮助他们成功时，他们更有可能分享他们关于成功是什么的信念。你越是了解客户的愿望和需求，就越能为客户提供更好的选择。为此，首先关注客户的利益，才最符合你自身的最佳利益。

> ★一个行动背后的意图，决定了行动的效果。每一个意图都会影响到我们和其他人，而且意图的效果远远超出了物理世界……因此，明智的做法是，我们要意识到影响我们体验的诸多意图，理清哪些意图能够产生哪些效果，并根据我们希望产生的效果，选择我们的意图。
>
> ——盖瑞·祖卡夫，《从心觉醒》（*The Seat of the Soul*）

我们在一定程度上能理解这个道理，然而，我们经常承受着实现个人和组织收入目标的压力。我们的意图就变成了“达成业绩目标，做成这笔销售”。事与愿违的是，我们越是朝着这个方向努力，结果反而越差。当我们忽略了帮助客户成功，而把注意力放在自己的成功上时，客户就会对此产生负面的看法。

请记住：达成销售目标的重要性越高，就越是应该停止专注于销售绩效，转而关注客户的成功。

> ★一旦我们开始怀疑一个人的动机，他所做的一切都将变味。
>
> ——圣雄甘地

当我们专注于他人的成功，而不是自己的成功时，我们会更成功，这并不是陈词滥调，而是作者从实践经验中了解到的情况。我们曾为生存而销售（“我必须达成一些销售成果”），我们曾为了自尊而销售（“我可以让客户做这件事”），我们也曾帮助客户成功。我们从心底里知道这之间的区别，帮助客户成功，不仅感觉更好，而且更有效。

> ★达成销售目标的重要性越高，就越是应该停止专注于销售绩效，转而关注客户的成功。

帮助客户成功，并不是试图做一个好人，不要求我们成为慈善家或无私奉献的人。这是获得我们想要的东西的强大手段，即使这听起来有点自相矛盾。

技巧仍然重要

显然，技巧仍然重要。你可能是世界上最充满善意的人、一个善良的人，但如果你没有沟通技巧与批判性思维工具，就无法成功。本书的很大一部分内容是关于技巧的。如果这些技巧不能为你的意图服务，如果你的意图不能为你的工作对象服务，那么就会危及其他的一切。

关键信念3：解决方案本身没有价值

我们常常认为，每个人都需要我们的解决方案，我们的解决方案具有普遍适用性。然而，解决方案的价值，只来自它能解决人们关心的问题，和/或产生人们高度重视的结果。简而言之，解决方案必须解决一些问题。如果客户没有想要解决的问题，那么提出的解决方案就没有价值。理解这条准则，将指导我们与客户的一切互动。

顾问常常急于告诉他们的客户："关于你的问题，解决方案是……"我们不妨花点时间，探讨一下这个表述。在进一步阅读之前，请花几分钟时间，写出以下表述所包含的假设：

"这个问题的解决方案是……"

你是否想出了以下这些假设?

- 问题是真实存在的，它没有消失，也不是一种幻觉。同样地，存在一个能解决这个问题的解决方案。
- 只有一个问题。不存在多个问题或几个不同的问题交织在一起。同样地，也只有一个解决方案。
- 人们关心这个问题，他们想要一个解决方案。
- 相对于其他问题来说，这个问题最重要。

- 我们能够衡量问题的严重程度。
- 确定解决方案是否有效是有可能的。
- 不同的人对这个问题的看法是一样的。
- 该解决方案将解决整个问题。
- 解决方案的成本要比问题的成本低得多。
- 解决方案不会导致更多的问题，或更严重的问题。
- 该解决方案随着时间的推移被证明是有效的。
- 该解决方案能够适应不断变化的环境。
- 解决方案可以并将被应用于这个问题。
- 有人愿意并能够分配足够的资源，来解决这个问题。

你也可以用这个表述“这个机会的解决方案是……”做同样的练习，将得出类似的结论。

> ★解决方案必须能解决人们关心的问题，或产生人们高度重视的结果。

你销售的方式，体现了你是如何解决问题的。如果你在谈论解决方案前没有对前述假设进行思考和审查，意味着你没有表现出良好的批判性思维能力。然而，销售顾问大多数时间都是如此。在了解需要解决什么问题之前，就和对方谈论解决方案，这将削弱客户的信心，降低自身的可信度，并大大削弱你给出一个精准解决方案的能力。

共同的谋划

一开始就讨论解决方案，是客户和顾问共同的谋划。我们喜欢谈论解决方案。这是我们的舒适区。我们理解它、知道它，它是我们的解决方案，而且它真的很棒。而客户呢？他们愿意相信有一个神奇的公式——他们可以花点钱，一切问题就解决了。谈论解决方案，比做费力的基础工作要更容易，这些关键的基础工作包括：找出要解决的议题，找出他们存在问题的依据，制定衡量成功的标准，探索系统性影响，以及识别和克服限制性因素，等等。此外，只要讨论的主题是解决方案，客户就可以把所有压力放在你身上，他们可以放松地坐着，看你使出十八般武艺。

移开解决方案

顶级的专业人员有能力“移开解决方案”。在对要解决的问题和/或要达到的结果进行明智的探索之前，他们不提供任何解决方案。他们会精心构思提问，以获得那些关键假设有意义的答案，并以一种舒适、对话式和省时的方式来进行。如果做得好，客户就能洞察和理解自己当前的处境。

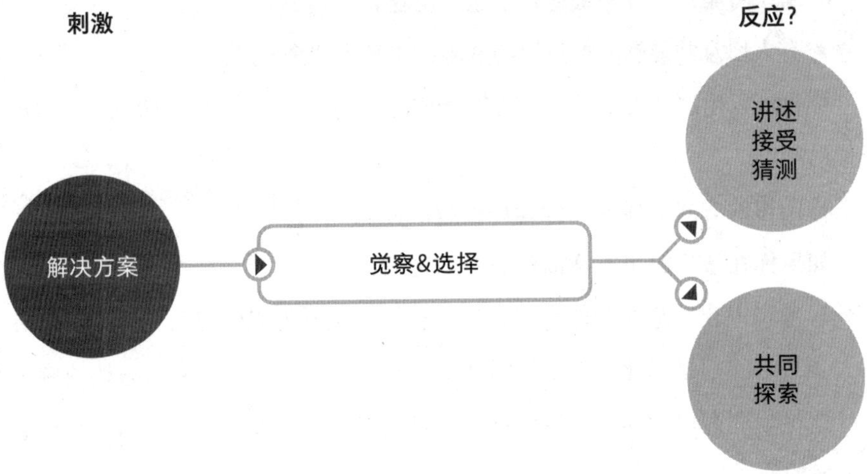

在题为“开发新客户”的部分，我们将讨论如何移开我们自己的解决方案；在“评估业务需求”部分，我们将讨论如何移开客户提出的解决方案。由于谈论解决方案是双方的“共同的谋划”，移开解决方案需要顾问发挥较高的纪律性和沟通技巧。

棉花糖实验

丹尼尔·戈尔曼博士在他的《情商》（*Emotional Intelligence*）一书中提到，20世纪60年代，沃尔特·米歇尔在斯坦福大学校园内的一所幼儿园进行了一项引人注目的研究。沃尔特把一些4岁左右的孩子单独放在一个房间里，桌上放着一个棉花糖。研究人员告诉孩子，他/她可以吃这个棉花糖，但是如果孩子可以在研究人员出去办事并很快回来之前等待，他就会带回来两个棉花糖。对于孩子来说，这是一个相当不错的投资回报。

然后研究人员会离开房间，偷偷地拍摄孩子们。有些孩子毫无节制——根本做不到忍住不吃那块棉花糖——他们抓起棉花糖就吃。他们中的一些人，先是舔一舔棉花糖，然后咬一小口，然后又一口，很快整个棉花糖就被吃掉了。有一些孩子倍感折磨，他们在房间里走来走去，盯着棉花糖，闻它，甚至舔它，但他们不会吃掉它。有些孩子甚至试图通过睡觉来避免这种煎熬的困境。

研究人员随后对这些孩子进行了长达15年的跟踪调查。那些在学前班时就有耐心和纪律性不吃棉花糖的孩子，在情感和智力方面往往更成功，无论他们选择了什么样的追求。

类似的结果也发生在业务拓展人员和顾问身上。客户可能会把他们需要的解决方案放到台面上，如果顾问能够抵制住谈论解决方案（成人版棉花糖）的冲动，转而去提出有效的问题，并调查这个解决方案到底要解决什么，这样顾问往往会得到更多的成功机会。

最难克服的一个行为，就是第一时间去寻求解决方案。能够抵制住立即寻找解决方案的顾问，会更成功！

移开解决方案！

> ★ 移开解决方案！

关键信念4：方法论很重要

没有某种方法能帮助客户成功。

但有一些批判性思维技巧，可以极大地帮助我们诊断客户面临的挑战，开出解决问题的处方。我们把这些技巧和原则统称为商业智商（IQB或简称IQ）。在一个应用、职能、流程、单位、组织或经济中，我们如何明智地发现在哪儿创造价值以及如何创造价值？我们如何批判性地审视自己的信念？在分析中，我们能做到多严谨？良好的商业智商可以帮助我们明确和测试自己的假设和心智模式，用数据平衡直觉，收集关键议题的依据和影响，对抗关键的限制（过去、现在和未来），并运用系统性思考的原则。

有一些沟通和处理关系的技巧，可以大大提升客户与顾问互动的质量，我们把这些技巧称为情商（EQ）原则。我们如何创造一个安全和信任的环境，让客户觉得可以自由地分享他们的想法、感觉和信念？客户对我们审视和了解他们的信念，感到的舒适度如何？他们会分享多少信息？他们让我们接触关键的利益相关者的意愿有多强？

最后，还有一些流程和执行技巧，可以帮助我们节省时间、提高生产力、利用资源，并消除无法增加价值的无用功，我们把这些称为执行商数（XQ）。我们能否执行一个一致的、可重复的、灵活的、对客户和顾问都更有效的流程？我们能否在这个流程中建立反馈回路，从而使我们能够持续地改进？

对于表现最佳的顾问来说，他们能够完美地融合商业智商、情商和执行商数，正是这些技能组合的融合，使他们处于行业的巅峰。

智力型食人鱼 vs. 温暖和舒适的关系

马汉曾与一家全球顶级的战略咨询公司有过交流，他们的顾问非常重视智商的运用。在他们的内部会议上，只要一个想法被提出，这些顾问就会像食人鱼进食一样，蜂拥而上，攻击和吞噬这个想法，将其撕碎。如果最后还能残存下来，他们会说，“哦，这一定是个好主意”。对他们来说，这是一种有效的批判性思维的形式。问题是，当他们试图对客户使用这种方式时，客户感觉这非常傲慢和令人厌恶，而且可能有点吓人。当这一内部有效的工作方式运用到外部环境时，效果很差。它缺乏足够的灵活性，无法调整风格以适应不同的需求。当这家公司决定将实施作为其战略的关键时，缺乏灵活性就成了一个严重的挑战。客户会容忍他们两三个星期，甚至两三个月，但很少能忍两三年的时间。这些顾问必须提升自身的情商，以帮助他们的客户（和他们自己）成功。

我们也曾与那些情商比智商高得多的公司合作过。有一家公司在与客户建立友好关系和信任方面，有着惊人的能力，并且他们有高质量的内容作为支持。但他们缺乏智力，无法用其服务为客户带来商业成果。他们在帮助客户成功方面，存在严重的限制，因而公司的增长潜力受限。要真正帮助客户成功，智商和情商都是必要的，缺少任何一个都是致命的缺陷。

将这些技能，组织成一个可重复的方法（执行商数）非常有用。这个方法明确了我们关于最有效增加收入的智商和情商能力的信念。然后，这些信念可以在“现实世界”中进行检验。通过适当的数据和反馈，我们可以评估以下内容：

我们正在做的事情是否产生了我们想要的结果？如果是，就加强、重复、奖励和改进。

如果不是，是否是因为：

- 我们实际上没有应用这些方法？（增加应用）
- 我们没有熟练地应用这个方法？（提高技能）
- 方法是错误的？（剖析，重新评估，替换）

ORDER方法论

方法论可以帮助我们处理一系列复杂的（有时甚至是混乱的）事件和过程，并且以一种可理解、可重复和可转换的方法来描述它们。方法论可以将复杂与简单结合。如果方法论太复杂，就不会被使用；而如果它太简单，就不会带来变化。许多业务拓展方法论倾向于强调完整性，而不是强调采用和应用的便利性。这些方法论非常好，但却很少被使用，因此没有起到作用。

ORDER方法论是如何以高水平的专业拓展业务的方法论。该模型的基本前提是在全球经济中保持一致的。而人们如何应用它，则在不同的国家、文化、城市、行业、解决方案和个性之间，存在很大的不同。

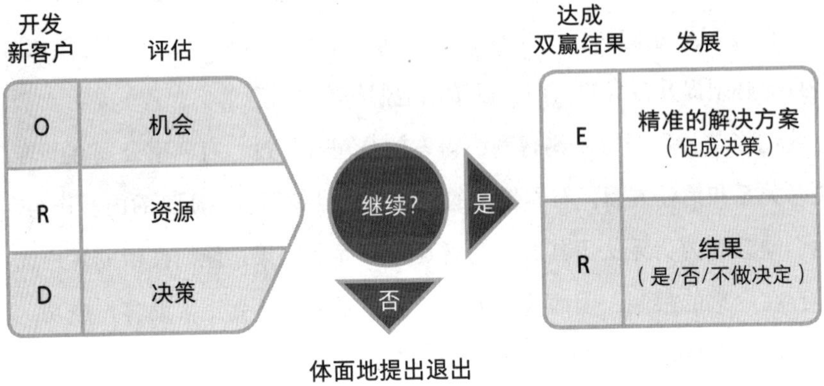

以下是对ORDER方法论及其关键组成部分的简要概述。本书的后续内容将对每个组成部分进行详细介绍。

机会（Opportunity）：他们应该做这个项目吗？

对于一个没有需求或愿望的人，你无法帮助其成功。没有痛苦，没有收益，就没有机会。你可以通过考察以下内容，来培养双方对机会的理解。

议题：客户想解决什么问题，或取得什么结果？其重要性如何？

依据：我们如何定义这个问题？我们如何衡量成功？

影响：财务和无形的成本与收益是什么？

背景：谁或其他什么受到这些议题和解决方案的影响？

制约因素：是什么阻止了（或可能阻止）该组织解决这些议题？

资源（Resources）：他们能做这个项目吗？

哪怕机会很大，你也不能帮助那些资源不足的人取得成功，你必须考察：

时间：他们希望什么时候能看到结果？

人员：他们愿意投入哪些人力资源？

预算：为了达到预期的结果，什么样的投资水平是合适的？

决策（Decisions）：如何做出决定，由谁做出？

即使有大量的机会和足够的可用资源，你也无法帮助那些不能或不会做出决定的人取得成功。

为理解和影响决策的制定，与客户一起明确以下内容是有帮助的：

决策过程

步骤	决策	何时	什么人	标准/信念
所有的步骤都是哪些?	每个步骤做出什么决策?	他们什么时候做出决策?	每个步骤涉及哪些人?	每一个决策者是如何做出决定的?
竞争：在不同的解决方案之间，他们将如何做出决定? 收益/损失：如果采用了这个解决方案，组织中的哪些人是赢或输? 个人利益：与我们洽谈的人，是赢还是输?				

精确的解决方案/促成决策（Exact Solutions/Enable Decisions）：他们会和我们一起做这个项目吗?

- 我们的解决方案是什么? 考虑到客户的情况，采用我们的解决方案，有什么理由支撑?
- 我们如何有效地主张我们的解决方案，并促成好的决策?

结果（Results）：他们会和我们一起做更多的事情吗?

对于我们所提出的解决方案，客户的回应可能是：是/否/不做决定。不管客户给出哪种回应，我们都可以采取一些行动，帮助建立一个积极和富有成效的持续合作关系。

是：我们如何交付和衡量预期的结果? 我们如何建立和发展基于价值的关系?

否：我们如何通过了解我们的解决方案在哪些地方没能比其他选择更好地满足客户需求来学习和改进?

不做决定：我们如何共同找到一种方法，让客户放心地做出一个明确、具体的决定，即是或否?

ORDER方法论以线性的方式描述，在实践中的运用是以迭代的方式。来自机会、资源、决策（ORD）的信息，通常是通过多次对话形成的，就像随着时间一片片地拼起拼图。尽管在逻辑上，ORD的进展顺序是在精准的解决方案、结果（ER）之前，在我们的ORD讨论中，也会有ER的元素。

我们在ORD阶段做得越好，ER阶段的成功概率就越高。如果没有好的机会、没有足够可用的资源、没有一个明确的决策过程、无法接触到我们需要见到的人，那么客户和我们都无法获得好的解决方案。

ORD阶段要求的能力、技能组合与心智模式，不同于ER阶段的要求，详见下表。

机会—资源—决策	精准的解决方案/促成决策—结果
发散性思维：展开多个议题；考虑多种可能性；与许多人交谈；系统性思维	聚合思维：做出一个决策；解决议题；实施；衡量；持续的改进
询问：首先寻求理解他人	主张：寻求被客户理解
了解问题的“影响”	理解问题的原因
判断是否契合	执行

● 在销售周期中ORDER方法论的演进

开发新客户：我们是否应该洽谈？

当我们发起与潜在客户的对话时，我们同时准备进行询问和提供信息。

- 询问：一个询问的过程，以便客户确定议事日程。
- 提供：我们认为客户有必要花时间与我们交谈的一些原因。这些理由是基于对潜在机会的一系列有根据的猜测，表明我们的解决方案与客户面临的问题之间存在有潜在的关联。

评估业务需求：我们应该继续洽谈吗？

在以下情况下，我们就处于评估业务需求阶段：

- 客户发起对话；
- 客户对我们提议的内容表示兴趣。

我们通过讨论机会、资源、决策，以及测试一个精准的解决方案的可能元素，来确定这是一个好机会。

路线图	开发新客户	评估业务需求	达成双赢结果
机会			
议题			
依据			
影响			
背景			
制约因素			
资源			
时间			
人员			
预算			
决策			
过程			
接触决策者			
标准/信念			
备选方案			
精准的解决方案			
解决方案			
交易结构			
促成决策			
会议目的			
关键信念			
证据/行动			
问题			
黄灯			
后续步骤			
结果			
是			
否			
不做决定			
关系			
什么人			
如何			

达成双赢结果

我们提出的解决方案应该能够：

- 促成这个机会
- 利用可用的资源
- 符合关键利益相关者的决策标准/信念
- 超越他们的备选方案

对于那些喜欢在深入研究之前先了解全局的人来说，前一页提供了一个“帮助客户成功”的路线图。

关键信念5：一流的询问先于一流的主张

> ★影响一个人的唯一方法，是找出他想要什么，并告诉他如何得到它。
>
> ——戴尔·卡耐基

成功的业务拓展需要在询问和主张之间保持平衡。史蒂芬·柯维提出的高效能人士的第五个习惯“知彼解己”，同样适用于高度成功的业务拓展人员。有技巧的询问，能够带来双方的相互理解：我们更好地理解了客户真正看重的是什么，客户对自己的情况和可能性有了更清晰的认识，客户感到被理解。询问从而了解客户的故事，我们在这一点做得越好，就越能将其的故事与我们的故事匹配。

大多数人都知道如何提问，以及聆听，但很少有人在建立高度的相互理解方面很有能力。他们缺乏强有力的提问方法，缺乏调动其感官真正倾听的能力，或者两者都缺乏，而他们常常不认为自己如此。

顾问通常采用以下3种传统方法与客户互动：

● 方法一：我方讲述

当询问和主张失衡时，我们总是偏向于主张。“讲述”并不总是糟糕的。有时，值得信赖的商业顾问通过强力主张客户必须做的事情，可以帮助客户消除恐惧、不确定性和怀疑。讲述，总是可以成为我们的一个选择。然而，它产出客户满意的解决方案的可能性较低。

偏向于主张的弊端包括：

- 我们选择讲述的内容，对客户来说并不有趣或毫无相关性。我们浪费了彼此的时间，并减少了客户想要进行更多互动的欲望。
- 我们告诉他们去做的事情，可能是错误的（至少在统计学层面存在错误的可能性）。
- 客户可能没有认同感或主人翁感，这可能导致销售的失败。
- 客户认为我们是傲慢的、无知的，或既傲慢又无知。
- 讲述一个机遇，我们可能会因此失去大量的金钱，而询问可能给我们带来更多的金钱。
- 我们无法将自己的故事与客户相匹配，无法和客户有共同语言，无法解决客户最关切的议题，无法提前预见和应对陷阱，也无法通过理解建立信任。

● 方法二：我方接受

客户告诉我们，他们想要什么，然后我方提出满足其需求的提议。很简单，不是吗？显然，接受客户想要的东西并不总是坏事，尤其是在我方认同客户意见的情况下。然而，有多少次，我们根据客户所表达的期望提出解决方案，但客户要么觉得没有达到其要求，选择什么也不做，要么选择一个竞争对手的解决方案，而这个解决方案与他所要求的截然不同？有多少次，我们赢得了合作，给了客户说的他们想要的东西，但最后仍然没有让客户感到满意？

被动接受客户要求的弊端包括：

- 客户可能是错的——而且仍然会责怪我方——有时会有严重后果。
- 我们没有表现出任何思想层面的领导力。
- 对我们正在解决的问题，或者如何衡量成功，我们可能并不完全理解。
- 我们可能错过很多机会。

● 方法三：我方猜测

当然，我们不喜欢把它称为猜测——我们称之为诊断、评估、分析。然而，如果一个人不能更好地了解情况，他就像是在猜测。一两个顾问与一两个客户交谈了一两个小时。在此基础上，他们开始猜测：我们认为客户真正需要什么？我们认为实际的问题是什么？为什么客户现在还没有解决这个问题？我们应该提出什么解决方案？你认为我们和正确的人交谈过吗？你认为他们有钱支付这个费用吗？我们应该收取多少费用？你认为竞争者是谁？等等。

顾问已经将猜测过程正式化，我们称之为提案。你总是可以知道我们猜测的程度：猜测的越多，提案就越长。随着面对面业务拓展的成本不断攀升，猜测的成本也变得巨大。

第四种方法：共同探索

还有第四种选择：我们与客户共同探索真正满足他们需求的解决方案——无论他们最终是和我们，还是和其他人一起获得该解决方案。当然，这并不容易。客户会期待我方讲述、我方接受或我方猜测。更糟糕的是，他们可能试图强迫我方讲述（“你是专家”），我方接受（“你只要给我们想要的东西就行”），或我方猜测（“一切都写在提案请求书里了”）。

我方讲述、我方接受、我方猜测还是双方共同探索？

人们或许会认为，双方共同探索有两个缺点：第一，它似乎需要更多的时间。然而，作者明确肯定，共同探索并不花费更多的时间；它只是以不同的方式，更有效地利用时间。如果我们没有可以满足客户需求的解决方案，就时间效益（和成本效益）而言，早发现比晚发现更好。

这就引申至第二个缺点：我们可能会因为发现自己没有能真正满足客户需求的解决方案，而“失去”达成销售的机会。然而，如果我们原本就没有这个机会，又何谈失去呢？向客户销售不能满足他们需求的东西，成功的概率是很低的。即便客户买了，事后也会感到不满，我们依然会失去客户。为此，本书作者认为，我们可以收获共同探索的好处，同时将人们认为的劣势变成优势。

顶级销售做到了什么，而其他人没能做到？

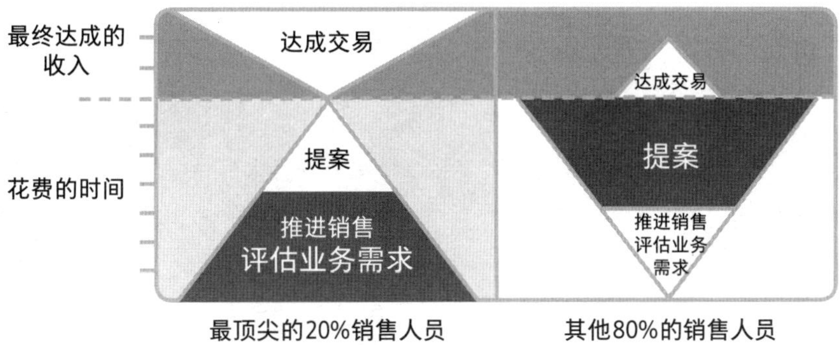

**演示解决方案是为了达成交易，
而不是开启机会！**

本书致力于帮助顾问和客户共同探索，以获得真正满足客户需求的解决方案。它可能不会每一次都实现，但取得这个结果的频率将远远超过当前。

第二章

评估：综述

评估的过程，是一个共同探索的过程，我们也希望这是一个双方相互理解的过程。关于彼此是否合适，以及解决方案是否能精准满足客户需求，我们和客户都在做出决定。在双方刚开始建立关系时，需要花费更多的时间进行共同探索。在这个过程中，至关重要的是，双方要就“是否应该继续合作”做出明智的决策。如果能够及早得出“彼此不合适”的结论，也不失为一个好结论。如果这个结论来得很晚，就意味着可怕的误判。因此，糟糕的评估，将导致销售额的损失，并会推高业务拓展的成本。将精力和资源从成功率较低的机会中抽出来，将其投入成功概率高的机会中，对个人和组织的成功至关重要。

在以下情况下，我们就处于评估阶段：

- 客户发起对话。
- 客户对我们提议的内容表示兴趣（详见第七章）。

应该在什么基础上进行评估？我们与我们的同事和客户认为：顾问和客户之间有意义的信息流，是预测成功与否的强有力因素，并且它与建立信任和创造价值密切相关。

这3个因素密切相关：价值、信任和有意义的信息流。

存在高度的信任和充分且有意义的信息流时，我们更有可能产生一个有价值的解决方案。当我们有着创造价值的可靠记录，客户信任我们，我们更有可能获得有效的信息。反之，如果缺乏信任，缺乏有意义的信息的交流，我们就不得不猜测对客户来说什么是重要的，开发出一个被客户接受，或产生最大价值的解决方案的可能性就更低。在我们无法创造价值时，客户的信任就会下降，随后的互动也会受到影响。

价值是一个滞后性指标，因为如果创造了价值，我们只能在事后看到，而信任很难衡量，我们可以衡量的是有意义的信息流。随着时间推移，我们可以在收到的信息和结果之间建立起关联。信息量少或质量差，意味着成功的概率低。我们应该使用所有技巧来纠正这一问题，或退出这个机会，将时间投入有意义的、信息流充足，且信息表明双方很合适的机会中。

> ★在“对话”（Dialogue）这个英文单词中，“dia”指的是流，而“logue”指的是意义，因此这个词指的就是意义的自由流动。
>
> ★有意义信息的自由流动（对话的质量）是预测销售成功的强有力因素。

当然，低概率并不意味着没有概率。即使概率不高，你也可以“赢得”一些机会。不过军事格言“捍卫一切的人，什么也捍卫不了”同样适用于业务拓展。用另一个类比，我们手中只有这么多“筹码”（时间、人、预算、精力），如果我们一直在低概率的事情上下注，即使有零星的胜利，我们也会很快输得精光。

> ★捍卫一切的人，什么也捍卫不了。
>
> ——军事格言

马汉的一个客户有个习惯：回应未经请求的提案请求书（RFP）。在通常情况下，当他们收到一份提案请求书时，他们会在没有任何对话的情况下做出回应。马汉认为，鉴于有意义的信息流非常不足，这个客户的成功率可能很低，且成本很高。这个客户决定做一个研究，看看马汉的结论是否正确。他们审查了18个月内46份的提案请求书的回应。尽管差异较大，回应每份提案请求书的平均直接成本高达80000美元，且成功率为零。谢天谢地！如果他们赢得哪怕只是一个客户，每个人都会记住这点，“嘿，我们赢得了×××客户，而且是来自未经请求的提案请求书”。

假设他们赢得了这个×××客户。业务拓展的成本是46份提案乘以平均80000美元，总计368万美元。如果与×××达成交易的利润远远超过368万美元的成本，那么一切都不错。然而这非常不现实。

该公司制定了一条新的规则：除非他们能与至少一个非常熟悉需要解决方案的业务问题的人交谈，否则他们都不能对任何提案请求书做出回应。尽管与所有的好规则一样，这条规则有时也会被打破，但它的确给这家公司带来了好处。

另外一个客户委托我们对价值几十亿美元的机会进行“清理”工作。他们希望能够更好地做出决定，投资哪些机会，放弃哪些机会。面对约400个潜在机会，该公司的领导者知道，如果他们无差别地对待所有机会，将是个灾难。他希望最多投资于200个机会，但没有顾问自愿放弃他们一半的潜在机会。最后，该公司的领导者同意使用有意义的信息流作为评估的主要工具。

我们采访了该公司的顾问，了解他们在机会、资源和决策方面收集的信息。很快我们就发现，许多顾问认为，是否是一个好机会，是基于他们自己的意见，而不是其客户实际说的。很多时候，顾问们都会强调说，潜在的客户存在急需解决的议题。然而，当我们询问他们，客户是否给出了关于议题的重要性、议题存在的依据，以及议题对组织的影响等具体表述时，顾问们会说，“不，不完全是这样”。当我们问他们，客户将如何衡量成功时，他们也不确定。当我们问到是什么阻止了客户自己解决时，顾问们只有自己的猜测，没有客户的意见。通常，他们没有谈到客户对时间、人员和预算的看法。决策过程不明确，或是不利的。他们无法接触到关键的利益相关者，因此无法描述这些人将用什么标准来做决定。以有意义的信息流为判断标准，这些机会不是好机会。

只有客户表示它是一个问题或机会，它才是一个问题或机会。一个机会不会因为我们认为它是合格的，它就是合格的。它是合格的，是因为客户所说的。

> ★只有客户表示它是一个问题，它才是一个问题。

不要猜测

如果我们的目标是帮助客户成功，那么我们就有权利和义务不要猜测这一成功的关键要素。做到真实，部分是指我们停止猜测并了解真实情况的能力。

> ★不要猜测！

机会：让我们不要猜测客户试图解决什么问题，或他们想要获得什么结果。我们不要猜测这些问题是如何定义的，也不要猜测我们将如何识别这些结果。我们不要猜测这些问题和结果的财务和无形影响。我们不要猜测谁或其他什么受到了当前情况和提议的解决方案的影响。我们不要猜测是什么导致了组织在此之前无法解决这些挑战。

资源：我们不要猜测客户什么时候需要这些结果，或他们愿意投入什么样的人力资源以及多少预算，来获得他们想要的结果。

决策：我们不要猜测客户需要采取哪些步骤来做出一个明智的决定。我们不要猜测他们在每个步骤中做出什么决定，谁做出这些决定，以及这些决定何时发生。最后，我们不要猜测客户将使用什么标准来做决定，以及他们希望解决什么议题，以确保所做的决定令他们感到舒适和自信。

只因我们说的是同一种语言……

我们做的大部分猜测，是通过人们的言语来解读他们的意思，而语言是不精确的。下面的故事是语言复杂性的一个例子：

一个女人想要离婚，于是去找律师，律师问她的第一个问题是："你有离婚的理由（ground：多义词，也可以指土地）吗？"她回答说："有的，大约8000平方米。"律师接着说："或许我表达得不够清楚，你心中有怨恨（grudge：多音词，与英文中的"garage"车库发音相同）吗？"她回答说："没有，但我们有一个车棚。"律师不耐烦地继续问："你的老公打你吗（beat you up：多义词组，也有比某人先起床的意思）？"她笑着说："不，我一般起得比他早。"

最后，律师换了一个提问的方式："女士，你确定你想要离婚吗？"她坚定地说，"我根本不想离婚，但我的丈夫要跟我离婚，他说我们沟通有困难。"

同样的话对不同的人含义不同

我们经常把"流畅"（双方能轻松地使用语言）误认为"理解"（双方对某一表述有着相同的理解）。我们认为，我们和其他人所理解的含义是相同的。

客户在描述其情况时，常常使用语言学家所说的"复杂的等同物"或"高度抽象用语"。这些词汇或短语往往凝结了许多经验和信念。就好像一座冰山，客户使用的词汇是漂浮在海面上可以看到的一角，而下面依然隐藏着多个含义和解释。

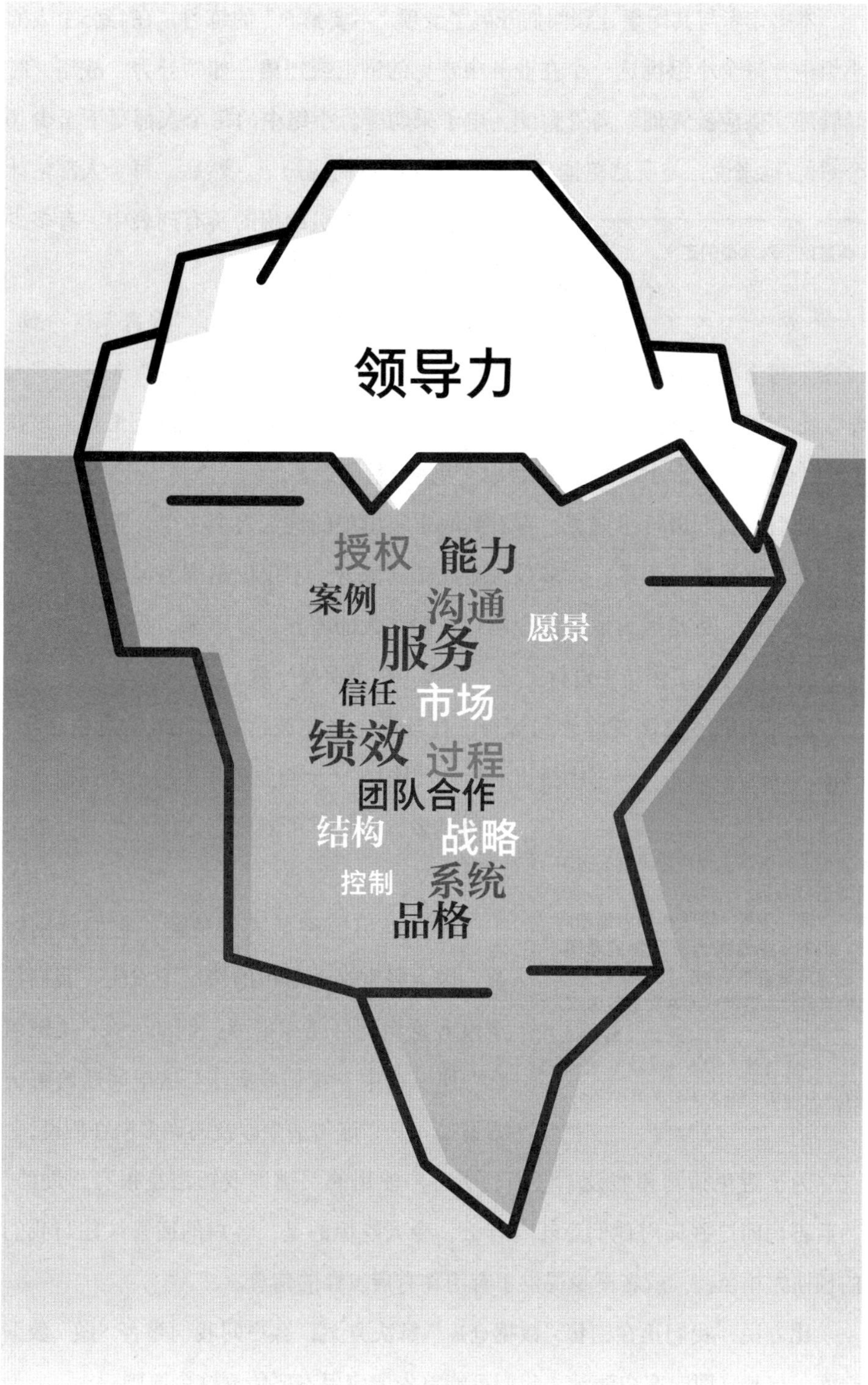
领导力
授权
能力
案例
沟通
愿景
服务
信任
市场
绩效
过程
团队合作
结构
战略
控制
系统
品格

本书作者与其同事让顾问们开展了一项“不要猜测”的练习。在4到5个人的小组中，每个小组挑选一个在业务中常见的词汇或短语，如领导力、战略、时间管理、供应链管理、高管薪酬、电子采购等。小组中的每个人都写下至少10个对他/她来说，与所选单词具有相同含义的单词或短语。然后，每个人都估计一下，在小组成员给出的所有列表中，有多少个词会重复出现。

> ★ 智慧始于对术语的定义。
>
> ——柏拉图

例如，一个小组选择了“教育”这个词，一个人写下了“学校”这个词，那么小组中还有多少人也会写下“学校”？“大学”或“学院”不可以算作重复词。大多数小组认为，重复出现的词汇量应该在3到4个之间，个别小组的预估数从1个到6个甚至更多。

随后，我们进行了调查，看看到底重复出现的词汇有多少个。除了极少数的例外，重复数量为零。大多数人对此感到惊讶，不仅仅是因为没有出现一个重复的词汇，更是因为他们的理解存在如此大的差异。多年来，我们在面向数以万计的顾问的工作坊中进行了这个调查，结果保持一致。

或许我们不应该对此感到惊讶。托马斯·达文波特在他的《信息生态学》（*Information Ecology*）一书中指出：“一个组织对一个与业务相关的术语或概念了解得越多，就越不可能就它达成一个共同的术语或含义。”

> ★ 我们一边听别人说话，大脑一边不断地进行假设——数以百计的假设。每个单词、手势、语气和语调都被解读，但并不总是符合说话者的意图。我们通常没有意识到，我们正在从众多的可能性中选择一种意义进行理解。
>
> ——保罗·斯瓦特，《确保人们会听的谈话艺术》（*The Art of Talking So People Will Listen*）

假设是另一种形式的猜测。它们特别隐蔽，因为经常在无意识的情况下发生，我们甚至没有意识到自己在猜测。例如，在“关键信念”那一章中，我们看到了“这个问题的解决方案是……”这句话中涉及的许多潜在假设。

为了避免猜测和假设，仔细聆听客户使用的关键词或短语是很有帮助的，然后再询问这些词对他们意味着什么。令人吃惊的是，客户的回答往往与我们的预期大相径庭，或者至少提供了有用和有启发性的信息。

比方说，我们正在销售“数据仓库”解决方案，客户问我们是否“做”数据仓库。与其立即向客户演示，我们可能首先要应用不要猜测这个原则。

客户：“我们对数据仓库感兴趣。你们做这个吗？”

顾问：“我们做这个。有趣的是，当我与10个首席信息官交谈，就数据仓库对他们意味着什么，我得到了10个不同的描述。你是否介意我问：当你提到数据仓库时，就你想要实现的目标而言，它对你意味着什么？”

顾问的提问，让客户有机会解释其公司正在努力实现的目标，而顾问也有机会了解更多。我们获得了相互理解，而非困惑不解。

● 不要猜测：挑战1

写下几个在你的业务范围内常用的、有多种含义和解释的单词或短语。然后，在你听到有人说到这个词时，问问对方到底指的是什么意思。反复尝试10次，记下人们有多少次提出了令人讶异或有用的信息。

顾问们很少提出类似的问题，因为担心自己看起来显得无知，或对该术语不了解。在前面的对话中，顾问提出问题，并不是因为他不知道数据仓库的通用含义，而是想花时间了解它对客户的意义。客户不会将顾问视为无知，而会将其视为关心、关注和关怀客户的人。

● 不要猜测：挑战2

在你与客户的下一次会面后（不管是电话或是面对面），花几分钟时间写下没有被盘问的所有假设。有多少可能是关键的？请至少在5次互动中重复这个过程。

我们从未问出口的问题

很多时候，我们的心中有一个问题，但不管出于什么缘由，都没有问出口，于是只能猜测答案。常常这些问题是至关重要的。可能是一些对是否做这项业务、成功与否至关重要的问题，但问出来似乎有点尴尬或难以问出来。

我们可以通过考虑如下两个问题，提高我们以温和的方式提出尖锐问题的能力。

> ★ 这要求我们将不可讨论的东西变得可以讨论，将那些被视为理所当然的东西变得不那么理所当然，使隐藏的东西浮出水面，以便使不可管理的东西变得可以管理。
>
> ——克里斯·阿吉里斯，《克服组织防卫》（*Overcoming Organizational Defenses*）

> ★ 我偏向那些能够大胆发问之人。他相信人性，相信自己。
>
> ——约翰·卡斯帕·拉瓦特尔

觉察：我想要提问，但没能问出口的问题是什么？

选择：我怎样才能够以自己和客户都感到舒适的方式提出这些问题？

- **不要猜测：挑战3**

在接下来的几次对话中，无论是个人的对话还是职业沟通，做出有意识的努力，提出那些你犹豫提出的问题。并注意哪些问题仍是你拒绝提出的。是否存在一个模式？是什么阻止了你的发问？要发生什么事情，你才会提出这个问题？你能找到一个风险较低的机会，尝试提出这些问题吗？

遇到黄灯时，减速慢行

在你开车时，尤其是急着赶去某个地方的时候，遇到黄灯，你会怎么做？如果你同大多数人一样，你会加速。黄灯几乎就成了“加速”的普遍象征。不幸的是，我们对客户也是如此反应。当我们听到一些令人担忧的事情，看到意味着潜在麻烦的反应，感到我们陷入困境时，就会加速以避免陷入自己最恐惧的事情。

本书的作者们，曾为一个客户进行了一次赢/输分析，牵涉到价值10亿美元的外包业务。在形成最终提案时，外包公司和其潜在的客户分别已花费数百万美元，整个过程耗时18个月。在第一次会议上，潜在客户的一个核心小组提出了一个黄灯：“我们认为我们自己可以做到同样的成本削减，不需要外包。”这个黄灯在当时并没有得到处理，在随后的18个月里也没有得到处理，且不幸的是，在最终的提案演示中依然没有得到有效的处理。这笔交易最终以惨败收场，事后的采访显示，这的确是一个很难变成绿灯的黄灯，但还是存在着从未去发掘、探寻的强有力的、可行的解决方案。

如果将交易的机会比喻成一条道路，那么遇到红灯是不可避免的，那么我们愿意什么时候遇到红灯呢？尽快！我们理智上明白这一点，但情感上却难以接受。也许我们认为，遇到红灯等于失败，没有人喜欢失败！但红灯不等于失败！失败是使红灯不必要地更昂贵。在沟通的后期出现红灯，往往意味着在早期出现的一个或多个黄灯被忽略了。

在与客户交谈的过程中，他们会给我们发出信号，表达他们的感受和想法。这些信号会体现在口头上（他们对你说的话）、声音上（他们如何说——他们的语调、加重语气、节奏）和视觉上（他们的非语言交流）。作为专业的沟通者，我们需要具备感知这些信号的意识，并有能力明智地选择如何处理它们。

该死的黄灯，全速前进

下面的这个案例来自马汉的经历，说明在黄灯情况下不应该做什么。在这个案例之后，是一个更值得效仿的案例。

有一天，我正在拜访一家大型金融服务公司。我邀请了一家大型咨询公司的重要合伙人陪同我，这样我就可以炫耀自己多有才能（这是第一个黄灯，我的自我意识有点强）。我们本应与支持我们工作的人，以及首席执行官和一位营销副总裁会面。当我们到达时，对方告知我们，这个需要飞过来参加会议的支持者将不会参会（这是第二个黄灯，但我还是继续）。当我们被带到办公室时，又被告知首席执行官也不能参加会议（主要的黄灯）。如果我没有邀请那家咨询公司的重要人物来陪我，我可能已经取消了会议。事实证明，我应该取消会议，但却没有。

然后，我们继续与营销副总裁会面。这时，我很生气、很不高兴，知道我是在和错误的人谈话。但我还是选择硬着头皮继续，尽力把注意力集中在手头的问题上。副总裁非常有礼貌，回答了我所有的问题，但我大脑和身体的每一个神经元都在尖叫，“这根本没有用！”这是一个充斥黄灯的场景，有多个黄灯在闪烁。

如果我当时能够保持理性，而不是意气用事，或许会说：“约翰，你非常有礼貌和客气，但我的直觉告诉我，这次会面不会取得任何进展，在我离开这里后，不会有任何实质性的进展，你认为呢？”然而，当时的我，既缺乏清晰的认识，也缺乏勇气。我什么也没说，果然，这次会议毫无结果。我不太有勇气，不是很灵活，也没有享受这个过程。

后来我才发现，这个副总裁提前选了另外一家公司，并已经对其做出承诺，尽其所能地确保我不能够与首席执行官或任何其他人交谈。但最后，这家竞争对手提供的解决方案并没有满足该公司的要求，并且彻底失败了，副总裁也因此被解雇。对我来说，这也算不上安慰，因为我无法实践自己所教的（以及我一贯做的）。

尽管在遇到黄灯时减速慢行并不能保证将它们变成绿灯，但至少可以尝试将其变成绿灯。对于当时发生的情况，我本有机会去处理。黄灯转为绿灯或是红灯，本可以是我们有意识的参与，而不是被动的。

有一个相反的案例。我曾经观察过一家区域性咨询公司的负责人，对一个非常理想的潜在客户的新任首席执行官的访问。这位首席执行官在上任之前，曾在一家大型的国际咨询公司工作过，而这家咨询公司恰好在同一栋楼里有办公室。显而易见的黄灯是，这个大项目可能会落到这位首席执行官的前公司手中，而我的客户可能会在一个毫无胜算的提案上花费大量资金。他勇敢地表达了自己的感受，二者之间的对话是这样的：

顾问：弗兰克，如果我是你，我想我可能会在这种项目上优先考虑我认识和信任的人，比如我以前的公司。你是否已经朝这个方向努力？

潜在的客户：这当然是一个考虑。

顾问：好吧，让我们正面处理这个问题吧。你要从我们这里看到、听到或体验到什么，会让这至少成为一个艰难的选择？

通过花费一些时间与技巧，顾问了解到了一些将带来改变的细节，展示它们，并赢得了这个客户。

处理黄灯的原则是：如果你看到它、听到它或感受到它，那就想办法将它巧妙地表达出来。

说出显而易见的

黄灯是疑虑、拖延、担忧、恐惧、反对或棘手的问题。它们可以由客户或顾问提出。黄灯可以是明显的，例如："我们没有相关预算"；"首席执行官永远不会买账"；"我们已经和你的竞争对手合作了10年，我们很喜欢他们，但我们还是想看看你的建议"。黄灯也可以是微妙的，例如：我们感觉，对方说的话和他们说的方式并不一致；他们传递了令人不安的非言语信息；顾问的直觉预示着可能存在麻烦。黄灯往往表明，哪怕你有一个精准满足客户需求的解决方案，客户也不会购买；或者因为客户的信念、行动或行动的缺乏，令你觉得自己无法提出一个精准满足客户需求的解决方案。遇到黄灯时，要格外注意，并放慢速度。

面对黄灯信号，一个强有力的方法是说出显而易见的，且不带过多的情绪。下面是一个有效回应，包含3个部分：

1. "我有一个担忧。"（或者，"我感到困惑"；或者，"我认为我们可能有一个问题"。）

2. 说出担忧、困惑，或潜在的问题。说出阻挠他们获得能精准满足他们需求的解决方案的致命错误，或者表达你的担忧——即使你有一个可行的解决方案，即使你可以带来期望的结果，它也不会被对方采纳。

3. 询问他们认为接下来应该如何进展。

下面是一些例子，说明如何使用这个3部分的反应，从而在遇到黄灯时减缓速度。（在我们在介绍ORDER流程时，我们将更深入地探讨黄灯。）

黄灯：客户所要求的，有一点是你不做的。

1. "我认为我们可能遇到一个问题。"

2. "我们做你提到的其他一切，而且做得很好。但我们不做×××，在近期也没有要做的计划。"

3. "你认为我们应该怎么做？"

绿灯（来自客户）："我们应该继续讨论，这一点要求不是很重要。"

红灯（来自客户）："如果你做不到这点，那可能交易就得取消。"

黄灯：你觉得客户可能已经做出了决定。

1. "我有一种感觉，我想跟你确认一下。"

2. "我们唯一的目标，是提供一个精准满足你们需求的解决方案。我感觉你已经有了一个解决方案，而且决定已经做出。"

3.“你真的需要我们的提案吗？”

绿灯：他们使你相信，存在可以改变目前现状的东西，你可以做一些事情，使这个决定成为一个艰难的选择。

红灯：他们直接或间接地告诉你，决定已经做出，或者没有什么可以改变的。

黄灯：客户似乎不确定关键利益相关者是否会同意。

1.“我有一个担忧。”

2.“听起来，即使我们有一个精准满足你们需求的解决方案，即使我们能带来我们所谈到的结果，但除非这些关键利益相关者买账，否则它不会被采用。”

3.“你觉得我们应该怎么做？”

一个更微妙的黄灯信号，可能是在交谈的过程中，客户不断地看向手表。这时候你可以说：“我注意到你看了一眼手表，我们有时间限制吗？”或“我感觉到，我提到的内容你并不真正感兴趣。我们仍然在正确的轨道上吗？还是我们已经偏离了？”

绿灯：他们因不相关的理由看表。

红灯：你早就失去了他们，客户迫不及待地想要结束对话。

红　灯

> ★记住，红灯不等同于失败，失败是使红灯不必要地更昂贵。

红灯不是坏事，它们只是红灯，甚至并不意味着机会已经结束，但确实意味着我们遇到了一个障碍，如果不解决，交易将失败。我们至少意识到了正在发生的事情，并可以做出一些选择。记住，红灯不等同于失败，失败是使红灯不必要地更昂贵。

首先理解他人

评估是提高相互的理解。理解将大大提高我们提问和倾听的能力。

有效的提问

好的问题，意味着智商、情商和执行商数的结合使用。

智商：好的问题，不只是引出客户已经知道的信息；它们会引发客户更深入的探索和洞察；好的问题，比我们的主张和陈述更有效地展示我们的知识、专长和可信度。

情商：问题之所以“好”，在很大程度上取决于提问的方式。好的提问者总是创造一种信任的氛围；他们有能力以委婉的方式提出尖锐的问题。他们的问题可能具备智力和情绪层面的挑战性，但他们的措辞和表达方式能够帮助客户在回答时感到安全。

执行商数：好的问题不是随机的，而是以逻辑组织的，问题和答案相互建立。相互理解就像一个拼图。好的问题能引出拼图的各个部分。好的提问者有一套有效的方法来拼图，他们能在更短的时间内拼出更多的拼图，经常在别人没有完成的时候完成拼图。最后但同样重要的是，与有效的提问者一起拼凑拼图会更有乐趣。

有效的倾听

接下来的关于评估的章节，将集中于提出好问题所需的智商、情商和执行商数方面。然而达成相互理解的最大制约因素，通常是我们缺乏“准确聆听”的能力。如果我们无法提出好的问题，可能就没有可听的；如果我们无法聆听，就不能提出好的问题，获得深刻的理解。

有效的倾听是一种挑战，好的倾听者是罕见的。我们中有多少人接受过良好倾听技巧的培训？有多少人将我们的倾听“肌肉”发展到了奥林匹克水平？有多少人能够展示而不是仅仅声称自己有良好的倾听能力？有多少人甚至不知道什么是有效的倾听？

受人尊敬的作家和禅宗冥想导师夏绿蒂·净香·贝克（Charlotte Joko Beck）讲述了下面这个故事，揭示了倾听这一挑战的本质。

> 许多年前，我是欧柏林音乐学院的一名钢琴专业学生。我虽然算不上

顶尖，但确实很优秀。我渴望跟一位老师学习，他无疑是最好的老师，能把普通的学生变成了不起的钢琴家。最后，我终于有机会和这位老师学习。

当我去上课的时候，我发现他用两台钢琴授课。他甚至没有打招呼，只是坐在他的钢琴前，弹了5个音符，然后他说，“你来弹”。我需要按照他弹的方式来弹。我弹了一遍，他说，“不对”。他又弹了一遍，我又弹了一遍。他又说，“不对”。好吧，我们一起练习了一个小时的时间。每次他都说，“不对”。

在接下来的3个月里，我弹了3小节，约合半分钟的音乐。我之前认为我很不错，我曾在小交响乐团中担任过独奏者。然而，整整3个月的时间，我是这样学的弹钢琴，这3个月里，我大部分时间都在哭。他拥有一个真正伟大老师的特质，那种巨大的动力和决心，让学生明白什么是优秀的，这就是为什么他是如此优秀的导师。在3个月的学习结束时，有一天他说：“很好。”发生了什么？原因是我最终学会了倾听。正如他所说，如果你能听到它，你就能演奏它。

这3个月里发生了什么？我的耳朵依然和开始时一样，没有任何变化，我所演奏的东西在技术上并不困难。发生的转变是，我弹了很多年的钢琴，第一次学会了倾听……我学会了专注于倾听。这就是为什么他是如此伟大的老师：他教会学生专注于倾听。接受他的训练之后，学生们学会了真正倾听。当你能听到，你就能演奏出来。最终，从他的工作室走出来的，必定都是顶尖的钢琴家。

当你能听到，你就能演奏出来

★ 你是否准确地听到了客户说的话以及那些没有说出的？

“顾问们经常没有准确地听客户说的内容和方式。”这是本书作者在现场以及工作坊中与成千上万技巧高超的顾问互动后得出的结论。

顾问们不能对客户反复使用的关键词和短语做出反馈，他们没有更深入地探索这些词的意义。他们使用自己的语言，而不是客户的语言。他们不能重复客户的隐喻和类比，不会使用这些相同的隐喻来主张自己的想法和信念，从而错过了一个强大的沟通手段。他们没有模仿客户的说话速度、语调、语气，失去了以类似的方式说话，以创造深层次融洽关系的机会。当客户所说的话、说话的方式和当他们说话时的样子不一致时，顾问听不出来。顾问无法理解这种不一致背后原因，但这恰恰对理解客户至关重要。他们没有听出“客户没有说出的信息”，那些“言外之意”，非语言的沟通。他们只处理冰山表面之上一角的信息，没有处理冰山表面之下丰富而复杂的信息。他们的理解是浅薄的，而非深刻的。

> ★有效倾听要求有意识地关注：你正在听谁的声音？你自己的，还是客户的？
>
> ★有效倾听要求持续的专注——你必须调动所有感官全神贯注。

我们一直在听，但很多时候，我们只是在听自己脑海中的声音。我们提出了一个好的问题，但没有用心聆听答案，而是在想下一个问题。客户在说，我们在听自己大脑中的现场评述。我们内心可能会有多种声音，它们可能很精彩、很有吸引力、很有趣，但不是客户的声音。

倾听需要选择和专注。专业级的聆听者能有意识地选择去关注谁的声音——自己内心的声音，还是客户的声音。如果我们能够持续保持警惕、降低对内心声音的关注，就可以将全部的感官集中在外部交流——客户所说的以及他们说的方式。这样我们就能够实现真正的聆听。只要能将敏锐的倾听和有效的提问结合起来，我们就能够促进深层次的相互理解。

倾听需要选择和专注

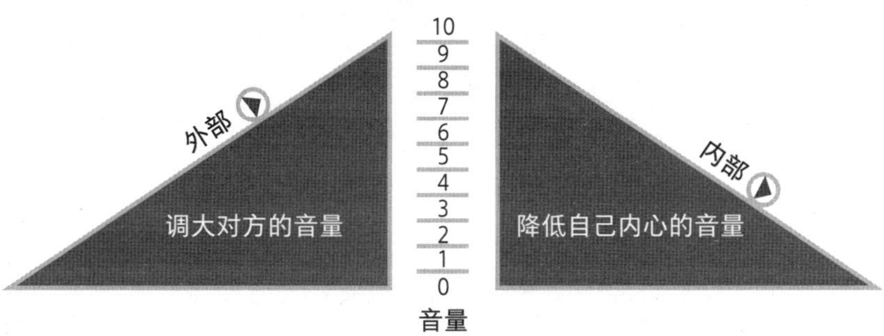

保持觉察，你到底在听谁的声音？

我们中的许多人，就像贝克女士在见到伟大的导师之前一样，非常擅长自己的本职工作。我们拥有敏锐的耳朵，觉得自己非常善于倾听。这就是挑战的一部分：对于我们不知道我们表现糟糕的领域，如何改善呢？一本书并不能教你成为一个好的倾听者。你需要走出去，找到自己的老师，与你重要的伴侣、朋友或同事一起练习，将准确地听别人所说的作为一个目标。练习的结果可能会令你惊叹，你可能会比想象中的更多地了解人们，你将更能够专注于当下，保持警觉和专注，你可能会发现这些能力，可以有意义地应用到生活的许多领域。

第三章
评估业务需求

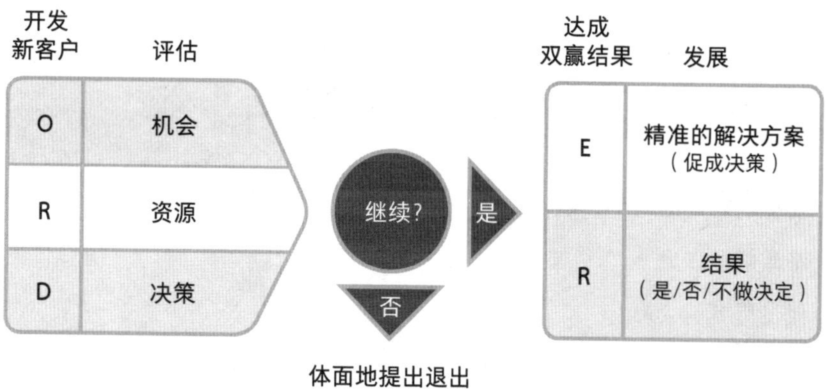

糟糕的评估有着严重的不利后果。一家研究公司估计，约65%的销售人员在努力促成毫无价值的交易。这有多高效呢？80%的销售机会的流失，是由于不充分的评估过程，或不存在任何评估过程，以及缺乏有效的销售计划过程。然而，人们对此类失败的反应往往是增加机会的数量，而不是提升商机筛选的质量。在我们追逐低概率的机会时，我们的成功率就会下降，成本会上升。

围绕机会的对话尤为重要。在大多数情况下，我们需要与许多直接影响决策和资源分配的人进行关于机会的对话。关于一个能精准满足其公司需求的解决方案，每个人都有自己的看法。如果不存在一个强烈感知到的机遇，其他的一切都不重要。

机会审查清单

本书作者提供了如下机会审查清单，帮助双方对机会的理解。

议题：客户想解决什么问题或取得什么结果？其重要性如何？

依据：我们如何定义这个问题？我们如何衡量成功？

影响：财务和无形的成本和收益是什么？

背景：谁或其他什么受到这些议题和解决方案的影响？

制约因素：是什么阻止了（或可能阻止）该组织解决这些议题？

机会审查清单指出了在评估业务需求时，我们需要了解的东西。而构建对话是一个提问的过程，可帮助我们有效地获得这些信息。

构建关于机会的对话

要构建有效的对话，我们应：

移开解决方案

找出所有的议题

找出最重要的议题

收集依据和影响

探索背景和制约因素

本章的其余内容将深入审视关于机会的对话的每个要素，并举例说明如何提出有效问题。这一讨论是以线性和符合逻辑的方式进行的。尽管按照这一顺序进行对话十分合理，但在对话中，我们没有必要严格遵守这个顺序。我们的目的是以一种自然和对话的方式来审查机会清单，客户能产生共鸣，并且时间效率高。一个好的规则和做法是：可以从任何一个要素开始，覆盖所有要素。让工具服务于你，而不是你服务于工具。

移开解决方案

> **要构建有效的对话，我们应：**
>
> **移开解决方案**
> 找出所有的议题
> 找出最重要的议题
> 收集依据和影响
> 探索背景和制约因素

如果你还没阅读关键信念3（解决方案本身没有价值）的内容，请现在倒回去阅读。如果你已经读过，请快速回顾一下。

一些神经科学家和心理学家的研究结果显示，人类往往会关注3种关键刺激并努力做出回应。这3种刺激是：痛苦、收益和新事物。我们不想经历痛苦，于是会努力远离痛苦；我们希望有更多收益，于是会为得到它而努力；我们对环境中的新事物感到好奇，进而会注意到它们，直到评估出它们能否让我们远离痛苦，或是让我们有所收益。客户也是人。如果客户没有经历无法接受的痛苦，或没有强烈地寻求有意义收益的意愿，客户不可能选择我们提供的任何解决方案。因此，判断是否存在机会，有一个简短而有效的规则：没有痛苦、没有收益=没有机会。

在商业环境中，"问题"就是痛苦的同义词；"结果"是收益的同义词。本书作者用"议题"这个词来表示问题或结果；因此，在本书中，议题可以是消极的，也可以是积极的。

移开解决方案，是为了更好地搞清楚解决方案必须解决什么议题。如果你不能找到重要的问题或期望的结果，最终可能得到一个客户积极性低、成功概率低的机会。下面将介绍如何移开客户所要求的解决方案。

移开解决方案的公式是：

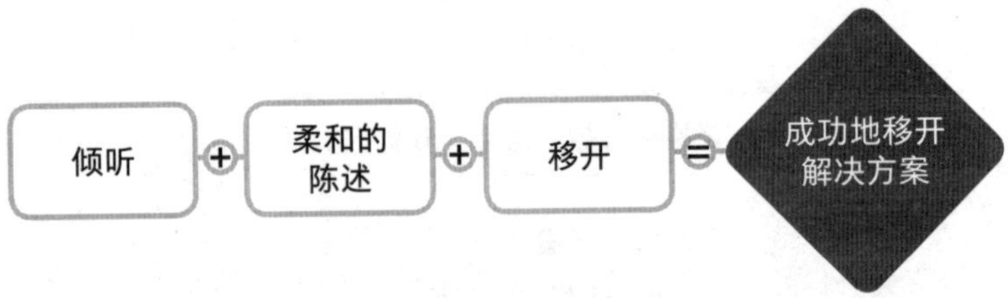

倾听：我们需要精确地听客户如何描述所要求的解决方案。

柔和的陈述：当人们向我们提出问题时，他们希望我们的回答符合回答所公认的模式。如果我们用问题来回答问题，就不符合对方的预期，并且可能会显得苛刻、唐突或难以捉摸。如果我们先以一个柔和的陈述回应，然后再提出我们的问题，会更有效。

移开：提出一个问题，邀请客户描述解决方案需要解决的潜在问题或期望的结果。

● "柔和的陈述"的示例

客户要求你向他们介绍你的解决方案：

"我很乐意。为了确保我的介绍与您的情况相关，我能否问一下……"

"当然，我可以非常热情地讲上几个小时，但这可能不是你想要的。你是否介意我问问……"

"我们已经帮助许多公司（用所要求的解决方案）解决商业问题，每个公司都有不同的重点和目标。如果我们先谈一谈……可以吗？"

● "移开"的示例

"因为没有……你们遇到了什么样的问题？"

"让我们假设你投入了一个顶级的解决方案，而且运行良好。作为一个企业，它将让你做到哪些你今天做不到的事情？"

试图"远离痛苦"的人，可能会给出一个问题清单（挑战、挫折、担忧、不满）。他们甚至可能会使用描述身体或情感上的痛苦的表述，比如："这让我们痛不欲生”“我们在流血”“这是个痛苦的问题”“这真是一个令人头痛的事情”“这是一个噩梦”“这就像拔牙一样痛苦”。

而致力于“有所收益”的人，回答的将是希望取得的结果（目标、成果、目的、好处）。他们可能会使用这样的表述：“我们希望看到的是……”“我们认为可能达成的是……”“我们的愿景是……”“我们感到兴奋的是……”“我们想创造……”等等。客户使用的语言将提供一些提示，说明他们是被痛苦还是收益所驱动。

下面是移开解决方案的两个示例。

示例1

> ★移开解决方案！

客户：我们需要一个全公司范围的企业资源计划系统（ERP），但不确定是使用现成的实施方案，还是开发一个定制的解决方案。我们觉得自己有很多独特的需求。你有什么建议？

选择1：不要猜测

> ★不要猜测：客户的关键词或关键短语到底指的是什么？

我很乐意分享我们的经验，但在深入探讨之前，“企业资源计划”这个术语，对不同的人来说意味着不同的东西——从覆盖整个组织的系统到仅仅是一套特定的模块。在你说需要一套全公司范围的企业资源计划系统时，具体是想实现什么呢？

选择2：讨论问题

> ★问题：如果没有解决方案，会发生什么糟糕的事情？

我很乐意分享我们的经验，我们曾有幸帮助贵公司所在行业的很多公司选择并实施了企业资源计划系统。我刚刚听到你说，贵公司有独特的需求。为了确保我提供的意见与贵公司的情况相关，你能否帮助我了解贵公司具体遇到了什么挑战，且希望通过企业资源计划系统来解决？

选择3：讨论结果

> ★结果：有了解决方案之后，客户能够取得哪些他们在当前无法取得的成果？

我很乐意分享我们的经验，我们曾有幸帮助贵公司所在行业的很多公司选择并实施了企业资源计划系统。我刚刚听到，贵公司有独特的需求。假设一年之后，我们有一套企业资源计划系统得到实施并运行良好，到那时，贵公司将能够做到哪些你们在今天做不到的事情?

示例2

客户：我们需要优化公司的供应链，以获得最大的效率，这样我们就能更好地服务我们的顾客。在这种情况下，你有哪些常见的建议?

选择1：不要猜测

我很乐意分享我们的经验。我们的大多数建议都是定制的，部分原因是供应链有许多不同的元素，它对不同的组织，可能意味着不同的事情。你说你们需要“优化供应链以更好地服务你们的顾客”？你能给我一点背景资料，说明这在贵公司中意味着什么吗?

选择2：讨论问题

我很乐意分享我们的经验。虽然良好的供应链管理的确有一些共同的原则，但要确保这些原则有效，需要根据组织的具体需要进行调整。我希望提供的意见与贵公司的情况相关。你能不能和我分享一下，你觉得你们在哪些方面没有达到但可以达到的优化或高效程度?

选择3：讨论结果

我很乐意分享我们的经验，良好的供应链管理的确有一些共同的原则，为了确保这些原则有效，需要根据组织的具体需要进行调整。如果我没听错的话，你的理想结果，是更好地服务于你的顾客。假设你优化了供应链，使其效率更高，你期望在服务顾客方面产生什么更好的结果?

在前述的两个例子中，我们谈论的是要解决的问题和/或要实现的结果，而不是解决方案。没有痛苦、没有收益，就不存在有意义的机会。

练　习

第1步：写下你的客户在要求解决方案时惯用的3到5种方式。

第2步：对于每一种方式，写出一个“移开解决方案”的回应。让每个回应有一点不同。

第3步：练习你的反应，直到完全自然。

找出所有的议题

要构建有效的对话，我们应：
移开解决方案
找出所有的议题
找出最重要的议题
收集依据和影响
探索背景和制约因素

在我们请客户移开解决方案时，他们会移开，或者仍然坚持。如果客户移开了解决方案，通常我们会发现存在多个议题，而不是一个议题。顾问通常有一种强烈的倾向，想要就提及的第一个议题就开始深入探讨。事实上，发挥一点耐心和纪律性，先将所有的议题都找出来，这往往更有用，只要客户愿意这样做。之后，我们就可以按照对客户的重要性顺序来讨论这些议题。

如果你立即探讨第一个议题，而不是先获得一个完整的议题清单，可能面临下列风险：

1. 你将永远无法得到完整的议题清单，因此可能会错过重要的机会。

2. 你可能谈论的是一个并非最重要的议题。

3. 即使你最终发现了最重要的议题，也可能已经浪费了稀缺的时间和精力。

当客户为这个清单提供一个议题时，给予语言或非语言的认可、确认和感谢，让他们知道这是有帮助的。点头。你也可以通过表情，向客户表达你的理解。换句话说，不要只是机械地收集议题清单。

定期总结客户所说的内容，用他的话而不是你自己的话，是很有帮助的。这样你可以反馈所听到的内容，以确保理解的正确性，以及没有遗漏任何内容。在客户完成议题清单后，你可能会有一些额外的议题，在你看来，它们也可以作为加入议题清单的候选，你可以通过非引导的方式提出这些议题，例如：

“其他面临类似这些议题的客户，也一直在努力解决（举例）。这对你来说是一个议题吗？”

在你感觉议题清单已经完成时，可以通过询问来检测完整性，例如："假设你能够成功地解决所有这些议题。那么这是一个精准满足你们需求的解决方案吗？"客户可能会思索一阵子，然后可能会提出一些额外的议题，这些议题可能会出乎意料的重要。

找出最重要的议题

要构建有效的对话，我们应：

移开解决方案
找出所有的议题
找出最重要的议题
收集依据和影响
探索背景和制约因素

完成了议题清单的整理之后，就要找出最重要的议题。我们可以说："我相信，所有这些议题都很重要，并且相互关联。有没有一个议题，在你看来是最有影响力的？"在客户选定一个议题之后，双方就可以深入探讨依据及其影响。

★ 找出对客户而言最重要的问题。

经验法则：80%的影响，来自20%的议题。我们与客户对话的时间有限。当你找到了最重要的议题，你就可以把时间花在对客户最重要的议题上。

★ 80%的影响，来自20%的问题。

有时候，客户很难选出一个最重要的议题，并且说所有的议题都很重要。你可以回答："这些议题都很重要，我会确保我们全部讨论。你想先讨论哪一个？"

你没有必要对所有议题的重要性进行排序，在确定最重要的一个或两个议题后，就可以开展更深入的探讨。

收集依据和影响

要构建有效的对话，我们应：

移开解决方案
找出所有的议题
找出最重要的议题
收集依据和影响
探索背景和制约因素

因为某些原因，顾问们经常会忽略依据。在听到客户的议题之后，他们知道自己可以对此做些什么，并希望讨论解决方案，而不是更严密地定义这个议题。收集依据和影响，是对机会进行好的业务逻辑论证的关键。好的业务逻辑论证可以提高成功率，不进行业务逻辑论证或论证不充分则是一个黄灯。

依据定义了问题，衡量了成功。对于一个问题：我们如何知道它是一个问题？是什么太多？什么太少？多或少的标准是什么？他们是否利润太少，收入太少，投诉太多，次品太多？对于一个结果：我们将如何衡量成功？什么必须增加或减少？以多少为标准？如果我们不知道哪些数字太小或太大，就很难理解我们提供的解决方案应该增加或减少哪些数字。

★ 我们如何确定这是否真实？依据在哪里？

我们提出与依据相关问题的方式，取决于客户对议题的表述。有些议题可以用“硬数字”来表示，所以可以立即进行衡量。作者称其为硬性议题。例如，销售额、成本、库存周转和生产率等。其他议题则很难衡量，或属于主观意见，通常被称为软性议题。例如，员工士气、市场意识、战略重要性。软性议题不一定不重要，也不一定影响小，它们只是更难以货币化。

● 硬性议题

许多顾问不会将客户的议题转化为货币术语。然而，大多数议题之所以成为议题，是因为它们存在财务层面的影响。问题将消耗金钱，而结果可以创造金钱。多少钱是一个问题。如果顾问不将客户的议题转化为真实的财务后果，那么没有谁能获益。

你的解决方案是有价格的，这是货币化了。当客户的议题也被货币化时，双方都能做出更好的决定。我们越早用货币术语谈论抽象的议题，就能越快以具体可操作的方式解决议题。

★ 开诚布公地谈钱吧！

每个公司都有指标，都有某种形式的财务指标、运营指标、绩效指标、技术或流程指标、客户满意度指标，等等。当听到顾问在与客户交谈时，客户在谈及一些指标，而顾问却一个都没有跟进，这令人沮丧。我们需要非常重视这些指标。当我们听到一些指标与待解决的议题直接相关时，我们就需要特别注意，提出问题，将议题转化为某个金额。当你可以将这些议题货币化就货币化。

硬性议题通常可以货币化。

在遇到一个硬性议题时，提出下面这5个黄金问题：

1. 你如何衡量它？

2. 现在是多少？

3. 你希望它变成多少？

4. 差异的价值是多少？

5. 在一段时间内（在一个合理的管理时间范围内，例如两到三年），其差异的价值是多少？

问题5（在一段时间内，其差异的价值是多少？）是顾问提出的一个典型的确认的问题，你并不是要求客户做简单的算术题。例如：如果客户的超额库存的年度“差异的价值”是20万美元，你可能会问：“那么在两到三年的时间里，你将会看到40万—60万美元的超额库存吗？”你要说的是在一个合理的管理时间范围内的差异的价值，而不是按一个任意的时间段，如一年、一个月或一个季度。

有时，可以省略问题1（你如何衡量它？），从问题2（现在是多少？）开始。在下面的例子中，第一栏的内容可以以“你是如何衡量的？”来提问。对于第二栏，可以从“现在是多少？”开始讨论。

你是如何衡量________的?	现在是多少?
生产率	销售额
质量	成本
客户满意度	利润率
员工满意度	利润
有效性	库存周转
效率	投放市场的时长
绩效	周期时长

你可能想在问题2（现在是多少?）和问题3（你希望它变成多少?）之间插入解决方案。例如，如果客户正在寻找能增加每小时窗口小工具数量的软件，而目前每小时是1000个窗口小工具，你可以问："如果软件到位，并按你希望的方式工作，你期望每小时窗口小工具的数量是多少?"

5个黄金问题

1. 你如何衡量它?
2. 现在是多少?
3. 你希望它变成多少?
4. 差异的价值是多少?
5. 在一段时间内，其差异的价值是多少?

以下是在工作中运用5个黄金问题的简单例子。客户说他最大的议题是不断恶化的利润率。

顾问：这是这个行业中的常见挑战。你们现在的利润率是多少?

客户：我们现在的利润率是28%左右。

顾问：假设你获得了我们讨论过的技术，而且它将按你期望的方式运作。你认为这对利润率有什么影响?

客户：我们希望，仅这一举措就能使我们达到可持续的30%的利润率。

顾问：这个2%的增长是基于什么样的销售额水平？

客户：对于我们的目标市场，我们希望每年有大约1亿美元的收入。

顾问：谢谢你，这能帮我判断你想要实现的目标。那么，在不考虑销售额增长的情况下，一年需要增加200万美元的利润，在两到三年的时间里，利润需要增长大约400万—600万美元？

客户：是的。随着销售额的增长，这个数字将有望进一步提升。

粗略的计算

有时候，计算出差异的价值很容易。如果目前的采购成本是2400万美元，而客户希望将其减少到2000万美元，即使是作者也能轻松算出差异的价值。但衡量诸如增加的库存周转率、降低的员工流失率和改善的投放市场时长等问题的货币价值，就更困难。你需要提高“粗略计算”的能力，追求粗略的近似值，而不是详细的准确值。使用“大致”“粗略估计”“或多或少”“最佳猜测”“直觉”等词语和短语。你至少要知道数量级，客户说的是几万、几十万、几百万、几千万，还是几亿？把所有非货币数字变成货币数字。不要只是最后得出百分比或比率，还要将它们转化为金额。

下面是5个黄金问题的另一个例子。客户认为，关键议题是“质量”（软性议题）。

顾问：你如何衡量质量？

客户：我们有几个衡量标准，但最主要的标准是每1000件里的次品数量。

顾问：谢谢。出于好奇，目前的次品率是多少？

客户：嗯，根据环境有较多的差异。但平均来说，大约是每1000件里有10件次品。

顾问：假设我们在这个项目上取得成功，你希望能达到什么水平？

客户：我们的目标是每1000件中5件次品。

顾问：每1000件中的5件次品意味着多少美元？

我们的提问让客户在头脑中进行很多计算。可以与客户一起做一些“粗略计算”，从而得出数额。下面是两种方法：

细分计算

顾问：大致上，1件次品的成本是多少？

客户：好吧，关于真正的成本，会计们总是争论不休。我们就按每件次品成本大约1000美元来算吧。

顾问：因此，就是每1000件减少的5个次品，乘以每个次品1000美元的成本，也就是说每生产1000件，将节省5000美元的成本。你们每年生产多少件呢？

客户：总共300万个。

顾问：帮我算算看。300万除以1000是3000。3000乘以5000美元就是1500万美元，对吗？

客户：是的，非常接近。

顾问：所以在两到三年内，你希望这个质量问题的改善最终可以让你们节省3000万到4500万美元的成本？

在这个细分计算的过程中，我们让客户和我们一起经历了这个过程，这样他就能像我们一样理解这些数字的影响，并认为这些数字是合理的。

汇总概算

顾问：你们每年次品的成本是多少？大概的数据是多少？

客户：数千万。

顾问：是接近两三千万，还是接近八九千万？

客户：2500万到3000万美元。

顾问：那么，如果你把这个数字减半，你每年将节省约1250万至1500万美元？

客户：听起来是这样。

顾问：所以在两到三年内，你希望这个质量问题的改善最终可以让你们节省2500万到4500万美元的成本？

请客户与你一起计算数字，或者请客户为你计算。不要独自坐在那里，拿出自己的计算器，花上5分钟埋头计算，然后向客户宣布：“哇，你有一个价值2000万美元的问题！”这样的做法，会导致客户无法体会和理解，即使你的计算正确，他们也不会认为自己存在一个2000万美元的问题，而是将其视为你得出

> ★邀请客户一起计算或为你计算——或者说出你的计算过程，确保客户能够轻松理解。

的一个结论。为此，在计算的过程中，让客户参与到计算中，可以让他们更接受这个数字。

如果最终得出的数字很大，不要扬扬得意，或表现出“搞定了”的神情。保守一点。可以说：“这似乎是一个很大的数字，这个数字现实吗？”这让客户有机会进行修改，提出一个他们认为的数字，或者说“这个数字或许仍低估了”。记住，顾问的目标并不是得出“这些数字”，而是做到真实。

● 为软性议题寻找依据

正如前文定义的那样，软性议题没有以数据为基础的依据。我们通常需要问一些问题，以帮助确定客户是如何断定自身有问题的，或者如何知道他们已经取得了重要的成果。帮助我们收集此类依据的两个词是“**如何**”（How）和“**什么**”（What）。以下是一些如何和什么的问题示例，帮助顾问引出软性议题的依据。

如何（How）——问题的依据

____________如何表现为一个问题？

你（或公司）是如何确信这是个问题的？

如果我们进行“走动管理”，某个员工会如何证明__________是一个问题？

如果你必须向首席财务官做一个业务逻辑论证，你将如何证明问题的存在？

当你不能____________时，这对你的业务将产生什么不利影响？

什么（What）——问题的依据

是什么让你知道____________是一个问题？

什么指标（如果有的话）可以证明____________是一个问题？

当____________时，什么关键绩效指标会上升和下降？

如果我们进行“走动管理”，什么能让我们相信____________是一个问题？

当你不能____________，那么会发生什么？

如何（How）——结果的依据

你将如何具体衡量成功？

你和其他人如何知道我们是成功的?

比方说，你实现了想要的东西，你是否已经想过如何衡量你的投资回报?假设我们最终选择合作，我们应该如何向关键利益相关者证明这是一个好主意?

如果你能___________，这将如何给业务带来好处?

什么(What)——结果的依据

什么能让你知道我们是成功的?

什么是衡量成功的好标准?

如果我们成功了，什么指标会增加或减少?

为了取得成功，你的待完成事项清单是什么?

如果你能___________，作为一个企业，你可以做今天不能做的什么事情?

如果你能___________，会有什么好处?

诸如此类的问题，可以让我们开始了解问题的本质和成功的定义。

● 将软性议题变成硬货币数据

软性议题并不一定代表它就不那么重要，也不代表它们“不好”，它们只是难以衡量或量化。同样，很难将解决方案的投入金额与关于议题的意见和信念进行比较。客户做出明智的购买决定则是更难。

客户可能会表示，他们的目标是改善沟通、提高竞争地位或与顾客建立更好的关系；也许他们表示他们在士气、信任或积极性方面有问题；也许他们觉得他们没有充分利用人力、他们的营销或市场声誉。他们可能需要一种战略性方法、一个更好的计划、创造性思维、更多的创新、更好的团队合作，或富有远见的领导力。我们和客户将如何量化这些软性议题的价值?抽丝剥茧地发现潜藏在表面之下的“那又怎样”和“谁在乎”，往往是很有帮助的。

> ★ 抽丝剥茧地找出真正的痛点：当一件糟糕的事情发生时，接下来会发生什么？会产生什么后果？谁会在乎？原因是什么？

抽丝剥茧，是从一个议题的广泛的、一般性描述，到潜在的动机，或关键的驱动力。从智商的角度来看，我们从软性依据到硬性指标。从情商的角度来看，我们从已知的、智力的、安全的东西，到未经审查的、情感的、可能是脆弱的东西。我们正试图真正了解，是什么让这个议题在智力和情感上重要。

如果你以问题（即客户想要避免、远离或躲开的东西）作为起点，那么就抽丝剥茧地发掘真正的痛点。你可以说："在这个问题出现后，会发生什么?"除了说"会发生什么?"，还可以说"那会影响到什么?""那会带来什么后果?""这反过来，又会影响什么?""这将对净利润产生什么影响?""最坏的情况，如果你无法解决这个问题，会发生什么?"

案例示范：

客户：我们对我们的顾客没有一个全局的视角。

顾问：（仔细听。听起来像是一个软性议题。）请帮助我理解，当你们不能对顾客有一个全局视角时，会发生什么?

客户：根据接电话的人以及他们手上掌握的信息，我们提供非常不同的服务。

顾问：（仔细听。仍然是软性议题。）这听起来不像是一件好事，非常不同的服务可能带来什么后果?

客户：我们的顾客会感到沮丧，销售代表缺乏效率。

顾问：这两个问题，有没有哪一个更严重呢?

客户：可能是客户感到沮丧。

顾问：（依然是软性议题。）我可以猜测，但我决定不猜测。如果客户一直感到沮丧，这会在你们的业绩中有何体现?

客户：体现在我们最担心的数字，每笔初始销售的金额。

顾问：（终于听到了一个硬性指标，进入5个黄金问题的提问环节。）请问你们当前每笔初始销售的金额是……

> ★抽丝剥茧地挖掘"获得"：如果发生了某件好事，客户将能做他们今天做不到的什么事情？谁会获益？这有什么重要意义？

如果你从结果（即客户想要实现、取得的东西）着手，那么就抽丝剥茧地挖掘"获得"。可以提出下列的问题。例如："如果你能够获得这个结果，你就能够做些什么?"或者："这个结果能够给你带来什么?""这个结果的好处体现在什么地方?""这对业绩有何影响?""这对净利润有何帮助?""在最理想的情况下，最终的收益会是多少?"不断地抽丝剥茧，直到得出一个关键业务驱动因素（理想情况下是一个硬性指标），或一个关键的情感驱动因素，或两者都找出来。

案例示范：

客户：我们真正需要的是改善沟通。

顾问：（倾听，这是一个软性议题。）为了更好地理解你的需求，假设你们改善了沟通，那会让你做到你今天不能做到的什么事情？

客户：至少销售和生产将保持一致。

顾问：（依然是一个软性议题，但可能有其他例子。）好吧，让我们看一下。如果销售和生产始终保持一致，这有什么重大意义呢？

客户：我们可以得到一些相当准确的销售额预测，我们当前的销售预测做得非常糟糕。

顾问：（仍然还是软性议题。）你们不是唯一存在这个问题的公司。你认为，准确预测销售额可以带来的最大好处是什么？

客户：我们就不会不断地过度生产或生产不足。如果能避免过度生产，我们将节省库存成本，且降价促销的情况也会减少。如果能避免生产不足，就能降低缺货风险，并可能实现更多的销售额。我们不可能做到完美，但可以尽可能地接近完美。

顾问：（听取一些可衡量的数据如：库存成本、降价、销售额。）提出5个黄金问题，同时要记得问良好沟通可以带来的其他好处。

● 如果你感觉有问题，就提出来

本书作者经常观察到，那些试图通过抽丝剥茧找出客户痛点的顾问，在接近最后的问题，或提出真正的影响或一个指标之前，会问出一个安全的问题，例如“你们雇用了多少员工？”或“你们目前采用的软件版本是什么？”等等。事后，当顾问被问及，他们是否在头脑中感觉到下一个问题应该是什么时，他们通常会说，“是的，但如果我提出了这个问题，客户可能会感到不舒服”。

在赢/输的分析中，当客户被问到“如果顾问提出了这个问题，你会有什么反应”时，客户通常会说：“这的确是一个很尖锐的问题……但也是一个好问题。我本来想要谈谈这个问题的。”

★我们经常要等到融洽关系建立之后才敢提问尖锐的问题，然而尖锐的问题（以柔和的方式提出）反而能够建立融洽的关系。

对于未能触及问题的核心，顾问经常给出的理由是，他们觉得这样的问题会令客户感到不舒服，然而真正的原因，似乎是顾问自己会感到不舒服。讽刺的是，我们希望在提出尖锐的问题之前先建立融洽的关系，然而，提出具有挑战性的问题，能够帮助我们建立融洽的关系。

并不是说，客户知道他们最终的反应，只是等着顾问去发现。往往是顾问没有提出最终重要的问题，以便弄清楚客户所处情况的真实结果。触及问题的核心，不仅能为你提供更多的信息，还能给客户提供附加的价值。

● 如果无法量化，就确定议题的重要程度

量化影响总是有用的。因为你提供的解决方案以货币定价，所以以货币大致描述解决方案所针对的议题也很有帮助。量化能够帮助客户做出更好的决定，使客户能更轻松地在组织中辩护其观点。

然而，有时候量化一个议题的影响非常困难或不合适。客户可能缺乏量化影响的耐心、纪律、信任或意愿。因此，我们的规则是：“如果无法量化，确定议题的重要程度。”确定议题的重要程度的一个方法，就是使用1—10分的程度量表。这个方法将使我们和客户对某个信念的重要性和/或紧迫性有更准确的认识，并能够更好地将其与其他人秉持的信念进行比较。

★如果你无法量化（甚至是如果你可以量化），可以采用1—10分的程度量表确定问题的重要程度。

一个提问的示例是：“从1到10，其中10代表你必须完成的关键任务，1代表这个议题很烦人，但依然可以忍受，那么你认为自己当前处于哪个程度？”

如果客户给出的分数是8分、9分或者10分，那么这个议题就很重要。

如果客户给出的分数是6分或更低，就是一个黄灯。

如果客户给出的分数是7分，足以让我们继续讨论，但不足以使其成为一个容易做的决定。

总而言之，如果客户提供了一个硬性议题，你可以提出5个黄金问题。如果

客户提出了一个软性议题，那就抽丝剥茧，直到你能够提出5个黄金问题。如果你无法量化，可以采用1—10分的程度量表，确定议题的重要程度。

● 一条可预测的道路

当我们要求客户提供依据时，客户有依据，或没有依据，都是正常的。但我们惊讶地发现，即使与那些与议题密切相关联的人交谈，他们往往要么拿不出任何依据，要么只能提供软性依据。在客户拿不出依据时，有可能依据在别人的手上，也有可能没人拥有任何依据。如果依据在其他人手上，那么合理的问题是："是谁？"或"我们什么时候可以跟他们交谈？"这是一个从不知情的人转向知情人士的机会。

如果没有人拥有依据，那么一个恰当的问题是："依据重要吗？"为了很好地论证解决方案的商业效益，获得这些依据是否有帮助且重要？如果获得依据至关重要，客户可以自己获得依据，还是需要我们的协助？通常情况下，客户会表示需要协助。经验法则是：在依据至关重要而客户无法独自获得时，80%的情况下，他们会希望得到顾问方的协助。

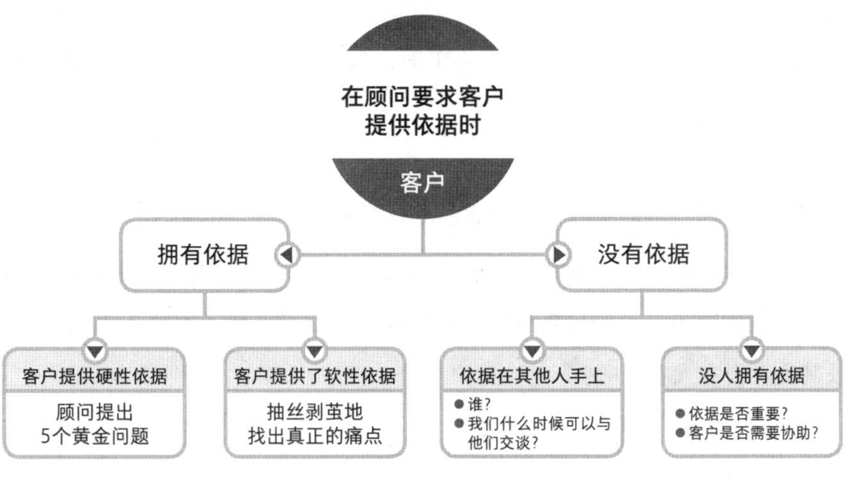

有时候，对于与我们交谈的人而言，依据并不重要，因为他们每天都生活在这个情况下，不需要任何数据，就已经知道问题的存在。然而，这些充分了解问题的人，往往需要寻求组织中其他人的授权才能获得资金。拥有资金分配权的人，并不是每天都在面对这个情况，可能会根据一个好的业务逻辑论证来分配资源。这就意味着，缺乏一个有说服力的业务逻辑论证，可能导致资金得不到分配，或分配的资金不足以解决议题。因此，即使与我们交谈的人不需要任何依据，其他人也可能需要。

● **当影响是……**

值得反复强调的是：大约80%的影响，源自20%的议题。在探讨了最重要的一两个议题之后，我们应该得出一些初步的判断：

影响看起来很大（相对于可能的投资）

影响看起来很小（相对于可能的投资）

对影响大小的看法不一

在影响很大时：要对制约因素感到好奇。可以询问客户“是什么导致组织在此前无法取得相关利益？”（详见“探索背景和制约因素”一节内容。）

在影响很小时：在我们与客户沟通的过程中，任何一方都有可能在任何时间得出这样的一个结论，即机会的影响并不很大。不管是什么原因，如果我们感觉到这个机会不重要，或不紧急，我们可以做两个选择。

> ★在影响很大时，追问相关的制约因素；在影响很小时，放弃解决方案，静观其变。

1. 直截了当地表达。

2. 放弃解决方案。

具体的表述，可能听起来与下面的表述类似：

“汤姆，如果这个问题每年给你造成的损失只有10万美元，那么问题造成的损失可能比解决方案的价格更便宜。假设你什么都不做，在接下来的几年里，静观其变，会有人在乎吗？”

“琳达，如果这个问题的严重程度评分只有5分，难道公司把钱花在那些程度为8分、9分或者10分的问题上，不是更好吗？”

“你已经与×××公司合作5年了，这是一家很好的公司，不如继续与他们保持合作？”

“听起来，这个项目的失败会带来巨大的不利后果，有没有可能我们放弃这个项目，借此消除相应的风险呢？”

“听起来，你们可以在内部很好地解决这个问题，为什么不尝试内部解决呢？”

客户可能的反应

在顾问建议放弃解决方案时，客户可能会产生下面两种反应：

1. 放弃解决方案。

2. 争取解决方案。

如果客户决定放弃，你是失去了这笔业务吗？你无法失去你本不拥有的。失去不过是一个必然的结果，不愿意尽早放手只会令你损失更多。如果客户愿意放弃，你也要放弃。

如果客户仍执意追求一个解决方案，那么应该由客户来说服我们提出一个解决方案，而不是我们去说服他们。当客户坚定地相信自己需要一个解决方案时，达成交易的概率更大。正如老话说的那样："如果是由你说，你就是在推销，如果是由客户说，它就是金子。"人们喜欢购买，讨厌被推销。看到顾问试图说服客户不要做某事，而客户却提出越来越多的理由论证为什么必须去做，是一件很有趣的事情。尽管如此，放弃解决方案往往是有用的。

记住，意图比技巧更重要。如果你的意图是得到一个精准满足客户需求的解决方案，做到真实，并保持对客户所表述信息的关注，而不是只沉浸于自己想要听到的东西，你就能够放弃解决方案，做到完全一致。"如果你还没有做好放弃的准备，就没有做好与客户交谈的准备"。

当对影响的判断未达成一致时

有时候，客户想要放弃解决方案，而我们却认为这是一个错误的决策。我们认为的影响比客户认为的更大。如果客户不改变他们对影响的看法，我们将无法提供任何帮助。在这个节点上，顾问提出更多的问题和/或向客户提供我们认为他们所缺乏的信息，很有必要。要么我们将认同客户的观点，认为影响很小，选择体面地退出，要么客户将认同我们的看法，相信影响很大，双方的沟通继续推进。或者，我们仍然存在意见分歧，这将导致一个黄灯或红灯。

例如，假设客户有依据表明，她公司的一个关键部门的员工流失率明显高于行业标准：她公司的流失率是38%，而整个行业只有20%。然而，她并没有认为这个高流失率会带来任何不良的影响，38%的统计数字并没有困扰她。也许她是对的，这不是一个问题（在客户说这是一个问题之前，它不是一个问题），也许她和她公司的其他人都没有计算过这个比例的员工流失率导致的直接成本和机会成本，如果他们知道他们面对的是什么，他们或许会更上心。

我们可以提出问题并提供有关员工流失率的信息，如附图所示。与此同时，我们应保持开放和客观的态度，不要力图证明客户是错的我们是对的，而是寻求相互理解，搞清楚员工高流失率对客户而言是否是一个问题，还是一个应该从问题清单上划掉的事项。

当交谈双方没有就影响的程度大小达成一致意见时，顾问应提出问题和/或提供信息

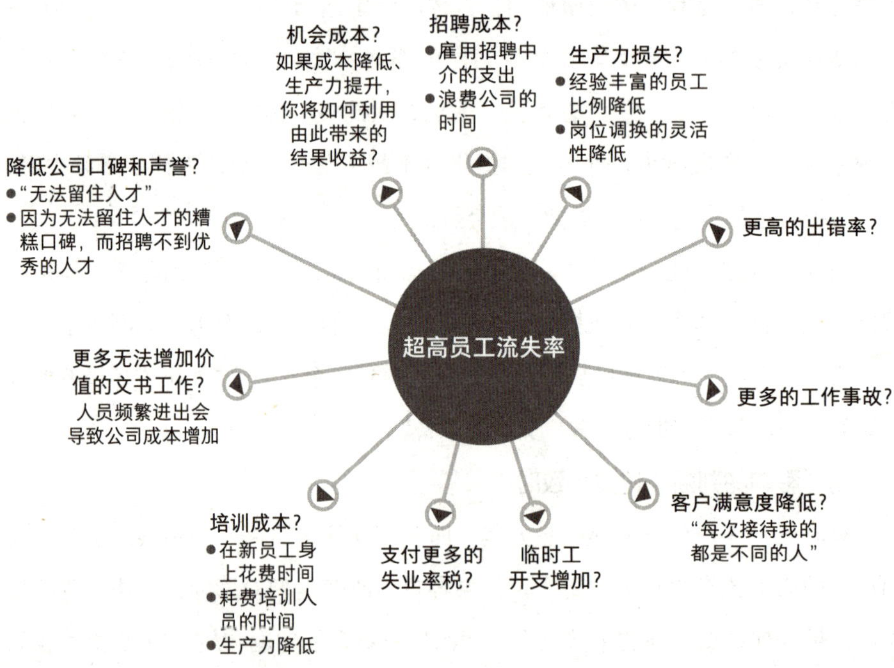

探索背景和制约因素

要构建有效的对话，我们应：

抛开解决方案
找出所有的议题
找出最重要的议题
收集依据和影响
探索背景和制约因素

● 背景

计算影响能够帮助购买者做出良好的商业决策，因此至关重要。在我们探索背景时，可以扩大和深化双方对影响的评估。

探索下列两方面的背景将有助于我们了解影响的程度：组织背景和运营背景。

组织背景

这项举措如何与大局结合到一起？它如何与下列因素关联：

- 使命
- 价值观
- 关键战略和举措
- 外部和内部的压力
- 政治环境

★组织背景：这项举措如何与大局结合？

公司里的什么影响着每个问题的决策，而不仅仅是这个正被讨论的问题？每一家公司都有一个明确或未言明的企业使命、价值观、关键的举措或战略。它们是什么？它们与我们的解决方案有何关系？对于很多客户来说，与组织背景一致的解决方案更有意义，且价格敏感度更低。如果我们的解决方案有助于实现公司的整体目标，那么它能帮助很多人，而不是仅仅少数人。

运营背景

当我们干预整个组织体系的某个部分时，通常也会对该组织的其他部分产生影响和连锁反应。没有哪个解决方案是孤立地发挥作用。顾问需要认识到客户的生态系统中存在的相互联系。如果我们计划改变系统的一部分，就应该知道，还有谁或什么会受到解决方案的影响。

★ 运营背景：还有什么人或事情会受到影响？

已有许多作者充分研究了系统思维的基本原则。为此，本章的重点并非回顾这些原则，而是鼓励顾问在与客户的合作中学习和应用这些原则。我们越能够使用系统思维，就越有可能得出一个对整个组织有效的解决方案，并取得长期持续的效果。

在运营背景层面，我们需要试图回答的关键问题是："还有什么人或事情会受到这个议题（这些议题或解决方案的实施）的影响？"例如，我们可以询问客户："这是否只影响你和你的部门？还是会影响到其他部门？"或者，"这是否只影响这个流程，还是也会影响其他流程？"

在探索背景时，我们可能会发现为客户提供帮助的更多机会。如果我们自己无法提供帮助，可以让客户了解我们信任的战略伙伴。

探索背景的过程，也可能揭示出关键影响者和决策者的存在，他们的意见至关重要，但如果没有这个探索背景的过程，他们的名字根本不会出现在谈话中。

● 制约因素

当影响看起来很大时

当我们与客户一起探讨议题、依据、影响和背景，并一致认为影响巨大时，一个不可忽视的问题就出现了：是什么导致客户不能在此前自行解决这个议题？客户以前曾尝试过哪些方法？是什么导致这些尝试无法取得效果？那些在过去导致客户失败的因素，可能导致未来的尝试失败。能够发现和清除这些制约因素，对双方都有好处。

制约因素的相关问题

如果客户的情况已经持续了一段时间，那么关于制约因素，顾问应该提出的问题是"是什么导致组织在此前未能解决这些议题"。而如果这是一个新的机会，那么关于制约因素，顾问应该问："有可能存在什么因素，导致无法成功地实施这个解决方案。"

> ★是什么导致组织在此前未能解决这些问题？

客户对这些问题的回答，可以提供有价值的洞察，但出于某些原因，这个问题往往没有被提出。可能的原因是，顾问在某种程度上担心客户会神奇地发现可以自己解决。如果这是客户的最佳选择，他们将自己解决，常常是在我们花费了大量的时间和资源，给他们提供一个深思熟虑的提案之后。让我们看看真实的情况是什么。制约因素相关问题的答案，可以分为两大类：好的制约因素和坏的制约因素。

好的制约因素

好的制约因素，指的是那些过去存在，但现在已不存在的障碍。例如：客户过去没有预算，现在有了；过去没有得到各种批准，现在得到了；这在过去不是最重要的议题，但现在是；等等。好的制约因素，也可以是我们可以为客户做的，而客户自己做不到的事情。例如，客户表示自己没有足够的时间、人力、专业知识等。这可能不是他们的核心竞争力，或者不是他们想要集中资源做的事情。如果是这样，他们确信两点：

1. 影响是大的。
2. 他们不能或不打算自己解决这个议题。

坏的制约因素

坏的制约因素，指那些在过去阻碍了成功，并且如果没有改变，就会再次阻碍其成功的因素。例如：

- 客户未能为解决方案获得充足的预算；
- 他们无法得到执行委员会的支持；
- ×××集团因为既得利益反对解决方案；
- 政治因素总是成为绊脚石；
- 解决方案过于复杂；
- 其他议题比这个议题更重要。

我们应该提出的问题是："这一次有何不同？"如果没有任何改变，结果可能会没什么差异。关键在于需要理解，之前是什么阻碍了解决方案的采用，以及它是否会再次成为阻碍因素。有两件事是脆弱的：解决方案的采用（客户决定采用解决方案）以及解决方案的执行（我们能多好地实施该解决方案，并使其发挥作用）。放慢速度，而不是加速前进。我们可以对客户说，“我有一个担忧。听起来，即使我们提供了最佳的解决方案，即使这个解决方案的确能够带来双方探讨的结果，它也不会被采用。组织内部的政治因素在过去阻碍了解决方案的实施，这一次也同样会如此，你认为我们应该怎么做？”（详见第57页的“黄灯”）

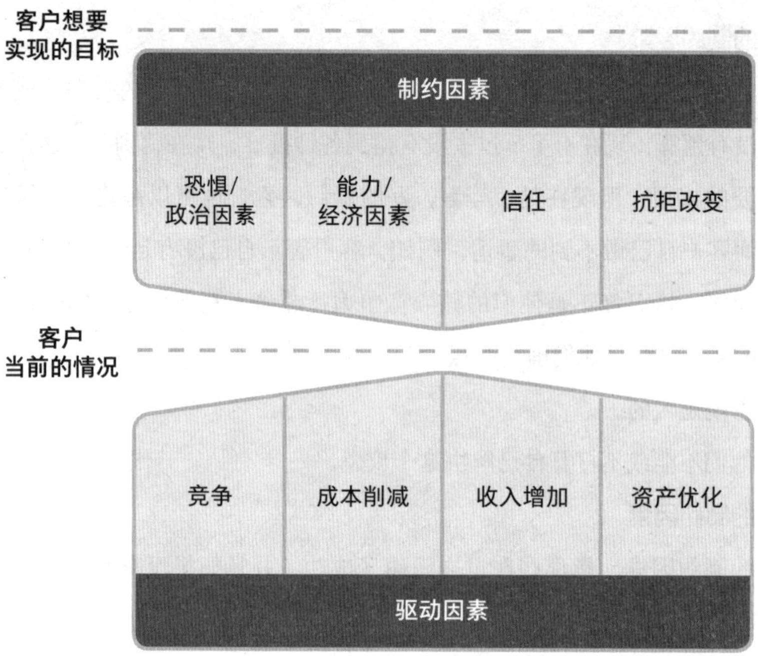

客户的回答，通常会类似“你能帮助我们吗”。正如客户会付钱请你收集重要依据或量化影响，客户也会付钱请你帮助清除制约因素。客户已经知道影响是大的，而且知道，如果不消除制约因素，他们就无法实现目标。如果制约因素无法清除，那么是否能被管理或规避？如果不能，你与客户是否想要继续合作？

比起向客户强推他们应购买的理由，识别和消除制约因素的，往往能够让你获得更多业务。

● 当客户不愿意移开解决方案时

在你请客户移开解决方案时，他们要么同意，要么不同意。如果他们不能或不打算移开解决方案，这就是一个黄灯。要放慢速度，而不是加速。

以下的情况可能正在发生：

> ★当你建议客户放弃解决方案时，他们可能选择放弃，也可能选择坚持。如果客户选择坚持，必然有其理由。

1. 你正在与错误的人交谈。他们并没有真正地了解问题和预期的结果。你可能需要明确地提出，为了得出一个精准满足他们需求的解决方案，无论他们最终是否选择你，你都需要与充分了解问题或预期结果的人交谈。如果你没有准确地理解需求，就不知道提出什么解决方案。

2. 合作的机会并不真实存在。客户方不愿意提供给你信息，因为他们不是真正地打算雇用你。如果你感觉到这种情况，你需要体面地建议双方结束沟通。如果他们希望与你继续沟通，他们需要提供一个合理的理由。如果没有令人信服的理由，这就不是你希望投入时间以及公司资源的地方。

3. 你的沟通是无效的。也许是你没有给客户提供令人信服的理由（智商），让他们移开解决方案；也许你没有建立好融洽的关系或安全感（情商），导致他们不相信你的意图；也许是因为你建议移开解决方案的措辞不当，需要以更好的方式来表达。

4. 按照法律或法规要求，解决方案必须存在。客户的动机可能是确保合法或合规性，而不是解决潜在的业务问题或实现预期结果。一个例子就是上市公司的外部审计。在此类情况下，你可能需要围绕满足要求的标准，而不是解决业务问题来组织对话（详见下方的“引导客户提供决策标准”的内容）。

5. 它是一个“预先决定好的解决方案”。无论对错，客户已经确定存在一个机会，已经决定了他们将购买什么解决方案，计划从你这里或你的竞争对手处购买。接受客户预先决好的解决方案是一种风险。如果你接受这个风险，那么围绕客户的决策标准进行对话将很有帮助。决策标准就是客户如何判断一个解决方案比另一个更好，以及一个理想的解决方案提供商应该满足什么标准。

● 引导客户提供决策标准

当我们试图引导客户明确其决策标准时，我们可以围绕两个主题进行对话：

1. 理想执行的标准。

2. 理想解决方案提供商的标准。

> ★“关于＿＿＿＿＿＿＿，对你们来说，最重要的是什么？”

我们可以采用类似的开场白：“鉴于你们已经决定采用产品X，那么你们对X的理想实施有什么标准？”你将引导出一个关于标准（议题）的清单，并且要确保清单是完整的。你将根据重要程度来探讨每个议题的依据和影响，并探索背景和制约因素。

我们还可以问客户：“就与你们合作的人而言，什么对你们最重要？”然后，双方可以围绕这些标准进行对话。

尽管对于不易衡量的议题，找出其依据与影响具有挑战性，但这仍值得尝试。例如，客户表示他们想要获得更好的服务，那么他们在过去或现在是否有服务糟糕的依据？得到糟糕服务的影响是什么？在未来，他们将如何确定地知道他们得到了良好的服务？他们将使用什么具体指标？如果不存在指标，是否有必要建立指标？他们是否需要一些帮助来建立指标？如果他们得到卓越的服务，对项目和/或公司的真正回报是什么？还有谁或什么会受到优质或糟糕的服务的影响？在过去，是什么阻碍了客户获得优质服务？

我们越是有技巧地邀请客户移开解决方案，他们就会更多地跟随我们的引导。当客户不打算移开解决方案时，理解背后的原因，并采取适当的行动是有帮助的。

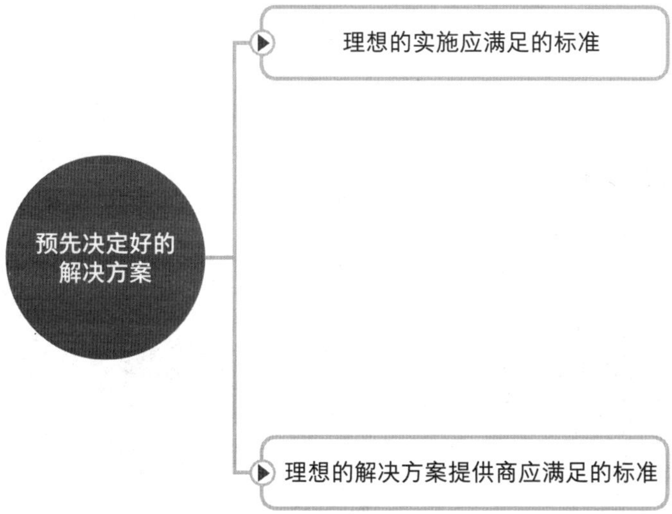

要点回顾

本章论述了很多信息和内容，在此让我们做个简要的回顾和概述。请记住，我们正试图围绕以下内容获得相互理解：

议题：客户想解决什么问题或取得什么结果？其重要性如何？

依据：我们如何定义这个问题？我们如何衡量成功？

影响：财务和无形的成本和收益是什么？

背景：谁或其他什么受到这些议题和解决方案的影响？

制约因素：是什么阻止了（或可能阻止）该组织解决这些议题？

想要获得信息，回答前述所有问题，一个有效的手段是按下列方式构建对话：

移开解决方案

找出解决方案必须解决的所有议题

按重要性程度找出最重要的议题

按照重要性的顺序，收集问题的依据和影响

探索背景和制约因素

当客户要求一个供应链管理的解决方案时，一个结构化对话可能看起来像下面的图表：

构建对话

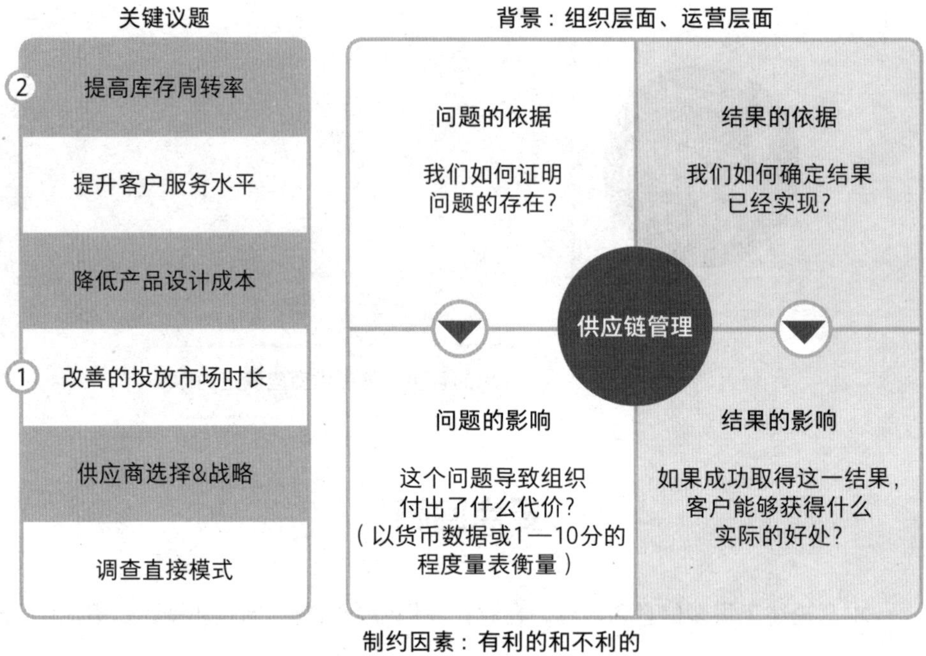
关键议题
2 提高库存周转率
提升客户服务水平
降低产品设计成本
1 改善的投放市场时长
供应商选择&战略
调查直接模式
背景：组织层面、运营层面
问题的依据
我们如何证明问题的存在？
结果的依据
我们如何确定结果已经实现？
供应链管理
问题的影响
这个问题导致组织付出了什么代价？（以货币数据或1—10分的程度量表衡量）
结果的影响
如果成功取得这一结果，客户能够获得什么实际的好处？
制约因素：有利的和不利的

一个结构化对话的流程图，可能看起来如下图所示：

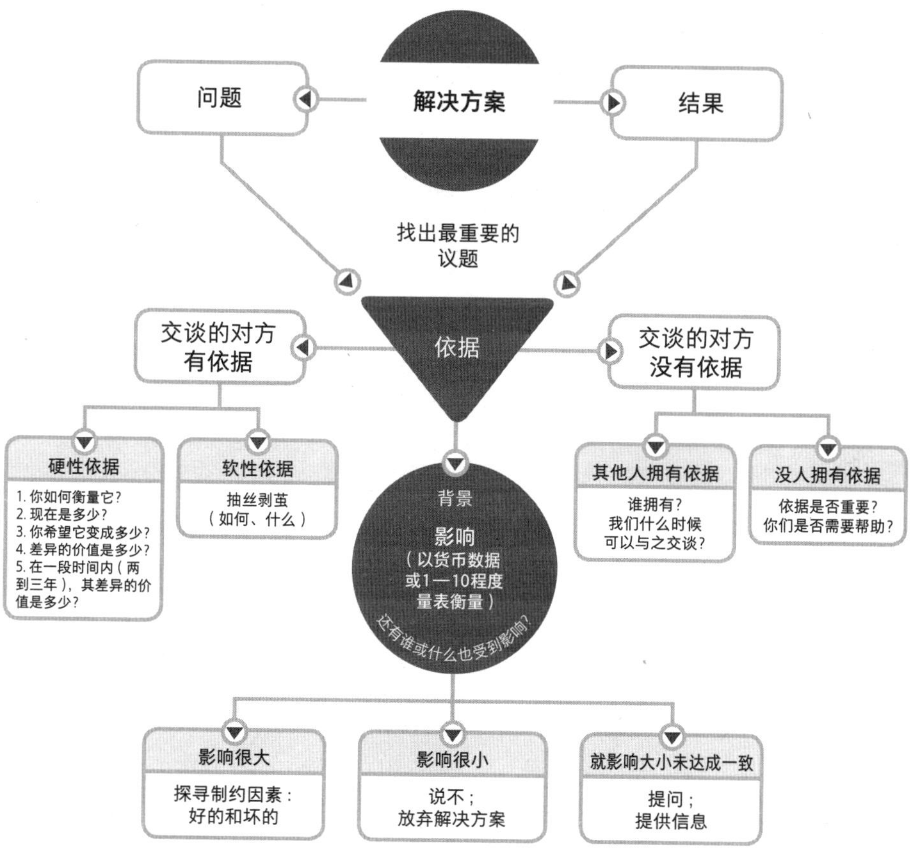

假设我们将所有需要了解的信息做成一个问题清单，那么清单应该包含下列内容：

1. 该解决方案要解决的所有议题是什么？
2. 是什么让你确定这是一个问题？（问题的依据）
3. 对业务的影响是什么？（问题的影响）
4. 你将如何衡量成功？（结果的依据）
5. 如果获得成功，回报是什么？（结果的影响）
6. 还有谁或什么会受到影响？（运营背景）
7. 大环境是什么样子？（组织背景）

8. 过去是什么导致组织无法解决这个议题？（制约因素）

9. 我说对了吗？我有没有遗漏什么？（总结）

在大多数情况下，如果一个机会不是一个好机会，那么其他一切都不重要。因此，提出有效的问题，不仅可以为客户增加价值和洞察，同时也为你提供所需的信息。

第四章

评估资源

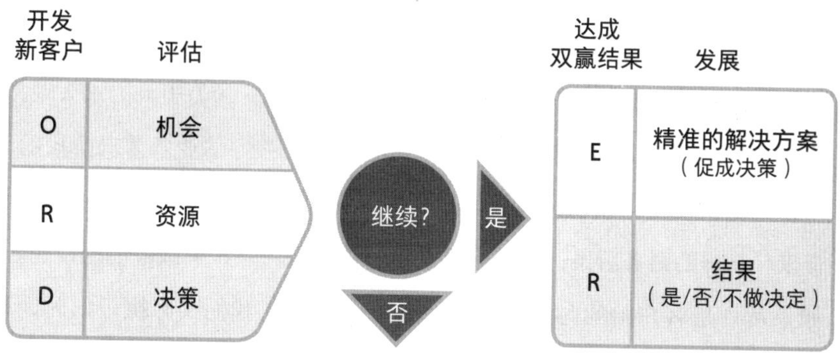

即使存在一个好机会，如果客户不能或不愿意投入足够多的资源，你也无法帮助他们成功。需要审查的3个关键资源是时间、人员和预算。

在对资源的评估中，对资源的讨论不需要冗长且详细。我们需要知道，为了获得满足客户需求的解决方案，客户认为必要和可用的资源与我们认为需要的资源之间是否存在重叠。如果存在黄灯，我们希望尽早面对，而不是在沟通过程的后期。

> ★没有充足的时间、人员和预算，你无法帮助客户成功。

时　间

我们刚刚与客户结束了关于机会的沟通，并一致认为这个机会值得把握。关于时间表的一个好问题是："你们希望在什么时候取得这些结果？"我们也可以问："你们希望什么时候开始？""我们的时间范围是什么样的？"关于时间的问题并不难提出，你只需要提出即可。

我们不是在急着让客户给出承诺，或试图"达成交易"。我们只是在了解适合他们的时

> ★客户希望什么时候取得这些结果？客户希望什么时候开始？

间，这样将确保双方步调一致。关于时间的黄灯包括：

1. 时间安排过紧；

2. 时间安排在过于遥远的未来；

3. 客户没有明确的时间安排。

关于时间的安排，黄灯通常非常极端（过紧或过于遥远）。假设时间安排过于遥远，我们可以说："我不太明白，你们说这个问题每年会导致1000万美元的损失，但你却想要等上3年再解决这个问题，这就意味着3000万美元的永久性损失。是什么让你们觉得这是可以接受的呢？"当然，只有在评估业务需求阶段的工作完成得很好的情况下，我们才能提出这样的问题，否则我们将不知道客户的问题可能带来什么样的财务后果，也没有建立足够信任的关系来挑战他们的设想。

如果黄灯是客户给的时间过紧，即要求的时间比我们实际执行的时间要短得多呢？找出客户提出这个日期的原因会很有帮助。可能存在一些与项目时间表无关的政治、财务或组织层面的情况，我们可以在不影响及时交付的情况下帮助满足。可能我们可以选择将项目分成几个阶段，并按照重要性确定哪些部分先交付。然而，如果客户要求交付的时间早于我们实际能交付的时间，这就是一个黄灯。我们可以说："我有一个担忧，我认为实现双方商定的结果是可能的，但在你们要求的时间段内，不太可能实现。如果我们可以实现这个结果，需要3个月的时间，而不是两个星期，我们可以就此继续讨论吗？"我们会发现，客户的这个时间限制是真实的（这样至少你在早期发现了红灯），或者我们可以在不影响解决方案执行的情况下想办法解决客户关于时间的担忧。

人　员

我们需要知道，客户期望其公司和我们如何分配工作和责任。

我们并不需要去了解具体的细节或日常的工作安排，而是需要获得一个粗略的概念，即分工是符合我们和客户的成功标准。此外，如果客户的公司里存在着执行解决方案的关键人物，我们需要确保客户让这些人员参与。在人员方面，我们也同样要注意黄灯，就像时间因素那样，人员方面的因素也可能以极端的形式出现——要么客户希望他们人员的参与过少，要么是希望他们的参与过多。

★什么人负责什么事情？哪些人是决定成败的关键人员？

● 客户方参与过少

一个潜在的问题是，客户可能不让我们接触那些对成功至关重要的关键人物。例如，如果高管的参与很关键，然而客户却表示这有问题。我们需要尽早确定这是否是一个黄灯，而不是之后才确定。我们可以说：“我有一个担忧，按照以往的经验，想要取得你们想要的结果，就必须有你们高层管理人员的参与，如何才能够确保这些人员参与进来呢？”

● 客户方参与过多

如果客户想自己完成项目的关键部分，我们可能会担心他们不会投入必要的时间和专业知识。如果我们的表现取决于他们的工作质量，这一点就尤为重要。假如我们察觉到这方面的黄灯，可能需要勇气和体谅来检测这个黄灯。向客户明示或暗示其员工不能或不愿意好好完成工作，并不是一个容易传递的信息。我们可以说：“请你帮助我了解一下，你们如何看待这个项目的责任归属。你们是希望我们管理项目，并对项目的成功完成负责，并且你们将你们的人员派给我们使用，还是你们希望全权负责管理和最后的结果，我们派给你们使用？”如果他们希望我们承担责任，必然会希望我们替换任何没有及时地提供高质量结果的人员。我们需要得到授权，拥有与管理我方人员一样，管理客户方人员的权力。这就意味着，任何没有投入时间或产生我们期望质量的人员，都可以从项目中被剔除，并替换为更有能力的人——来自他们公司或我们公司。

预　算

在前面，我们已经谈到了客户想要实现的结果（机会），以及时间和分工。接下来谈论预算合乎逻辑，但仅仅因为这合乎逻辑，并不意味着它与情感无关。当我们最终开始跟客户谈钱时，似乎能量水平都上升了。

有两个谈论预算的良好时机，一个是在“评估资源”环节，另一个是在后文将要论述的“精准的解决方案/促成决策”中。在“评估资源”环节，我们只谈论价值的合理性，我们不会给客户报价，也不会询问他们的具体预算金额，而是试图理解他们认为取得预期结果（回报）的价值与我们认为取得预期结果的必要投资是否一致。在“精准的解决方案”的环节中，当我们提出我们的方案，并给他们报价时，价格的谈判开启。

客户的问题“我们是否以最划算的价格达成了交易？”（价格谈判）与“我们能否负担得起？”（价值论证）非常不同，理解其区别很重要。举个简单的例子，假设你想要买一辆新车，你要做的第一个经济层面的决定，就是选定一个自己负担得起的价格范围。当你实际进到市场，你的价格范围可能会有所变化，但基本上，你会有一个概念，即对于你而言一辆车的价值是多少。假设你心里愿意支付的价格范围是3万—3.5万美元。你找到了一辆心仪的车，标价是3.3万美元。现在，你要做什么？你开始讨价还价。这时候的问题，不是你能否负担得起一辆3.3万美元的汽车，这你已经想清楚了。现在的问题是，这笔交易是否划算。在资源论证这个环节，我们试图搞清楚客户对价值的看法，即对于他们期望的回报而言，多少投资看起来是合理的。

> ★为了获得追求的结果，客户愿意投资多少钱？

记住，意图比技巧更重要。我们的意图，是搞清楚我们与客户是否在朝着相同的方向，以及双方是否应该继续谈下去。如果答案是否定的，我们需要现在就搞清楚，以避免浪费彼此的时间。存在一个价格，低于这个价格，人们就会认为不太可能得到好的质量；而高于这个价格，不管有多少额外的功能或好处，无论多么令人印象深刻，都不会带来任何不同。客户心中有一个价格区间，可能不是十分明确或客户尚未意识到，但这个区间是存在的。我们也有一个区间。问题是，这两个价格区间是否重合。如果没有重合，双方可能无法达成合作。

本书的作者曾见过一些顾问，为形成和提出解决方案所花费的费用，比客户用于解决方案的预算还要多。在向客户提交方案之前，这些顾问根本不知道存在这个问题。他们本可以在两分钟内就发现这一点，却几个月都没有发现。

如果你与客户会面之后，不知道客户打算花多少钱，客户也不知道你想收多少钱，双方都会陷入猜测的状态，感到困惑不解。不要猜测！你与客户关于价格的探讨，不该是你演示你的提案的时候。猜测不仅没有必要，而且代价很大。

那么，什么时候谈钱呢？

- **在评估业务需求之后：**在我们对影响进行量化之后。
- **在精准的解决方案/促成决策之前：**在我们向客户提交我们的解决方案及其价格之前。
- **在决策过程中的合适时机：**在决策过程中，与最合适的人讨论价格。

我们的目标是了解我们和客户的价格范围是否存在重合。

关键问题：双方的价格范围是否存在重合？

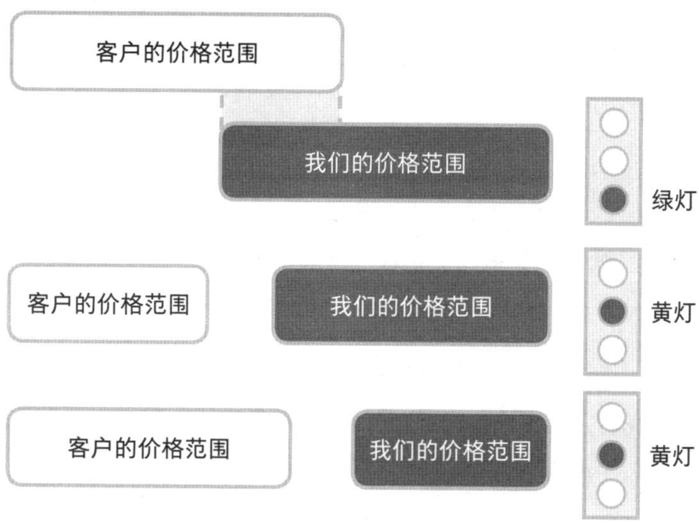

我们如何谈论预算

下面这两个问题，可以帮助我们开启关于预算的对话：

1. “你们是否考虑过，对于我们讨论的预期结果而言，什么样的投资水平是合适的？”

2.“你们是否为这个项目（或为这次采购）制定了预算？”

关于预算的问题，我们可以预测客户可能给出下列回应：

“有的。”（但他们不能/不会与我们分享）

“有的。”（预算看起来充足）

“有的。”（预算额度看起来太小）

“有的。”（预算太多了——这是我们梦寐以求的）

“我们还没有。”

“你告诉我要花多少钱。”

“钱不是问题。”

“如果的确值得的话，我们会拿出钱的。”或“这个项目需要自筹资金”。

“我不知道。”（其他人知道，或没人知道）

鉴于这些回应是可预测的，我们应事先准备好如何回应。

“三段式”回应

下面这个回应，在大多数情况下都很有效：

第一部分：“我不能确定它会花费你们多少钱。每个客户的情况都不一样。”

第二部分：“然而，其他的公司在类似的情况下要成功实现我们一直谈论的结果，往往需要投入X到Y之间的预算。”

第三部分：“你认为你们的投资在这个范围内吗？”

请注意，我们并没有说，“我们向其他公司收取的费用是……”。而是表示，在类似的情况下，其他成功地取得了这些结果的公司，无论是与我们合作，还是与其他竞争对手合作，或是他们自己解决问题，他们投资的金额都在X和Y之间。Y高于X的百分比不应该超过25%—50%，例如数值在20万—25万美元之间。而10万—1000万美元这个区间，不具有任何参考价值。

当我们问客户“你认为你们的投资在这个范围内吗”时，通常会得到下面两种回答中的一种：

1.“是的。”（但有点勉强）

2.“哦，我的天哪，这个价格远远超出我们所想的。”（这显然就是一个黄灯了）

我们只是想确定双方的价格范围是否存在重叠。如果客户脸色发白，从椅子上跌下来，甚至开始大叫，我们可能就遇到了问题。我们应该留意这些微妙的线索。在这个阶段遇到这些黄灯，比将公司大量的资源投入对客户没有意义的提案要好得多。

在与客户初步沟通时，我们头脑中可能没有一个实际的价格范围，我们也不应该在没有同事专业意见之前给出一个数字。我们可以获得客户的许可，回去与我们的团队沟通，了解提案可能需要的资金，然后回电告知客户，并征求他们的意见。在我们给客户提供一个价格范围后，他们的反应可能是继续合作，或者停止合作，因为彼此的价格范围可能相差过大。在这个阶段，我们和我们的团队要做的事情，是得出一些粗略的数字。在没有确定客户愿意投资多少钱之前，没有必要让每个人忙忙碌碌地弄出一个庞大的提案。

下面是运用三段式回应的一些例子。

●“不，我们没有预算。”

我们可以以类似这样的问题回应，“你们期望的价格是多少？”“你们在此类项目上的投资通常是多少？”

我们也可以采用一个三段式的回答，例如：“让我们讨论一下数字，目前

1. 我不知道这将花费你们多少钱，每个客户的情况都不太一样。

2. 然而，在类似的情况下，其他公司——成功地取得了我们一直在谈论的结果——投资的数额往往在X和Y之间。

3. 你觉得你们的投资，会在这个范围内吗？”

●“你来告诉我。”

客户说：“你是专家，你来告诉我这要花多少钱。”

我们可以说：“好的。目前

1. 我不知道这将花费你们多少钱，因为每个客户的情况都不太一样。

2. 然而，在类似的情况下，其他公司——成功地取得了我们一直在谈论的结果——投资的数额往往在X和Y之间。

3. 你觉得你们的投资，会在这个范围内吗？”

● “钱不是问题！”

如果客户说，“哦，钱不是问题。你只管给我们一个提案，证明它是值得的，我们就能够拿出钱来”，三段式的回应同样有效：

我们可以说：“听起来很棒。目前

1. 我不知道这将花费你们多少钱，因为每个客户的情况都不太一样。

2. 然而，在类似的情况下，其他公司——成功地取得了我们一直在谈论的结果——投资的数额往往在X和Y之间。

3. 你觉得你们的投资，会在这个范围内吗？”

顺便说一下，钱永远是一个问题。

● “我不能告诉你！”

客户可能会说，“我倾向于不告诉你我们的心理价位”或“按照公司的规定，我不能透露这个数字”。

我们可以说：“没问题，我们不希望你做出任何令你感到不适的事情。我们并不是需要一个非常具体的数字。不妨让我们提供一些数字，您来反馈一下？”在这种情况下，你可以继续使用前述的三段式回应。

● “我不知道。”

客户可能会给出类似“我不知道”的回应，这时候我们可以问：“这没问题，那么请问谁知道呢？”即使我们知道可能需要与谁交谈，我们依然可以使用三段式回应，从当前的接触对象处获得初步的信息。

● “你是怎么得出这个数字的？”

双方的价格范围要么存在重合，要么面临两种极端情况：客户有预算，但太少；或我们提供的价格范围不符合他们的心理价格。不管是什么原因，他们预期的花费比我们认为的要少。在客户提出的数字低于我们的数字时，问问客户“你是怎么得出这个数字的？”会很有帮助。

这是一个很重要的问题，客户给出的回答往往可以分成两类：行政层面或价值层面。如果客户的理由是行政层面，就不要讨论价值；如果理由是价值层面，就不要探讨行政层面。找到答案的方法，就是提问“你是怎么得出这个数字的”。

客户的价格不在我方的价格区间

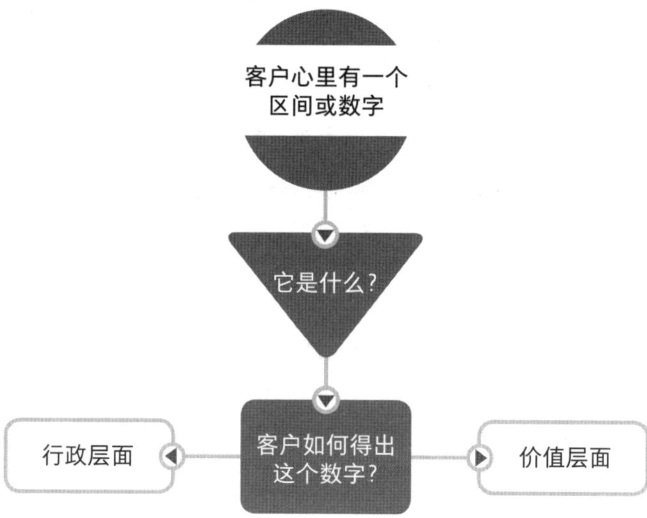

行政层面还是价值层面

一个行政层面的原因，听起来可能是这样：“我们今年的预算就剩下这么多了。”在这种情况下，我们需要搞清楚这个数字，以及他们明年的预算有多少。他们不是说不值得投资这么多钱，只是说他们存在一些行政层面的限制。

客户也可能会说，“这是我权限范围内的最大金额了”。我们可以说：“这没问题，谁有权限批准更大的金额呢？”客户还可能会说，“这就是我们拥有的全部启动资金了”。我们可以回应：“很好，假设项目启动之后大获成功，那么剩余的资金可以从哪里来？”客户并没有从价值层面谈论，而是从行政层面。

价值层面，意味着客户认为这个项目就值这么多钱。显然，这是一个黄灯，需要我们及时处理。我们可以说：“好的，感谢分享的信息。我们可能有一个问题，我认为取得你所说的结果是可能的，但少于25万—30万美元的预算是不可能完成的，你觉得我们应该怎么做？”（或“请提供一些指示，这是不是意味着你不想要我们给你们提案了？”）

如果他们的回应类似于“不，我们想要你们给我们提案”，这是一个矛盾的信号，我们可以说：“我有点困惑，在我看来，即使我们提供了最佳的解决方案，而且你们也相信这是最好的选择，你们也不会购买，因为你们的预算低于我们认为取得预期结果所需的费用。花时间去准备一个不会被接受的提案，似乎是在浪费时间。”客户则有机会将黄灯变为绿灯，让我们相信，他们愿意为合适的解决方案支付所需的费用，或是将其变为红灯。

> ★它通常不是钱的问题，而是信念的问题。

如果客户说，“如果这是你们的价格，就不用准备提案”，他们就处在将黄灯变成红灯的边缘。记住我们处于流程的什么位置会有所帮助。解决方案对客户的价值，比我们提出的投资金额大得多。否则，这个机会就存在黄灯。这通常不是钱的问题，而是信念的问题，通常是下面3个信念中的一种：

1. 客户不相信解决方案的价值。
2. 客户不相信我们所做的能够提供他们这个价值。
3. 客户认为，他们可以在其他地方以更低的价格获得相同的价值。

搞清楚导致客户无法做出正确选择的信念很有帮助。于是，我们可以说：“弗兰克，沟通到这一步，我们关于解决方案的价值方面存在如此巨大的分歧，那么可能存在3种原因：

- 你并不相信我们所讨论的价值；
- 你不相信我们所做的能够提供这一价值；
- 你认为可以在其他地方以更低的价格获得同样的价值。

现在，你是否抱有其中一种想法呢？”

如果客户不相信我们所讨论的价值，我们可以说："如果我对回报没有信心，我自己也会质疑投资。让我们再看看我们提出的数字，看看你认为什么数字是更实际的？"

如果客户出于某种原因，怀疑我们所做的能否让他们实现预期结果，我们可以说："我很高兴你们愿意表达这方面的担忧，如果我心存疑虑，我可能也会质疑任何投资。让我们谈谈你在担心什么吧？"

如果客户出于某种原因，相信可以在其他地方以更低的价格获得同样的价值，那么他们应该这么做。如果他们不这么做，就是在财务上不负责任。他们唯一的疑问应该是，他们是否真的能够以更低的价格获得同样的结果。这是一个同类比较吗？我们需要确保这是一个同类比较。

我们可以尝试与客户这样沟通：

客户：我认为我可以用更少的钱得到同样的结果。

顾问：如果你可以，你应该这样做。如果我是你，可以用更少的钱得到完全相同的结果，如果我没这么做，我就是在财务上不负责任。我尊重这一做法。我想，你可能被蒙骗的唯一方式，就是你不是在做一个同类比较？你有来自其他公司的提案吗？

客户：是的。

顾问：那我告诉你我可以做点什么。我可以花上半个小时，跟你一起了解这个提案。你不用给我看任何涉密信息，我只是想了解个大概——他们说打算做什么，以及将产生什么结果。如果他们要做的事情与我们想的一样，我会建议你选择他们。如果我发现了存在本质的差异，我会指出来。你可能还是会选择他们，但至少你是在充分知情的情况下做出的选择，你认为这样合理吗？

如果客户手上并没有其他提案，我们可以问问，为什么他们会得出这样的结论。如果客户表示，他们将得到一份提案，我们可以说，"太好了，等你拿到提案，我可以花上……"并提出上文所述的建议。

如果客户要求我们提交提案，并表示他们将根据提案的内容做出判断，那我们就可以有一个决定。提交一份注定被拒绝的提案没有太大意义。我们可以说："苏珊，如果我没有理解错误的话，你认为别人可以用更少的钱提供与我们所提供的相同的结果。似乎你不需要我们的提案。如果我们可以提出一些令人信服的理由，说明为什么在我们这里花更多的钱，比在其他地方花更少的钱，更符合贵公司的最佳利益，那么我们乐意提交一份提案。我们还要证明我们与其他人的提案存在明显差异。然而，如果我们无法证明存在差异，那么似乎是在浪费我们两家公司的宝贵时间，你说呢？”

如果我们不能化解客户对价值的怀疑，就必须做出改变，否则黄灯就会变红灯。也许我们可以就范围、时间或分工的调整进行谈判，以达到客户预期的价格；也许其他关键利益相关者对价值有不同的看法，我们可以争取他们的帮助；也许我们可以在商业模式或交易结构上更具创意，但也有可能，这不是一个合适的机会，我们很幸运地及早发现。

要点回顾

下页的流程图，展示了关于价格的对话。

请记住，我们的意图，是要得到一个精准满足客户需求的解决方案。不考虑资金的因素是不可能的。如果我们提供的解决方案所需的费用，是客户承受能力的10倍，我们既没有帮到客户，也没有帮到自己。如果我们是在客户听或看我们的提案时，才谈及投资金额，我们就是在猜测，而猜测的代价可能非常高。

因此，如果你还没有对客户进行时间、人员和预算方面的评估，尤其是在预算方面，不要进入精准的解决方案这个步骤。不要猜测！

你是否考虑过，为取得我们讨论的预期结果，多少投资是合适的？

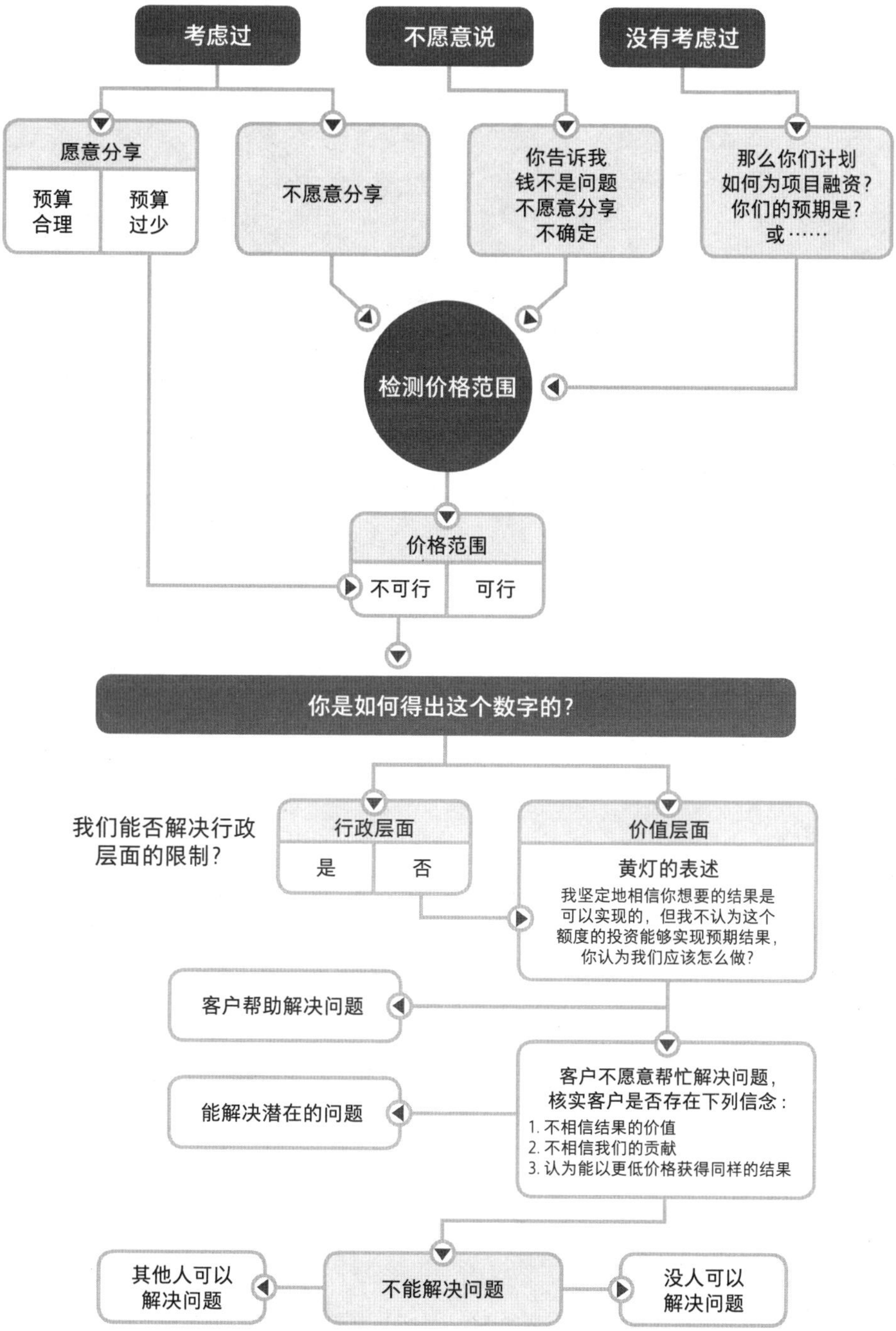

第五章
评估决策

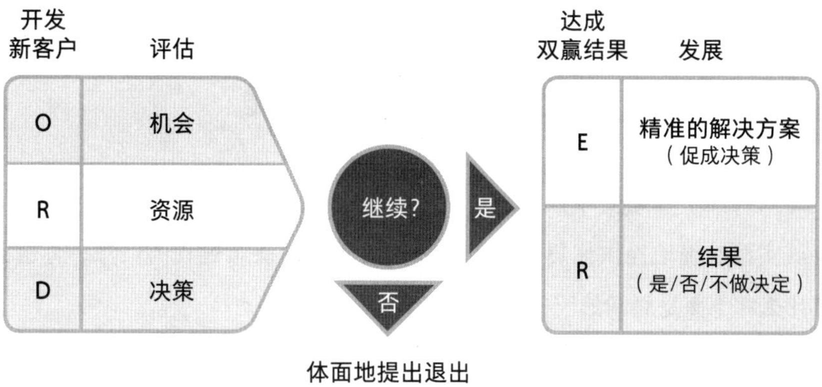

想做好事的聪明人，也可能做出错误的决定。《决策之难》（*Why Decisions Fail*）一书的作者保罗·纳特博士调查了356家公司的高管和经理所做决策的成功率，50%以上的决策都失败了，它们要么被迅速抛弃，要么得不到彻底的执行，要么从未被采纳。

当公司做出错误的决策，我们默许并参与其中时，就会遭受损失。销售周期被拉长。我们在不能为任何人提供价值的活动上浪费大量的时间，导致成本提升、士气低落。我们在没有成功率的机会上辛苦工作。客户拒绝向我们提供信息，不允许我们接触关键的利益相关者，我们不得不在重要的标准和客户关心的问题上猜测，而且往往猜错。我们向不能做决策的人详细展示我们的提案。我们没有将我们的想法展示给那些最可能欣赏和利用它们的人群。我们的成功率下降，不满意度上升。

理解并影响决策的制定，是销售流程中的关键环节。在整个销售流程中，这是我们减少挫败、实现盈利性结果的最大机会。我们可以减少失败的痛苦，帮助我们的客户和我们自己盈利。

只有一小部分顾问能很好地阐述和指导客户的决策过程。能够接触到所有的关键利益相关者，深入了解什么对他们来说是重要的，并准确地了解他们决策制定标准的顾问，就更少了。能做好这些工作的少数人，不仅能够得到来自客户的高度评价和丰厚回报，还能够在竞争中脱颖而出。

为提升我们在这一关键环节的成功率，我们需要培养3种关键能力：阐明与影响决策过程；获得与关键利益相关者沟通的机会；理解决策的标准。

阐明并影响决策过程

如果我们不知道要寻找什么，就不可能找到。想象一下，有一个客户，他愿意诚实而准确地提供你想要知道的任何关于公司决策过程的信息，你会想要知道什么？下面是顾问的一些常见回答：

- 谁来做决策？
- 谁会影响决策？
- 谁能够否定决策？
- 谁负责签署支票？
- 谁负责审批决策？
- 要获得一个“肯定”的决策，需要满足什么标准？
- 决策的过程是什么样的？
- 决策将如何做出？
- 你们需要什么信息？
- 你们将在什么时候做出决定？
- 谁是竞争对手？
- 我与竞争对手相比怎么样？
- 我必须做什么才能赢？
- 你确定你会购买某个人的解决方案吗？

需要了解的信息很多，设计合理的问题的顺序和结构，将能够大大增加获得这些信息的可能性。下面就是一个行之有效的方法。

首先，搞清楚做出决策的步骤。其次，搞清楚每个步骤做出什么样的决策

（有时候这二者是一样的，有时候则不同）。搞清楚他们将在什么时候做出决策，找出每个步骤所涉的人员。最后，搞清楚每个人将如何做出决策。要搞清楚每个人将如何做出决策，你需要亲自与每个人交谈。整个过程的一个关键结果是搞清楚是“谁”做出决策，以及他们“如何”做出决策。

在我们与“谁”交谈时，我们将从他们的角度探讨这个机会，了解他们做出决策的标准。这些标准包括他们如何在不同的解决方案之间做出决定。我们还需要了解，他们对一个优秀演示的标准是什么，即他们希望我们演示什么，以便他们可以做出一个优质决定。

本书作者将采集这些信息的过程，称为“逐项了解决策信息”。

决策过程

步骤	决策	何时	什么人	标准/信念
所有的步骤都是哪些？	每个步骤做出什么决策？	他们什么时候做出决策？	每个步骤涉及哪些人？	每一个决策者是如何做出决定的？
竞争：在不同的解决方案之间，他们将如何做出决定？ 收益/损失：如果采用了这个解决方案，组织中的哪些人是赢或输？ 个人利益：与我们洽谈的人，是赢还是输？				

决策步骤

我们可以用这个问题开场：“作为一个组织，你们需要哪些步骤，才能做出一个有把握的是或否的决策？”我们是在了解在做出最终决策之前的一系列决策步骤。

我们从决策的步骤入手，而不是问“谁来做决策”，主要有3个理由：第一，如果我们问“谁来做决策”，可能会暗示与我们交谈的人，他们并不重要；第二，每个人都可以回答说“我”，即便这不完全正确；第三，如果客户不清楚决策步骤，他们就无法给我们关于参与决策的人完整和准确的信息。决策步骤可能并没有在他们头脑中很好地成形，他们可能会省略步骤，可能只谈论第一个步骤，或谈论最后一个步骤。

当完成这些决策步骤时，应允许客户有信心地做出是或否的决策。为了获得决策步骤的有效信息，我们需要让“是”和“否”成为平等的选择，有时候，对客户强调“否是可以接受的”会很有帮助。当客户真正地相信“否”是一个可以接受的答案时，他们会给我们更有效的信息。一旦客户感觉我们在迫使他们做出结论，引导他们得出我们想要的结论，信任的警报就会响起，最终只会导致抵制而不是合作。我们可以这样说：“我们已经探讨了你们想要实现的，以及实现该目标的可用资源。作为一个组织，你们需要采取哪些步骤，才能放心地表示，‘是的，这个解决方案很有意义，让我们开始吧’或是‘不，在双方探讨之后，我们认为，本公司的资源有更好的用途’？”如果我们确信客户会选择一个解决方案供应商，我们可以询问：“听起来，取得我们所讨论的结果，对贵公司而言至关重要。作为一个组织，你们需要采取什么步骤，能让你们有信心，不管最终做出的选择是什么，都是正确的决定？”

记住：如果你想要获得关于如何得到“是”的有效信息，让“否”成为一个可接受的选择。

决策步骤可能如下表所示：

决策过程示例				
步骤	决策	何时	什么人	标准/信念
与6—8家公司交谈				
将数量缩减到3家				
将备选公司名单递交遴选委员会				
提交给首席执行官				

阐明决策步骤是一个目标，影响决策步骤是另一个目标。在尽可能准确地确定了所有步骤之后，我们将从两个角度来审查它们。首先，如果客户遵循这些步骤，他们能否做出一个好的决策？其次，如果我们遵循这些步骤，它对我们有帮助吗？

如果我们认真思考了“理想”的决策步骤，我们可以提出改进建议：或许一些步骤可能被省略或精简；或许调整步骤的顺序可以更好地服务客户；或许我们可以提供一套不同的步骤。

马汉曾指导一位顾问，处理一个价值数亿美元的机会。赢得合作的一个重要决定因素，是说服买方同意调整决策过程中的两个步骤。买方计划让运营人员决定他们更喜欢使用哪种技术，然后向执行委员会提出建议。马汉的客户提出的解决方案，将从根本上改变买方的业务方式，包括了大量的流程变化和新技术。顾问表示，如果决策只是基于技术，他的头号竞争对手很可能会赢得这笔交易，因为竞争对手拥有更成熟的技术，与运营人员有更好的关系，而马汉的客户则在高管层面上拥有更好的关系。

于是，他的客户向买方建议，决策应该首先由执行委员会来做出，他们应决定什么能最好地服务于业务目标，然后再由运营部门做出决策，确保他们能高效运用首选解决方案供应商的技术。这个建议本质上是业务需求驱动技术的选择，而不是由技术的选择决定业务需求。

买方同意了这个建议，马汉的客户获得了高管层面的认可。随后，该公司的几位关键高管帮助马汉的客户赢得了运营部门的合作和支持。接受马汉指导的顾问确信，如果这两个决策步骤没有调换顺序，他们很可能失去而不是赢得这笔交易。这笔交易对各方都有利。

决　策

在前面的决策过程示例表中，我们能够看到4个决策步骤：

1. 我们将与6到8家公司交谈。

2. 我们要将其缩减到3家公司。

3. 我们将把这3家公司交给遴选委员会。

4. 我们可能将其提交给首席执行官，以获得批准。

在每一个步骤中，我们都要绝对清楚地知道，要做出什么决策。有时，描述“步骤”的措辞，可以明显知道要做什么决策。第二个步骤很清楚：6到8家公司中的哪3家将得到进一步考虑？然而，其他决策不是很清楚。例如，当这3家公司被“交”给遴选委员会时，给出的建议是什么？是“我们挑选了3家公司供你面谈”还是“这是3家公司的优点和缺点，你来决定”？或是“这是我们推荐的一家，这是我们的理由”？或者是其他建议？

此外，如果他们可能“将其提交给首席执行官”，是什么决定了他们是否会这样做？在这一步骤中，真正做出的决策是什么？首席执行官只是在委员会的决定上盖章，还是他想自己做决定？我们的目标是清楚地了解这些人在每个步骤中具体决定或影响什么。

于是，我们的决策过程示例可以填写成如下所示：

决策过程示例				
步骤	决策	何时	什么人	标准/信念
与6—8家公司交谈	哪6—8家公司			
将数量缩减到3家	哪3家？说明理由			
将备选公司名单递交遴选委员会	推荐一个最优选项并说明理由			
提交给首席执行官	批准或驳回			

何　时

每一个决策都应至少有一个目标日期。这能让我们与客户之间形成一个可管理的预先约定。如果情况发生变化，我们不会感到惊讶。当我们与其他利益相关者交谈时，情况也可能发生变化。如果我们对这些变化都非常清楚，肯定能够缩短我们的业务拓展周期。如果时间线缺失或模糊不清，我们可以给出提议。站在客户的角度，选择一些合理的阶段性目标。

决策过程示例如下表所示：

决策过程示例				
步骤	决策	何时	什么人	标准/信念
与6—8家公司交谈	哪6—8家公司	5月15日到6月1日		
将数量缩减到3家	哪3家？说明理由	6月8日		
将备选公司名单递交遴选委员会	推荐一个最优选项并说明理由	6月15日		
提交给首席执行官	批准或驳回	6月22日到26日		

如果决策过程看起来过长，我们就面临两个潜在的挑战：第一，在“评估业务需求”时，我们确定了一个业务问题的经济价值。假设它是每年1000万美元。一个为期6个月的决策过程，可能会使客户损失500万美元。在竞争性招标过程中，客户不太可能节省这么多成本。第二，正如在“评估资源”部分看到的那样，客户希望在某个时间取得预期结果。决策过程的长度，是否会危及这一目标？如果会危及，客户可以寻求什么创造性选项？

什么人

我们现在已经完成了图表中前三栏的内容：步骤，在每个步骤中做出的具体决策，以及这些决策将在何时做出。我们需要问客户的第四个问题是：“每个步骤涉及哪些人？”

我们不是询问每个人的角色是什么或每个人参与这一步骤的原因，而是直接与他们交谈，了解他们所做的工作，以及他们对事情的看法。随后，根据我们的直接对话，我们可以阐述我们对每个人扮演的角色的理解。

一些常见的角色包括：

- **启动者：**发起交易。
- **守门人：**控制信息流和访问权限。

- **拥护者：**愿意支持我们的工作，并帮助我们接触决策者。
- **影响者：**影响购买决定的非购买者——来自组织内部或外部。
- **用户：**直接受购买影响的人。
- **决策者：**做出购买的决定。
- **批准者：**批准购买的决定。

在决策过程中，人们往往扮演着多种角色。对于复杂的机会，和客户一起创建一个组织结构图几乎总是有帮助的，无论是正式的还是临时的。许多企业发现，使用软件或其他工具来绘制和管理关系网络图非常有用。

决策过程示例可能如下所示：

决策过程示例				
步骤	决策	何时	什么人	标准/信念
与6—8家公司交谈	哪6—8家公司	5月15日到6月1日	本人	
将数量缩减到3家	哪3家？说明理由	6月8日	本人，终端用户，一个部门领导	
将备选公司名单递交遴选委员会	推荐一个最优选项并说明理由	6月15日	首席财务官，首席信息官，高级副总裁，4个部门领导	
提交给首席执行官	批准或驳回	6月22日到26日	首席执行官	

● 批准者还是暗中决策者

最难辨别的一件事情是某一关键利益相关者是批准者还是决策者。例如，如果首席执行官实际上是一个批准者，我们不需要见他，因为他的作用可能只是在决定上盖章。真正的决策者是遴选委员会里的人。而如果首席执行官将做出最终决策，我们需要见他，否则我们将需要猜测他如何看待解决方案和他的决策标准。判断一个人是哪种角色通常很难，而错误的判断可能会带来问题。

本书作者曾与一个潜在客户合作，该客户试图在一个著名的竞争对手和我们公司之间做出选择。这个竞争对手的范式是“从高层开始，与高层联络”，他们只与执行副总裁交谈。但最后才发现，执行副总裁虽在组织中地位较高，但他把购买决定权交给了其他人。拥有购买决定权的人被竞争对手忽视了，并且没有感觉受到竞争对手的尊重，这无疑促使他最终选择了我们公司。这次经历给我们的教训是：不要把组织权力和购买权力混为一谈，在当今世界，它们并不总是等同的。

在另一个情况中，我们有一个竞争对手采取的策略是“找到拥有经济大权的买方”，将一个全公司的高管团队误认为“拥有经济大权的买方”。我们并不清楚真正的决策者到底是遴选委员会还是高管团队。最终，我们决定继续与遴选委员会接洽，而不是与高管们面谈。这个竞争对手因无法与高管团队会面，决定退出。

竞争对手从3家变成了2家。事实证明，高管团队成员是批准者，而不是决策者。我们在展示我们的解决方案前，与遴选委员会的每个成员都进行了交谈，最终赢得了业务。我们凭借直觉，做出了一个有利于我们的判断。但我们也可能在遴选委员会上投入大量时间，但最终高管团队搁置或阻碍了这一决策。

要回答“决策者还是批准者”这个问题，我们可以问：“过去你在向X发送提案建议的10次中，他有多少次反对提案或推迟决策以便进行更多审查？”如果答案是“4或5次”，那么X就是一个决策者，我们应该和X谈谈。如果答案是“如果有的话，可能是一次”，那么X可能是一个批准者，我们不需要去见他。

● 我们是否见到了所有相关人员

你是否曾信心满满地准备展示，这时候有一个你从未听说过或见过的人走进房间，并对如何做决策表达了强烈的意见？也许这个人，在没有与你或其他利益相关者进行任何谈话的情况下，就否定了你的产品或服务。这可不是一个受欢迎的意外！

在与各个利益相关者交谈时，应不断询问他们，你应该与谁交谈。在与客户就机会进行讨论时，仔细聆听客户关于背景（谁或还有什么会受到影响）和制约因素（是什么导致组织无法自己解决这些议题）等方面的表述。如果你认为存在一些对决策过程至关重要的关键利益相关者，但却没有被提及，就提出他们的名字和职位，看客户如何回应。如果这些人将做出决策或影响决策的行动，我们会希望提前与他们沟通。

获得与关键利益相关者沟通的机会

在理想的情况下，客户与利益相关者交谈是更好的做法。对于从未交谈的人，我们很难精准满足他们的需求。对于客户来说，我们“销售”的方式代表了我们解决问题的方式。他们可以看到我们如何分析一个业务机会，以及我们如何与他们合作。然而，现实往往与理想相去甚远。买方往往有着不愉快的经历，他们可能遭遇过操纵性强或无能的顾问。因此，许多买方宁愿拥有一个“不那么理想”的解决方案，也不愿意被无知、傲慢或无能的销售人员激怒。买方与卖方关系的准则，往往是“不要让他们接触我，不要让他们浪费我的时间”。

★ 对于从未交谈的人，我们很难精准满足他们的需求。

不要请求，而要主张

不要问客户：“我能否见见那些做决策的人？”客户总是会予以拒绝，有时候会给出理由，有时候不给出。这就像走进一家零售商店时，店员说：“你好，有什么可以帮到你？”我们会条件反射地回答：“不用了，谢谢，我就是随便看看。”

我们此时不要请求，而是要主张，可以类似这样说：“我们的目标，是提出一个精准满足你们需求的解决方案。按照你所描述的，这些人是关键的需求方。为了提出明智的提案，我需要与他们交谈。你比我更了解贵公司的情况，我们应该如何安排呢？”

互惠原则——对等的行动

客户要求我们花费大量的资源，开发和提出一个解决方案。其假设是，我

> ★我们所要求的，只是每个人能给我们30分钟的时间，如有必要，我们可以电话沟通。

们所付出的努力，对他们来说是有价值的。我们对客户的所有要求，就是价值交换。只要客户能让我们获得必要的信息，我们就会乐意投入时间开发和提出我们的想法——即使不能保证赢得业务。如果我们愿意在问题的诊断和解决方案的制定方面投入大量时间，那么客户那边的人是否愿意投入一点时间（大约每人30分钟）让双方了解他们的重要事项？

黄　灯

如果客户不让我们与关键的利益相关者交谈，拒绝任何对等的行动，或者希望我们花费大量的时间和金钱来猜测，这就是一个强烈的黄灯。猜测对客户来说没有好处。如果决策涉及好几个客户，他们每个人都会对问题、结果、依据、影响、制约因素等有独特的看法。如果我们不得不猜测他们彼此不同的信念和标准，那么我们就很难给他们提供一个有意义的、符合要求的提案，客户当然也不会得到我们最好的分析，他们得到的选项只会更差而不是更好，并且更不太可能做出适当的决策。我们所要求的，只是与每个关键的利益相关者进行大约30分钟的交流。如有必要，我们可以通过电话进行交流。这不是很合理吗？

可预测的回应

如果我们主张的方式得当，客户有时会让我们与关键利益相关者会面，但有时候，客户会给出一些可预测的拒绝答复。下面这些答复听起来是否很熟悉？

- “他们太忙了，没有时间。”
- “他们要求我来负责沟通，这是我的工作。”
- “你不需要去见他们，我可以给你提供所需的信息。”
- “所有的信息都在提案请求书里了。”

- “他们不见顾问。”
- “这对其他人来说不公平，我们需要保持一个公平竞争的环境。”
- “公司的政策不允许这样的安排。”
- “你可以将问题写下来，我们会与所有人分享答案。”

你还可以往这个列表里添加，然而数量是有限的。因为这些答复是可预测的，我们可以准备一些明智的回应，以提升与关键的利益相关者会面的概率。

在准备回应时，需要牢记，意图比技巧更重要。我们的目的，是得到一个精准满足客户需求的解决方案。当我们见到这些关键人物时，我们只需要了解两点：他们如何看待这个机会，以及他们做出决策的标准。我们只要求与每个人交谈大约30分钟，如有必要，我们可以通过电话进行沟通。

匹配和引导

有一种沟通工具叫作“匹配和引导”，其基于的理念是：如果你不能在他们所在的地方遇见他们，你就没有能力把他们带到别的地方。著名的催眠治疗大师米尔顿·埃里克森（Milton Erickson）是运用这种沟通方法的高手。埃里克森的技艺非常高超，他总是能从客户所说的入手，从不抵制或试图改变客户的出发点。在提供接下来去哪儿的选择之前，他能精确地匹配客户当前的情况。例如，如果有人说：“你不能催眠我！”埃里克森可能会说，“你是对的，我不能催眠你，没有办法能让你轻柔地进入一种轻飘飘、放松的状态。”埃里克森的声音越来越轻柔：“没有办法让你开始放松，放松你的注意力；放松你的思想，放松，以你自己舒适的方式，轻轻地……”在客户们意识到之前，他们已经处于被催眠状态，而他们刚刚还表示自己不可能被催眠。

> ★如果你不能在他们所在的地方遇见他们，你就没有能力把他们带到别的地方。

虽然我们可能不是米尔顿·埃里克森这样的顶级催眠大师，但作为专业的沟通者，我们也可以使用匹配和引导的沟通方法。我们可以真正地与客户站在同一条战线上，可以理解他们的出发点。我们可能曾经处于相同的境况。虽然我们不一定认同他们，但我们可以理解他们，尊重他们的立场。

★拒绝接触的理由，能否转化为允许接触的理由呢？

遭到客户拒绝之后，一个可能的解决方法是，看看能否将客户拒绝接触的理由转变为允许接触的理由。假如客户以“没有时间”为由拒绝，那么“时间”能否成为允许接触的理由呢？请看下面的示例。

守门人：他们太忙了，你不能见他们。

顾问：（匹配）我可以理解他们一定很忙，尤其是目前正在开展的工作。我相信他们最不希望的，就是我们浪费他们的时间。

（引导）这也是我的担心。如果我们把他们都叫到一个房间里，给他们做一个不相关的展示，或者这个展示没有充分考虑他们不同的观点、关切或标准，这将是对他们时间的巨大浪费，他们会讨厌这点。所以让我们不要浪费他们的时间。

我只需要和他们每个人谈30分钟左右。如有必要，我可以通过电话进行沟通。这样我们就可以在展示会议上最好地利用他们的时间。你比我更了解这些人。安排上我们交谈，最好的方法是什么？

本书提供的表述，是对作者来说是舒适和得体的，并得到了客户的好评，但对于其他人而言，同样的表述或许并不适用。当你理解了回复守门人的意图、技巧和逻辑后，就可以创造适合自己的表述。

以下是客户拒绝我们接触关键利益相关者的原因，以及允许接触实际上更符合客户最佳利益的理由。

● 公平

他们可能会说：“你与他们会面是不公平的，如果我们让你这样做，我们就必须同意每个人这样做。”如果“公平”成为拒绝的理由，那么“公平”可以成为允许的理由吗？

我们当然可以理解客户想要保证公平的愿望，对此我们表示理解，因为我们也想得到公平的对待。然而，他们的最终目标不是对外部供应商公平。他们的目标（和他们的工作职责）是对公司的股东和利益相关者公平，对满足他们需求的解决方案公平。客户期望我们能够提供一个解决方案，解决关键利益相关者的重要议题，但不允许我们与这些人探讨这些重要议题，这是不公平的。那些认为自己可以在没有良好诊断的情况下开出处方的顾问，对于他们的专业性应表示怀疑。

在准备一个解决方案的过程中，顾问可能需要花上几十到几百，甚至上千小时的时间。我们所投入的时间，并不一定能保证我们就能够拿下客户，但我们愿意这么做。我们所要求的，仅仅是与每个关键利益相关者进行大约30分钟的交流，以确保我们花费的时间能够提出一个有意义的解决方案，这难道不是一个公平而合理的要求吗？

当客户表示，如果我们与关键利益相关者交谈，所有竞争对手都需要交谈。我们可以挑战这一观点。我们的竞争者可能不会要求与利益相关者交谈。本着公平的精神，我们可以建议客户只允许那些认为必须沟通的人接触关键利益相关者。如果竞争对手不需要，他们就不会提出来，如果他们不提出来，客户就不需要给予接触的机会，这么做是公平的。

> ★我们希望对客户的利益相关者公平，制订一个能精准满足他们需求的解决方案。但是，希望我们能够在没有与他们交谈的情况下做到这一点，是不公平的。

另外一个劝说的思路，是建议客户允许每个咨询公司花费其所需的时间与关键利益相关者会面。客户可以告诉顾问，他们决定雇用谁，很大程度上取决于顾问在会面时是如何利用客户时间的。那些浪费客户时间的顾问不太可能被雇用，事实上，他们可能很快被排除。由于顾问的销售方式代表了他们解决问题的方式，因此，客户最好尽早了解和每个顾问合作是怎么样的，而不是拖到后面。

● “我来为你做这件事”

如果不是我们，而是其他人面见关键的利益相关者，会存在两大挑战：

1. 总是会存在信息和意义的稀释。这是不可避免的问题，我们将只得到所传达信息的一部分内容，并且无法得知那些非语言的信息。

2. 客户在面见自己公司的人时，不会提出我们可能会问的问题。他们可能根本不会问任何问题，只是汇报我们告知他们的内容。如果他们面见的是上级，他们可能不愿意测试假设，找出所有议题，找出议题的依据和影响，审查背景或询问制约因素。他们不太可能谈及时间、人员或预算，或引导对方说出决策的标准。关于客户需求的关键信息，可能永远不会浮现。

> ★经由第三方的沟通，信息必然会被稀释、扭曲或泛化，这是不可避免的，区别只是程度的大小。

在这种情况下，匹配和引导的一种方式是“角色转换”。

匹配：感谢你的提议，到目前为止，你对我的帮助很大。

引导：我可以分享一个担忧吗？如果你来到我的公司，我的工作是提供给你从我们的关键利益相关者那里获得的信息，至少两件事我能确保：

1. 我会尽我最大的努力，但沟通会被过滤——信息会比初始传达的信息更少，而你会错过所有的细微差别。

2. 我不会问出你会问的问题——你是专家，所以关键信息无法得到交流。

我想我正面临同样的情况，我想提供一个建议。你是否与某个关键利益相关者熟悉，我们两人可以跟他一起进行大约30分钟的谈话？结束谈话之后，你就会知道这段时间是否得到有效利用。如果你觉得时间得到有效利用，你可以帮我约下一个关键利益相关者谈话；如果你觉得不好，我们的损失也不过就是30分钟的时间。这听起来是否合理？

●“把你的问题写下来”

假设我们把问题写下来，交给关键利益相关者，我们只能希望客户能准确地理解我们的问题，因为如果他们有疑问，也不能向我们提问。客户写下答案，并交给我们。我们无疑会产生很多后续问题，这些问题要么没有得到回答，要么还需要再来一轮书面交流。这个过程很烦琐，而且交流得到的信息会比谈话要少得多。

我们可以向守门人提议，我们事先写下问题，然后守门人安排我们和利益相关者进行30分钟的对话，沟通这些问题。这样一来，问题就不是难以理解的，利益相关者不必花时间写出书面答复，而且双方都可以提问和回答问题。这对利益相关者来说会更轻松，对所有相关方来说，也可能提供更多的信息。

尽可能提高成功率

守门人不允许我们接触关键利益相关者的理由是可预见的，且是有限的。作为顾问，我们不断遇到这类拒绝。为此，我们应该花时间去创造和练习妥当的回应，以期提高我们与关键利益相关者交谈的成功率。如果我们从不尝试，那么成功的概率必然很低；但如果我们一直尝试，有时候守门人会立刻同意我方的请求，有时候会提出一个可预测的回应，在与我们进一步探讨之后，会同意我们交谈的诉求。有时候，无论我们的沟通技巧多么高超，我们的意图多么良好，他们都会说不。我们可以选择继续推进，或者体面地提出退出。如果我们给出好的退出理由，客户甚至可能劝阻我们退出。我们这种“不能谈就结束”的态度，可能会使客户变得更灵活与创造性。

★具备了良好的意图和熟练的沟通技巧之后，我们就能够提升与关键利益相关者交谈的成功率。

马汉有一个顾问客户，正在与一家财富100强的公司合作。她需要见到该公司的董事会，以便了解对方的真实需求。在她试图接触公司的高层时，遭遇的主要阻力来自一个守门人。这个守门人决定不给予她与高层会面的机会。于是她对守门人说，“我公司的唯一目标，是为你们提供一个精准满足你们需求的解决方案，而根据你告知的情况，董事会是需求方。为了更好地了解（董事会的）需求，我需要与他们交谈。”守门人说：“这是不可能办到的事情。”于是，她采取了一个又一个行动来促使对方允许交谈，但每一次都遭到了顽强的反对。

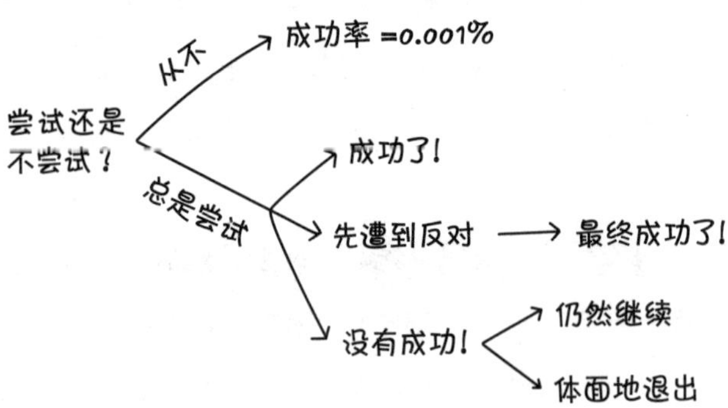

总共只有3家公司在竞标这个项目，而她的公司是这个特定领域的领军企业之一。她说：“我尊重你们不让我与董事会谈话的决定，尽管我无法认同，但我尊重你们的选择。同时，我也希望你们尊重我不提供任何提案的决定。这是一个非常重要的项目，不允许我们猜测你们的需求。如果我得不到必要的信息，最终只会浪费彼此的时间，并有可能损坏我们公司的口碑。我们最终要么是看起来无知，要么是傲慢。在不了解什么是董事会认为重要的问题的情况下，我不愿意冒着丧失口碑的风险，去提出一个毫无根据的解决方案！”

客户的守门人回答说：“如果你们不愿意提案，就不用提案了，这是你们的选择。”于是她选择了离开，并不得不告知她的客户经理自己做了什么。幸运的是，她的客户经理参加过我们的课程，并支持了她的决定，否则她可能面临严重的后果，因为这的确是一个大项目。

一天晚上，她在家里，对自己说：“我到底干了些什么？这会不会影响我的职业发展？影响我的家庭？”这时候，她接到了客户经理的电话，他说：“我刚刚接到了客户公司的一位董事的来电，他们听说我们公司放弃了提案，询问了原因。当我告诉他你退出的理由时，他表示这很疯狂，他们愿意和你见面。”她最终与董事会的每个成员进行了交谈，且沟通效果很好。在下一次会面时，董事会迅速地做出了与她的公司合作的决定，而且几乎没有过目其他两家公司的提案。

虽然这是一个高风险的策略，但她全身心地致力于为客户提供一个精准满足其需求的解决方案，使她宁可离开，也不去猜测。当客户了解了她的意图之后，不仅主动邀请她会面，还将业务交给了她。

留一个“后门”

在匹配和引导之前，留一个“后门”可能很有用。如果对方拒绝了你的主张，你仍可以选择继续。

最终的决策权是在客户手上，我们要做的就是支持他们的决定。因此，“后门”听起来会是：“比尔，我知道这是你的责任，而我的工作就是给予你支持，不管你做出什么决定，我们都会全力支持。如果你不介意，我想分享一下我的看法。”然后你就可以进行匹配和引导了。如果对方不认同你，你仍可以继续说：“感谢你至少愿意听完我的意见。如前所说，我的工作就是支持你，如果这就是你的决定，我支持你的决定。”

如果我们在获取访问权限方面受阻，我们可以选择：

1. 分步骤获得接触机会。

2. 绕过客户代表。

3. 决定退出。

4. 坚持继续努力。

● 分步骤获得接触机会

整个决策流程往往包含几个步骤，每个步骤都涉及不同的关键人物。在进入下一个步骤之前，我们并不一定需要获得客户的许可，与所有步骤中所有相关人员见面。只是我们至少需要获得客户的许可，在下一步骤的关键人物做出决策之前，与他们见面。

例如，第一个决策是将6家备选公司削减为3家，我们就需要与做出这一决策的人交谈。如果这3家公司被递交给遴选委员会，我们就需要在遴选委员会将其推荐的最优选项提交给首席执行官之前，与每一个遴选委员会成员交谈。如果首席执行官是决策人，我们就希望在他做出任何决定之前与之交谈。

我们需要在每一个决策步骤内，获得客户的许可，一次只见一个人。我们可以询问对方，是否有一个令他感到放心的关键利益相关者，询问对方我们3个人是否可以会面。只有对方认为这次对话有价值时，他才会让我们见其他利益相关者。决定权仍在客户代表的手上。

● 绕过客户代表

如果对方不希望你与关键利益相关者沟通，绕过对方行事，显然是一个风险很高的策略。然而，你不必这么做。你可以请你组织中级别比你更高的人，与客户组织里级别更高的人对话。如果你组织中级别比你更高的人使用了相同的问询（议题与标准），你将获得所需的信息。

获得与关键利益相关者接触的机会很重要，但这是你应该去争取的，而不是去争辩的。如果你已经尝试了几种不同的方法，试图打消守门人的反对意见，但都失败了，就可以考虑从“后门”退出，和你的同事制定策略。你可能会发现，公司里的其他人能够接触到客户的关键利益相关者。这时候，你可以联系守门人，告知这一情况。比如这样说：“迈克，我刚刚得到消息，我们的首席财务官玛丽·约翰逊，将要拜访你们的首席财务官马克·托马斯。考虑到这次会面的重要性，她觉得不提前联系会不太礼貌，对我们的合作不利。我知道你不同意我与马克会面，所以我想让你知道，我不会出席这次见面。”

在客户反对的情况下，绕开他继续联系存在风险，但不能与关键利益相关者交谈，同样也有风险，我们必须评估哪种风险更大，并尽可能地降低我们选择承担的风险。

● 决定退出

在客户不愿意或不能让我们接触关键人物，或提供有效信息时，我们可能会认为这是一个致命的缺陷，导致我们无法提供一个可行的解决方案。不管是无心的还是别有用心，客户的拒绝将使我们的努力付诸流水，降低我们被选中的可能性，削弱我们提供可行解决方案的能力。我们会认为，将时间花在那些更愿意提供有效互动的公司和个人身上会更高效，这是我们决定“体面退出”的一个理由。

● 坚持继续努力

如果我们事先留了一个“后门”，我们仍可以推进到“精准的解决方案”步骤，尽管这个解决方案不太可能精准。有时我们会觉得自己猜中客户需求的概率不小于竞争对手，于是选择赌一把。正如我们将在后文的“达成双赢结果”部分讨论的那样，我们应该争取获得充足的时间来演示我们的解决方案。我们可以使用部分的演示时间，与客户利益相关者进行关于“机会”的对话。我们可以这样开场：“我们的目标，是提供一个精准满足你们需求的解决方案。为了实现这个目标，我们已经掌握了一些信息，但还有一些情况不了解。你们已经提供了一些有用的背景信息，足以让我们今天呈现我们认为有效的解决方案。然而，我们之前没有机会与您本人交谈。在更充分地了解您的需求和希望取得的成果之前就提出最终方案，这让我们有点不安。在演示我们的解决方案之前，可否向您提一些问题？”

在一次会面中，同时提出询问和主张，不是理想的做法，但肯定比没有询问要好得多。

如何安排时间

> ★与决策者和影响决策的人充分地交谈，是在规划时间时需要考虑的第一要事。
>
> ★不要在低附加价值的活动（或客户）上浪费时间，应该将这些时间用于关键利益相关者身上，以期获得高效的相互理解。

我们最终可能会与很多人交谈，这需要时间，而能否巧妙地利用这些时间，是销售成功与否的最重要因素。在大多数情况下，谁能获得并最好地利用交谈的时间，谁就能获胜。当然，我们还需要提供一个有效的解决方案，并很好地演示它，但这是第二重要的决胜因素。

要获得这些宝贵的时间，就要尽量避免将时间浪费在那些不允许你与决策人物沟通的公司上；不要浪费时间去构思那些成功概率低的冗长提案或去开展毫无意义的销售活动。

理解决策的标准

决策过程示例				
步骤	决策	何时	什么人	标准/信念
与6—8家公司交谈	哪6—8家公司	5月15日到6月1日	本人	每个决策者将如何做出决定?
将数量缩减到3家	哪3家? 说明理由	6月8日	本人，终端用户，一个部门领导	
将备选公司名单递交遴选委员会	推荐一个最优选项并说明理由	6月15日	首席财务官，首席信息官，高级副总裁，4个部门领导	
提交给首席执行官	批准或驳回	6月22日到26日	首席执行官	

假设我们得到许可，与关键人物见面。现在要做什么？在有限的时间内，我们要尽可能地完成下列工作：

1. 理解每个人对“机会”的不同看法。关键议题、依据、影响、背景和制约因素是什么？我们应该以“非常感谢您抽出时间与我们会面。关于解决方案，了解您的看法和意见非常重要。作为公司的____________，您觉得这个项目必须解决哪些重要的议题”等表述为开场白。

2. 了解利益相关者在不同方案中做出决定的标准。

3. 了解客户希望在我们的演示中看到、听到和体验到什么，从而使他们能够做出一个好的决定。

4. 测试是否存在黄灯。

5. 如有需要，获得再次拜访对方的许可。

★如果客户认为你充分地了解了他们的标准，他们会更信任你和你的解决方案。

我们已经花了相当多的时间，探讨如何构建“机会”的对话。现在，让我们了解一下客户在不同选择中做出决定的标准。除了与我们合作之外，客户还可以选择：

1. 什么都不做。

2. 客户自己做。

3. 选择其他公司而非我们。

顾问常常说，他们面临的两大竞争对手，是“什么都不做”或“客户自己做”。如果这些是客户考虑的，不妨开门见山地问客户：

- “你们是否考虑什么都不做？”
- “在资金的使用上，是否存在优先于该项目的用途？”
- “我感觉，你们自己做也是可行的选择。您是否考虑过自己做呢？”

如果客户对前述问题中的任何一个，给出了“是”的答复，我们应该继续追问：“那么，你将依据什么做出决定？”客户将用什么具体标准来决定是不做还是做，是自己做，还是寻求外部的帮助？

外部竞争

了解自己面临哪些竞争，可以成为优势，也可能变成劣势。如果我们更多关注的是竞争对手而不是客户，它就成为劣势。如果它能让我们了解到客户是如何考虑不同选择，帮助我们提出与竞争对手不同的解决方案时，这就对我们有利。

在理清“决策过程的步骤”时，我们可以知道是否存在外部竞争，因为在这个过程中，客户是否在与其他公司接触，是一目了然的。只需要简单地询问：“您提到你们将收到其他公司的竞标方案，出于好奇，都有哪些公司？”只要我们与客户的关系融洽，他们会愿意告知。有些客户希望我们知道都有哪些竞争对手，因为他们希望我们能够提供有别于竞争对手的解决方案。其他客户则认为，不告诉我们会更好。如果客户不愿意告知竞争对手的公司名称，了解竞争对手的数量和类型也很有帮助。

了解存在多少个竞争对手，我们就能了解客户对备选公司的想法。竞争者的数量越少，客户就越有可能已经做了前期调查，并准备好做出最终的决定；数量越多，说明客户仍在收集相关信息。竞争者的类型，也可以说明很多问题。例如，假设我们正在竞标一项流程改进项目，而竞争者中有两个非传统意义上的供应商：其中一个公司以战略而非流程改进著称，另一个公司则以其他行业的流程改进著称。客户邀请非传统参与者，可能有一些很好的理由，而了解这些理由将对我方有利。

★ 客户在不同备选方案中做出选择的标准是什么？我们需要提供什么不同的解决方案，才能够脱颖而出？

了解竞争对手的名字固然重要，但更重要的是，了解客户依据什么标准来做出选择。

考虑到客户有很多优秀的公司可供选择，而且每家公司都会声称“我们有优秀的团队、曾为类似公司提供过很好的解决方案，所以我们也同样可以帮助你取得成功”，客户将如何判断谁才是最好的？我们需要提供什么不同的解决方案，才能够脱颖而出？客户需要看到、听到或体验到什么，才能自信地做出决定？

很少有客户把一份全面的标准清单，放在他们的办公桌抽屉里，等着我们随时索取。他们或许根本就没有考虑过做出选择的理由，也没有尝试明确地阐述这些理由。他们描述的标准也许非常抽象，如“创意”“领先”“增值”“经验丰富”“专注”等。利用有效的询问技巧，我们可以帮助客户阐明其想法，从而了解其决策标准。

当前的合作者

如果客户已经有了稳定的合作对象，他们为什么想换掉？客户是想看看当前的市场情况或了解价格？还是他们真的想换一个合作者？通常更换合作对象存在转换成本。你和当前的合作者的地位是不同的，你必须比他们更优秀。那么，我们需要提供什么样的解决方案，才能够让客户换掉当前的合作者？我们需要找到这个问题的答案。

谁将因此赢/输

从外部公司购买解决方案的举动，可能会使购买组织中的一些人感到自己赢了或输了。那些认为自己受益的人，有可能支持我们的努力；而那些认为自己受损的人，可能会试图破坏合作。只有提问，我们才能了解他们的想法，我们可以问：

“显然，这个解决方案将有利于贵公司的发展，然而，考虑到所有受到影响的人，是否有谁的利益会受损？”

“如果你们采用这个解决方案，谁可能得益或受损？”

“这个项目对整个公司来说似乎很有意义。但不开展这个项目，是否符合某些人的既得利益？”

> ★ 不开展这个项目，是否符合某些人的既得利益？

如果发现有一些人将自己视为利益受损人群，我们有两个常见的选择：合作或降低影响。我们可以与他们交谈，了解是否有办法理解和满足他们的需求（合作）。或者，如果他们不愿意开诚布公地交谈，我们可以请我们的支持者提供降低其影响的方法（降低影响）。

个人利益

人们行事倾向于符合自己的最大利益。组织试图使员工的个人利益与组织的要事保持一致。有时二者是一致的，有时则没有。幸运的是，个人越来越无法赢，除非他做了让组织赢的事情。在竞争激烈的全球市场中取得成功的压力太大了。尽管如此，在组织中仍然存在相互冲突的奖赏与目标。在拥有足够的时间和融洽关系的情况下，了解关键利益相关者的个人动机和职业动机是非常重要的。如果我们能够了解员工个人是赢还是输，就有机会使他们的最大利益与组织的最大利益一致。我们甚至有机会通过我们的解决方案解决其内部相互冲突的利益诉求，从而提供附加价值。

我们可以问：

- “从1分到10分，你认为这个项目的成功，对你个人而言有多重要？”
- “如果这个解决方案得到采纳，你个人将因此得益或受损？”

假设一切进展顺利，我们即将向客户演示解决方案，我们可以选择猜测应该演示哪些内容或直接询问客户应该提供什么内容，提问显然更好。在自信地做出最终决策之前，客户必须在理智和情感上相信什么？他们希望在演示中看到、听到或体验到什么，从而帮助其做出最后的决定？在其他演示中，客户觉得有哪些地方特别令人恼火或适得其反？

要点回顾

在一个复杂的机会中，我们需要与许多人讨论机会、资源和决策。他们会对机会（议题、依据、影响、背景和制约因素）有不同的看法，对资源（时间、人员和预算）可能有不同的意见和认识，对决策过程（决策，以及所涉及的人）可能有不同的理解，他们可能有不同的决策标准。我们需要了解。我们越了解情况，就越有可能提供一个有意义的、可实施的、成功的解决方案。

决策过程

步骤	决策	何时	什么人	标准/信念
所有的步骤都是哪些？	每个步骤做出什么决策？	他们什么时候做出决策？	每个步骤涉及哪些人？	每一个决策者是如何做出决定的？
竞争：在不同的解决方案之间，他们将如何做出决定？ 收益/损失：如果采用了这个解决方案，组织中的哪些人是赢或输？ 个人利益：与我们洽谈的人，是赢还是输？				

第六章

达成双赢结果：促成决策的艺术

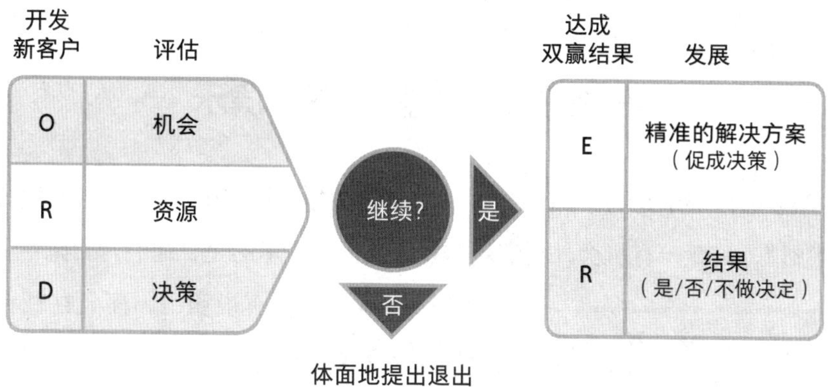

善于提出主张是有趣的，有时还会令人兴奋不已。我们越是熟练，感觉就越好。我们学会了发自内心地传递最重要的信息，能够清除头脑中所有杂念，变得高度警觉和清醒，全情投入当下的沟通。我们充分调动智慧与理智；我们变得更理性、自信；我们学会了自在地面对强烈的情绪，敏锐地察觉到对方的微妙情绪。在团体中，我们能够与每个个体建立联系，巧妙地安排互动和结果。

本章介绍的技巧，将让我们满面笑容、充满兴奋地离开会议室，因为我们知道，一切目标都神奇地达成了，我们所有的谈话和准备，都取得了超乎想象的回报。

在评估阶段，我们已经尽可能地与客户达成了相互理解：我们了解了客户需要实现什么重要目标，有哪些可用的资源，以及如何做出决定。如果我们的询问工作完成得当，客户也会获得更多洞察，相信我们了解他们和他们的业务，良好关系的基础已经打下。

进入“达成双赢结果”阶段时，我们想要赢得这项业务，并认为我们可以。现在是我们有效地主张我们的解决方案，并获得客户认可的机会。

本章标题使用的“促成决策”的含义是，决策具备了驱动力，它们使客户能够以自我感觉良好的方式，获得想要的结果。这个短语也表明了我们能够成为决策的催化剂和推动者。通过在理智和情感上以令人信服的方式向他们演示，我们促成决策。

想要更持续地赢得业务，有两个关键：第一，在做好准备之前，不要演示；第二，在你演示时，要牢记目标是促成决策。

在做好准备之前，不要演示

很多顾问演示是为了开启合作，而不是达成合作。因为对自己的解决方案充满热情，只要一有机会，他们就向客户演示。不幸的是，他们常常是在猜什么东西能够对客户有说服力，而且往往向那些没有决策权的人演示。成功率很低，不奇怪吧？（在成功率很低的时候，讽刺的是，公司的管理层往往要求下属提供更多方案，而不是改进当前方案的质量）强调数量，而非质量，只会导致各方皆输的局面。

> ★确保做出决策所需的所有东西和所涉及的每个人，在同一时间出现在同一个地点。我们负责演示，客户负责决定。

在演示解决方案时，我们的目标，是确保做出决策所需的所有东西和所涉及的每个人，在同一时间出现在同一个地点。我们演示解决方案，客户做出决定。如果我们演示了解决方案，客户无法决定，我们的演示就过早。

只有满足了下列条件，演示方案的准备才算做好：

1. 你已经与能够影响和做出决策的人完成了充分的ORD讨论（机会、资源、决策）。对于你所演示的对象，你已经了解他们的判断标准。

> ★仅在明确了对方判断标准的情况下，向对方演示解决方案。

> ★在适当的时长内，亲自给正确的人演示方案。

2. 你亲自演示方案，且：

（1）对方是正确的人；

（2）演示的时长适当。

我们已经在关于评估的部分深入讨论了如何与关键利益相关者接触，并进行高质量的ORD（机会、资源、决策）对话。让我们来看看做好准备需要注意的其他要素。

亲自演示

提案无法达成销售，是人达成销售。为什么要花大力气与多人交谈，然后仅仅是把我们的发现放到几页纸里？提案是糟糕的销售工具。它们的作用，可以是确认双方已经达成一致的内容，让决策者提前了解相关信息，留下一份包含细节和事实的参考文件。但如果我们指望一份书面文件来帮我们实现销售，我们就遇到麻烦了。

> ★拉斯维加斯的标识：亲自到场才能赢。

关于正式提案的坏消息是，大多数（但并非所有）提案写得很差，往往包含许多不必要的信息，难以理解且往往长篇大论。好消息是，反正没人看。一项研究表明，决策者们花在每份提案上的时间，大约只有5分钟。他们在5分钟内会看什么呢？报价和概述部分的内容。

有什么是亲自演示所拥有，而书面提案所缺乏的？

语音线索：我们可以听到客户的语气、强调、语调和表述的节奏。

视觉线索：我们得到强大的非语言反馈。

互动：我们能够与客户有来有往地讨论，我们可以回应提问、解决顾虑，并做出反应。

灵活性：如果某些内容无效，我们可以做出改变；我们可以响应新的进展、挑战和方向。

融洽的关系：我们可以彼此感受对方是什么样的人。

相互理解：在书面文件中，很难实现真正的思想交锋。

达成合作：我们有机会获得决策的结论，或者知道要怎样做才能得出结论。

那为什么我们——或者客户——会放弃这些好处呢？通常是这样的：客户说，“给我发一份提案吧”，我们说，“好的”，这就是我们习惯做的，但我们可以做得更好。

一般规则：能够亲自演示的，就不要依赖于书面文件。

> ★提案无法达成销售，是人达成销售。

我们希望能够安排一个会议，能与客户以允许互动的口头陈述的方式演示我们的解决方案："如果我们这样做，这是可以满足你们需求的解决方案吗？如果不是，什么地方需要改动？"

提议召开一个面对面会议的思维过程是：

1. 我想我们已经充分理解了你们的目标、可用的资源，以及如何做出这个决定。

2. 我现在想做的是：

- 与我方团队会面；
- 投入我们最好的思考，形成一个能精准满足你们需求的解决方案；
- 双方团队碰面；
- 让你们最好的思考挑战我们最好的思考。

3. 我对两件事很有信心：

（1）我们提出的一些东西，会令你感到兴奋。

（2）方案或许会遗漏一些信息，提供不妥当的内容，或有需要修改或完善的地方。面对面的交流，将使我们了解什么有用，什么需要修改。

4. 会议结束后，我们会将我们的发现写成一份正式的文件，递交给你，你可以做出任何符合你们公司最佳利益的决定。这样可以吗？

> ★我们就是提案。你想什么时候和我们见面？

我们写的"正式文件"，应该是一封确认函或一份协议，而不是一份提案。关于购买的讨论应该发生在面对面的会议中。

我们想要传达的信息是：我们就是提案！当客户问"你什么时候能给我一份提案"时，我们可以说："事实上，我们就是提案。你想什么时候和我们见面？"

接受或拒绝？

有时，当面演示是购买过程的一个正常部分，因此这不是一个问题，我们在提交书面提案后，再"口述"或演示。当我们是唯一的备选公司时，只要我们能合理地提议，让客户同意我们口头演示，应该不是问题。在竞争激烈的情况下，一些客户会同意当面演示；而有些客户则会拒绝。拒绝的理由也可以预见，比如：

“我们没有时间。”

“这不公平。”

“如果我们让你这样做，就必须让每个人这样做。”

“为什么你不能直接发送书面提案？”

还记得我们的意图吗？我们希望提供一个能精准满足客户需求的解决方案。还记得上文罗列的当面演示的优势吗？无论是客户还是我们，都不应该在这个关键时刻做出妥协。客户的问题或许已经积累数年的时间，到了不得不改变的程度。他们即将做出的决定，将带来长期的影响和后果。提案不能解决问题，不能帮助客户成功，只有人能做到。让解决方案供应商有充足的机会充分地解释自己的想法、向客户提出好的问题、测试假设，并感受与其合作的客户是什么样的，是否符合客户的最佳利益。

然而哪怕我们做出了最大努力，客户仍可能坚持只要一份书面提案。也许这是客户为了从数量众多的公司中筛选出少数合格者；也许这是客户的公司政策。如果是这种情况，那么：

1. 试着让客户同意举行一次面对面的提案前会议，与一个或多个关键利益相关者一起，检测提案的思路是否正确。如果你写的提案对客户没有意义，那么这没有什么用，也不会对任何人有利。

2. 如果做不到以上这点，可以尝试与客户的一个或多个关键利益相关者进行电话会议，沟通主要要素，理由如上。

3. 如果连电话会议都做不到，争取获得客户的同意，亲自提交书面提案，而不是简单投递。

只有在所有尝试都失败了的情况下，我们才能选择将正式的书面提案通过邮件提交，没有任何人际互动。这事实上是一个重要的黄灯。最佳的决策发生在人际交流中，而不是电脑对电脑的文件投递中。

向正确的人做演示

我们的目标是促成决策。如果出席会议的人没有决策权，这个目标显然无法达成。然而，很多时候，我们向非决策者做演示，这些人再将自己的印象转达给决策者。这些转达意见的人，不可能做得比我们更好。他们不具备同等的专业能力、权威性和可信度，来回答可能的提问。如果他们在解惑答疑、解决顾虑或反对意见，或者在反对错误或不准确的想法方面，能够做得跟我们一样好，我们会感到震惊——尤其是他们需要像公司的上级汇报时。那么，为什么顾问会同意其他人而不是自己来演示提案呢？通常是因为客户表示这就是他们接受提案的方式，而顾问选择了顺服。

很好地完成评估的顾问拥有优势，因为客户会认为顾问已充分地了解了他们以及他们的业务，并想要了解我们计划提出的提案。如果我们没有过早地提供解决方案或书面提案，客户的好奇心就会得到激发，而不是提前满足。此外，如果我们已经与关键的利益相关者交谈过，就有机会让他们同意出席演示会。

我们应该充分利用自身优势，只有在做出决策所需的人员都出席时，才进行演示。如果做出决策所需的所有人员不能同时出席演示会，应事先征得他们的同意，在后续的演示会上与他们会面。

马汉的一个客户，安排了本公司的4位高层，从美国芝加哥飞到英国伦敦，只为了与一位潜在客户的首席执行官会面。飞机刚落地，就接到了该首席执行官的致歉电话，他表示公司的大客户出现了一些紧急情况，需要他立即飞过去处理。他的确很想会面，但客户的情况更紧急。他建议4位高层与本公司的领导团队会面，并保证这个团队稍后会向自己汇报。但这4位高层知道，首席执行官的出席至关重要，因为无论他们与领导团队的互动有多好，都不可能得到一个最终的决定。他们知道，无论领导班子的意图有多好，他们的转述和汇报的说服力，绝对比不上自己亲自陈述。

他们告诉首席执行官，他们理解并尊重他的选择，换成自己，也会选择优先处理客户的问题。这4位高层表示，与首席执行官以及他的领导团队一起开会，才是最重要的事情。于是他们飞回芝加哥，并重新安排了会议时间。两周后，当他们再次回到伦敦时，他们受到了隆重的接待，得到了所有人的充分关注，并签下了一个非常重要的新客户。

演示时长适当

对于一个常规的销售演示，客户给的时间是多少？通常是一个小时，其中45分钟用于演示，15分钟用于问答交流。当然，通常这些会议很少准时开始、主题往往很复杂，演示者几乎总超时，于是牺牲了问答环节。很少有最终的决定。

如果没有足够的时间来充分探讨想法、提问和回答，就很难形成一个决定。这样的会议往往以“非常感谢你们过来演示”结束，而不是得出一个经过深思熟虑的决定。

> ★ 时间就是金钱，确保你获得充足的时间。

当你提出演示提案需要充足的时间，从而做出好的决策时，这将使每个人受益。决策阶段是整个购买过程中风险最大的阶段，因为他们必须选出最好的方案，客户不应该限制这个阶段的对话。如果时间的确有限，那么花充足的时间来做出一个好的决定，才是对时间的最佳利用。

如果你在演示解决方案之前，没能得到足够的机会和时间与关键的利益相关者洽谈，那么最好有更长的演示时间，使双方有充足的时间先就机会和决策标准达成共识，然后再讨论解决方案。

会议计划——通过演示促成决策

销售演示不是为了告知或教育客户，尽管这可能会有用；也不是为了让客户感到有趣，哪怕过程令人愉快。其目标是促成客户做出决定。我们演示，客户做出决定。

> ★ 销售演示的目标，是促成决策。

当然，促使客户做出决策的方法有很多种。下面提供的演示模式，已经在世界各地不同的场景中取得了成功。这是可以丰富你技能的一个强大方法。这个演示模式的图示如下：

演示的目的，是促成决策！

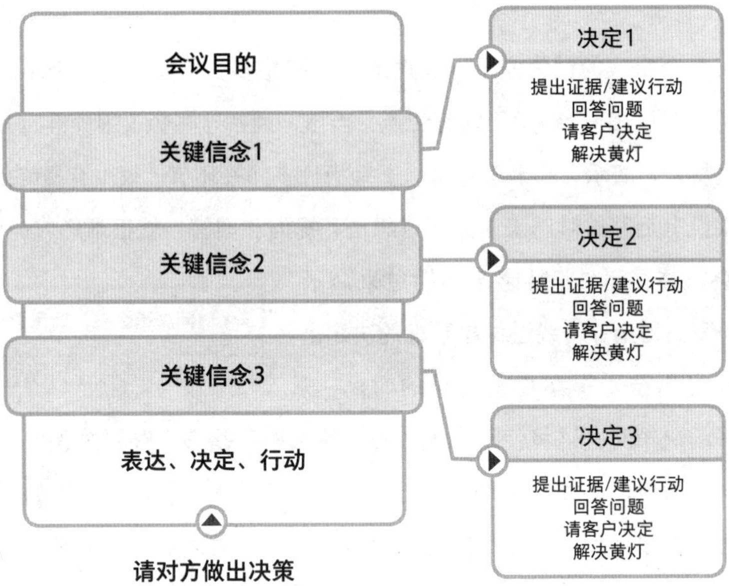

演示的要素在下方的“会议计划”表中详细展示。本书的作者和我们的很多客户，都使用这个会议计划进行最终的演示。这个计划同时适用于面对面的会议和电话会议。有些公司将其称为“拜访计划”，而不是“会议计划”。在“开发新客户”部分，你会再次看到会议计划的相关内容。

会议计划

会议目的	在会议结束时，我们希望客户说什么、做什么或决定什么？ 我们如何在会议开始之前，或会议一开始就获得客户关于会议目的的认同？
关键信念	客户需要在情感上和理智上相信什么，才能够自信地做出决策？
证据/行动	针对关键信念，我们需要提供什么证据或建议什么行动？
问题	我们最希望从客户那里了解到什么？ 我们如何提问？ 客户有可能提出什么问题？ 我们应该如何回应？

续表

黄灯	客户可能出于什么原因，选择了不做决定，或做出对我方不利的决定（延迟、怀疑、担忧、反对）？ 我们如何回应？
后续步骤	如有必要，我们应该准备什么后续步骤？
议程安排	什么简洁的议程能够包含上述所有内容？ 我们如何才能够最有效地获得客户关于这一议程的认同？

会议目的

★以终为始：我们希望在演示结束时，客户说什么、做什么或决定什么。

要以终为始。如果我们认同销售演示的目标是促成决策，那么很关键的一点是确定我们希望客户在演示结束时具体说什么、做什么或决定什么。本书的作者将这个最终决策称为会议目的。如果我们能在会议一开始（或开始之前）就让客户认同这个会议目的，那么我们更有可能在会议结束时回到这个会议目的，并且客户能做出决定。

会议计划

会议目的
关键信念
证据/行动
问题
黄灯
后续步骤
议程安排

下面这些常见的不足，使我们不能很好地建立一个好的会议目的：

1. 没有清晰的会议目的。

从公司里抽选10个或更多数量的销售演示，其中有多少个演示，在一开始就明确地表明，希望客户在听完演示之后说什么、做什么或决定什么？我们猜没几个。大多数销售演示的议程都围绕“我们的团队”“我们的方法”“我们的产品/服务”“我们的工具/技能”“我们的经验”“我们的价格/费用”，甚至还可能包括“我们的理解”等展开。这些演示最后可能以“问题”和“后续步骤”结束。但整个演示是关于顾问，而不是客户，整个演示并没有关于客户需要最终决定什么的讨论。

如果顾问或客户对于要做的决策不清楚，那么做出决策的可能性有多大呢?

2. 会议目的不切实际或不恰当。

如果我们在会议的开始说我们的会议目的是“你们今天能否决定购买我们的产品或服务”，这就是极为不恰当的（但其出现的频率往往超出想象）。一个更妥当的会议目的，应该是“你们是否有足够的兴趣，认为我们应该继续说下去”。会议目的应该合理地推动我们前进，但不能太过头。

如果我们并非唯一的候选人，我们应该了解，客户计划从我们这里购买，还是从其他竞争对手那里购买。但这可能也是一个不合适的会议目的，特别是我们并非最后一个演示者时。在有众多的竞争对手时，一个更有效的会议目的是，“这个解决方案，是否真正地满足你的需求？”或一个更加委婉的表述，例如：“您觉得您是否拥有所有所需的信息，从而能做出一个明智的决策？”

3. 关于会议目的的表述不当，激起客户的抵触心理。

有些顾问不是真的为客户提供选择，他们说出的会议目的其实是自己想要听到的答案。它可能听起来像是“我们有信心，你们会在这次会议结束时，表示想要与我们合作”。有很多客户，一旦感觉到你在使他们得出你想要的结论，而不是帮助他们得出他们自己的结论，就会行事与你希望的相悖。他们讨厌被操控。

要记住，“如果你想要知道什么能够让客户选择‘是’，那么就要确保客户可以选择‘否’”。大多数人在认为自己真正拥有自由选择权时，会更愿意做出决定。

下面是一些示例：

“我们相信，你们希望我们能够在这次会议上提供足够多的信息，以判断我们提供的解决方案是否有意义。如果有意义，意味着‘让我们这么干吧’，如果没有意义，你可以选择拒绝我们。你们是否也有这样的期望？”

“我们双方已经就XYZ项目协商了6个月的时间，在上一次会议中，在‘我们应该现在就开始这个项目，还是应该再等等’中，你们决定不再等待。现在的问题似乎是‘你们是在我们的帮忙下做这个项目，还是有另一个候选者能为你们提供更好的服务’。你们是否也希望做出这个决定呢？”

“我们感谢今天有机会来做演示。我们发现，你们有3个非常好的解决方案供应商可以选择。我们知道这个选择至关重要，这是一个重大决策，你需要确保‘做出正确选择’。今天我们演示了我们的解决方案，想要确定：‘我们是否提供了正确的解决方案？如果答案是否，我们需要调整什么内容？’我们意识到，如果其他人做得‘更正确’，即提供了更好的解决方案，你就会选择他们。认识到这一点，你是否愿意给我们一个坦诚的反馈，是否至少有一个解决方案符合你的心意？”

会议目的应该看上去是符合逻辑的、合理的。它给人的感觉应该是如果没有做出决策，是对他们宝贵时间的浪费。

在开发新客户阶段，会议目的常常是“我们是否应该洽谈”。在评估阶段，常常是“我们应该继续洽谈吗”。在促成决策阶段，会议目的是“你们是否选择与我们合作？”。

4. 在会议前或会议开始时，未能获得客户对会议目的的认同。

本书作者强烈建议，在会议开始前与客户沟通议程安排。这个议程应该包含会议目的，以及实现这一目的的路径。如果客户认同议程的安排，会议的重点也就明确了。

如果在会前未能获得客户的认同，那么在会议的一开始，就应该争取获得客户的认同。其道理很明显。好的演示不像好的推理小说。好的推理小说会吸引读者看到最后以便了解到底发生了什么。而好的演示则是一开始就给出结论，并利用剩下的时间揭示你是如何得出这个结论的。

下面是一个反面例子：

本书作者马汉和兰迪曾一起拜访一家公司的首席执行官，他们很想跟这家公司合作。他们制订了一份会议计划，设定了一个会议目的。会议目的和会议议程均获得了他们的支持者（该公司的高级副总裁）的认同，但并没有直接获得该首席执行官的认同。会议开始后，这位高级副总裁做了一个冗长的、漫无边际的、计划之外的介绍。马汉为了在高级副总裁的独白中加入他想要表述的，开始向首席执行官提问，这些问题是会议计划中已准备的。然后，马汉试图巧妙地提及对话中谈论过的一些关键信念，但他没有明确地提到会议目的。在一次非常友好、信息量满满的谈话之后，没有达成任何决定。兰迪在会后总结中提出这个问题："这次会议的目标是什么？"尽管这次会议结束时没有做出决策，这个项目最终成功地达成了合作，但耗费的时长远超实际所需。痛苦通常是最好的老师。

关键信念

会议计划
会议目的 **关键信念** 证据/行动 问题 黄灯 后续步骤 议程安排

● 通往最终决策的踏脚石

一旦我们知道了会议目的，下一步就是决定如何在规定的时间内实现目标。显然，很多人认为，促使客户做出决策的"最佳方法"，就是给客户提供关于其公司和解决方案的海量信息。于是他们的演示包含了庞大信息量，但不幸的是，这不利于促成决策。在以下情形中，顾问严重地阻碍，而不是促成客户做出决策：

- 他们给客户提供的信息量远远超出了做决策所需的信息量，不仅浪费了时间，让客户感到困惑，还可能导致本不会出现的疑虑、担忧和反对意见。

● 信息过多，问题和决策放在最后；没有以易于客户吸收的方式组织信息。

● 不清楚这些信息要回答客户心中的哪些问题；在会议各个议程项目结束时，没有做出决策。

● 信息都是关于顾问的公司，而不是关于客户的。

● 提供的信息与客户的问题或决策的标准没有明确关联，与会议目的无关。

要促使客户做出决定，第一条准则就是"以终为始"；第二条准则是"只提供决策所需的信息"。在询问阶段我们说"不要猜测"；在主张阶段，我们要"绝不多言"。

★ 仅为客户提供他们做出决策所需的信息，绝对不要多言。

我们不能要求客户一步跨越庞大的信息池，而是要提供几个间距合理的踏脚石，使得客户能够更轻松、更愉悦地穿越信息池，不至于掉入池中，淹没在海量信息中。我们提供的踏脚石数量应该刚刚好，有助于客户从会议的开始逐步实现会议目的。按照常规，适当的数量应该是3到7个。

关键信念就是一种踏脚石。根据情况，其他实现会议目的的方式可能会更好。尽管如此，以关键信念作为踏脚石总是有用的。

你认为下面这些陈述是正确的，还是错误的？

● 人们依据信念（他们认为是真的或假的，好的或坏的，有价值或无价值，实用或不实用，可理解还是令人困惑的）做决策；

● 这些信念往往是不明确的（客户不会给你一张罗列着他们的信念的清单）；

● 这些信念缺乏良好的表述（不清晰、精确，或者不按逻辑顺序组织）；

● 这些信念并不总是得到关键利益相关者的普遍认同。

如果你认为上述陈述中的1个或全部都是正确的，你是否也认为下面的陈述是正确的？

● 如果我们能够明确地指出并化解支持客户做出决策的信念，我们就更有可能实现会议目的。

如果你坚定认为以上陈述"是错误的"，就没必要继续阅读下文。如果你认为是正确的，请继续往下读。

我们需要处理的两套信念体系分别是：

客户的信念：在自信地、舒适地做出最终决策之前，客户必须在理智上和情感上相信什么？

> ★人们基于信念做出决策。如果我们能够明确地指出并化解支持客户做出决策的信念，我们就更有可能实现会议目的。

我们的信念：为了让客户做出最终决策，我们认为必须沟通什么？

一般来说，本书作者会优先考虑客户的信念，只有在必要时，才将我们的信念作为补充。化解客户的信念对他们来说更具说服力，可能是客户自信地做出决策所需的所有东西。我们补充介绍的任何东西，都可能让决策变得更复杂。

关于解决方案的最终演示的常见信念包括：

- 这个解决方案将解决客户的问题，并带来客户想要的结果。
- 通过利用现有资源，这个解决方案可以得到实施。
- 这个解决方案符合客户关键利益相关者的决策标准。
- 这个解决方案的经济效益卓著。
- 这个解决方案比其他方案更好。

关于解决方案供应商的常见信念包括：

- 他们有能力（具备了合适的专业能力）。
- 他们值得信赖（说到做到）。
- 他们与我们相处和睦（我们会喜欢与他们合作）。

尽管这些信念是常见的，但每一个情况和演示的关键信念的表达可能是独特的。在与关键利益相关者会面时，我们可以通过以下问题，了解他们的关键信念。“在接下来的演示中，你们希望我们演示什么内容，让你能够做出一个明智的决策，决定选择我们或是其他人？”或者，“你希望在我们的销售演示中看到、听到或体验到什么，从而让你做出一个明智的决定？”

如果客户认同了会议目的和关键信念，我们就拥有了一个促成决策的结构。

证据/行动

会议计划
会议目的
关键信念
证据/行动
问题
黄灯
后续步骤
议程安排

我们应该为每一个关键信念提供令人信服的证据，或是提出针对该信念的行动。因为我们已经了解了客户的议题，就可以向客户展示，我们可以向客户展示我们的产品或服务如何能够让他们有能力解决这些议题。因为了解了客户的决策标准，我们可以展示我们是如何满足这些标准的。因为我们了解了可用资源，我们可以向客户确保资源可以得到高效使用。

我们一直保持耐心，避免过早地提出解决方案，现在，就要尽可能有说服力地演示。我们的目标，是准确地提供客户需要知道的信息，以满足客户每个信念——不多不少刚刚好。确定我们是否成功做到的唯一方法，就是询问客户。在演示过程中，我们需要与客户确认每个关键信念，而不是等到最后。如果所有的关键信念都得到了满足，那么客户应该可以很轻松地做出决策。

● 请客户做出决定

请客户做出决定，就是了解客户对我们提案内容的反应，即客户认为什么是正确的。如果我们没有请客户做出决定，可能会遭遇很多黄灯，或失去把握住绿灯、一鼓作气达成交易的机会。然而，如果表述不当，可能会令客户感觉被操纵或胁迫，并产生抵触情绪，哪怕客户喜欢我们的解决方案。为此，我们请客户做出决定的方式，既不能令客户感到受威胁，又能够准确地了解客户的想法和感受。

下面一些可行的提问方法：

自由式提问：在只有一两人出席的情况下，我们可以问客户，“在我们继续之前，关于这一议题是否得到了满意的解决，你的看法是？”或者，“我知道这是你最关心的议题，在你觉得这个议题已经得到了很好的解决之前，我们不想继续推进，所以你的看法是？”又或者，“这时候，我们想要确保这个议题得到解决，或知道议题没有解决，你的意见是？”

“1—10”的评分式提问：“在我们继续推进之前，让我们先看看我们的表现如何。假设从1到10评分，10分代表这个议题已经解决，你们很满意；1分表示我们完全没有解决这个议题，你认为我们应该得几分？”（不管你表现得有多么优秀，有些人永远都不会打满分，所以9分或者8分可能是我们能拿到的最高分，这个分数应该已经足够了）。

红、黄、绿：本书的作者会给客户发红色、黄色或绿色卡片，用起来既有趣，又能表达足够的信息。在关键的决策点，我们会请客户亮卡，表达自己的看法。有时候，即使没有卡片，也可以进行同样的操作，你只需要询问在场的人中，有多少人分别选择了绿色、黄色或红色即可。

五指或握拳表达法：如果客户举起5个手指，就是绿灯；握拳就是红灯；4个手指指的是可以接受，或者可以继续探讨；3个或2个手指是黄灯；而只伸出1个手指，可能是一个明确的信号，代表着我们应该离开了。

电子投票法：对于大型团体，或需要确保匿名投票的团体，使用仅在屏幕上显示集体投票结果的电子投票板会更好。有多种不同类型的投票方式（是/否；正确/错误；一至十；多选；等等），投票本身既有趣，也提供了很多信息。

考虑一下，你将如何请客户就每个关键信念做出决定，要确保提问的方式自然且不施加压力，并确保客户的决定是坚定而明确的。

问 题

会议计划
会议目的
关键信念
证据/行动
问题
黄灯
后续步骤
议程安排

我们需要为两种类型的问题做好准备：我们希望客户回答的问题，以及客户可能要求我们回答的问题。

客户需要回答的问题：哪怕做了有效的问询，仍可能存在一些尚未得到解答的问题。它们可能是被遗漏的分析，或许是我们尚不清楚客户的决策标准，还有可能是我们怀疑还存在未得到解决的制约因素。想清楚你真正想要了解什么。提出最重要的问题，不要事无巨细地询问：如果我们只能提出3个问题，它们会是什么？然后考虑你将如何以及何时在演示的过程中提出问题。

我们需要回答的问题：客户提出的问题往往是可预测的。此外，客户提出的问题越难，事先准备好如何回应就越有用。

● 回答真正的问题

有时候，客户在演示过程中提出的问题，背后往往隐藏着客户真正想要了解的问题。下面就是一个真实的案例：

马汉的一位好朋友——现在是一位伟大的销售培训师——曾经在马汉创办的一家电脑公司里做销售。马汉和这位朋友一起拜访了多个客户，一起学习和成长。这位朋友曾经为一个重要的销售项目奋战了大概6个月，最终，到了向首席执行官和关键决策者做最后演示的时候，在演示结束时，每个人看起来都充满了合作的热情。这时候首席执行官问他："我很喜欢你给我们展示的东西，你的公司有多大规模？”这位朋友瞬间担忧，怕这家规模庞大的客户认为马汉的公司规模太小，无法执行和支持这样一个大型的安装项目。他绞尽脑汁地想出很多溢美之词，试图让自己的公司听起来规模不小，首席执行官耐心地听完他的回答，然后说：

“天哪，听起来你们公司的规模的确很大，这太糟糕了。我们刚刚与一家大型计算机公司合作，他们没有重视跟我们的合作。所以，我们不会再犯同样的错误了，我们想要与一家能为我们提供最好服务的小型公司合作。但非常感谢你的来访。”

在这种情况下，首席执行官真正的问题并不是“你们公司的规模有多大”，而是“你们能给我们提供好的服务吗”。如果马汉的朋友知道，真正的问题是服务的质量，他完全可以巧妙地回答。但因为不知道真正的问题，他根据自己内心最大的担忧来回答。然而，只要愿意花一点时间，他完全可以发现真正的问题是什么。

一些可行的回应可以是“我们是一家价值__________百万美元的公司，我感觉你问这个问题是有原因的。公司的规模对你的决定很重要吗”，或者，“我很乐意谈一谈我们公司的规模，但我感觉你问这个问题是有原因的，能告诉我为什么吗？”

马汉的朋友现在会说，“对方提出的问题，永远不是真正的问题”，他可能是在强调这一点。

客户提出问题是有原因的。有时，这个原因非常明显，但很多时候模糊不清。如果不知道背后的原因，我们就可能给出错误的回答，这不仅会浪费宝贵的时间，还会招致客户的厌烦，更糟糕的是，我们可能无意间让客户产生之前并不存在的问题和疑虑。

人们通过问题来思考，思考是一种问与答的内在对话。你可能会想：“这是真的吗？我是通过问题思考吗？每个人都这样做吗？我们一直都是这样做的吗？我们是否可以不提问就思考呢？”人们经常通过提问来激发思考。如果我们鼓励对方继续，他们可能会沿着自己的思路不断探索；但如果我们用冗长的回答干扰这些思路，可能会导致对方的思路完全脱轨。

在小组的情况下，保持耐心，找出真正的问题尤为重要。小组中的一个人，可能会提出一个问题，开启自己或小组的思考。提问的方式可能是为了让小组成员印象深刻，或者影响小组成员。提问也可能是为了表明对观点的支持。有时客户可能会提出挑衅性的问题，看我们如何回应，或者故意让我们出丑。在所有这些情况下，我们最好保持冷静，压抑立即回应的冲动，并鼓励对方提供更多信息。

不幸的是，很少有顾问具备这种自律和冷静。因为我们自小就习惯了有问则必答。当我们成为销售顾问，觉得自己是知道（或应该知道）所有答案的专家时，这种有问必答的模式就变得更加顽固。但在这种情况下，真正的挑战不在于你是否知道答案，而是是否知道对方真正想要问什么。

在我们的工具箱中有一个有用的工具，叫“重新导向”，即用问题来回答问题。这可以是一个高效的沟通工具，也可能会让客户恼火。如果我们以好的意图使用这一技巧，在大多数情况下，客户要么没有注意到，要么不在乎我们重新导向了他们的问题。

请记住，重新导向是为了：

- 理解并回答真正的问题。
- 避免回答错误的问题。
- 允许客户继续说下去，如果这是他们想做的。

重新导向的公式：倾听+柔和的陈述+重新导向问题=成功的重新导向

倾听：如果我们能够仔细聆听客户提问时的措辞，就能知道如何重新导向问题。例如：

客户：你将如何确保我们与员工的沟通的高度专业性?

我们：我想到了几件事。首先，为了避免猜测，“高度专业性”对你来说意味着……

柔和的陈述：人类大脑基于模式识别来运作。在客户提出一个问题时，预期的模式就是得到回应。如果我们立即用一个问题作为回答，就会打破客户的预期的模式，并可能令对方感到不舒服（问：“这需要花多长时间？”答：“你认为需要花多长时间？”）。如果我们可以以一个陈述来回答，再提问，就能更好契合客户预期的模式。这会令我们不会显得粗鲁、对抗或令人讨厌。

柔和的陈述的例子可能是：

- 感谢你的提问……
- 嗯，这是一个好问题……
- 感谢你提到这一点……
- 嗯，我还没有想到过这一点……
- 我刚好也想到了同样的问题……
- 我脑海里浮现出几件事情……
- 对此，我绝对能够发表一些意见。但为了避免误解你的意思……

客户：你能告诉我你们的方法吗?

顾问：我很乐意。我可以热情地讲上几个小时。你是否想要我说一些特别的东西?

简短的回答可以是很好的柔和陈述。例如：

“是的，我们有。”

“不，我们没有。”

“简短的回答是……”

重新导向问题：关键是在这个回答后提出一个重新导向问题。

客户：实施一个这样的项目，需要多长时间?

顾问：通常是3到6个月，你们是否存在一些时间方面的压力或目标，需要我们注意?

有一个重要的警示信号是：如果客户两次提出了同一个问题，这就可能是一个真正的问题，需要我们竭尽全力地回答。

客户：我们如何知道你们是最好的合作对象?

顾问：好吧，让我们来谈谈这个问题。你们对“最好”的标准是什么?

客户：我想知道，什么让你们认为自己是最好的合作对象。

顾问：我认为，我们做得特别好的是……

解决问题的关键是觉察和选择。我们需要敏锐地觉察到，当客户提出一个问题时，我们既可以选择回答，也可以选择重新导向。要培养重新导向的技能（倾听、柔和的陈述、重新导向），这样才能专业地做到这点（让客户注意不到或不在意）。在一次谈话中，我们重新导向的次数可能不多，但带来的影响是巨大的。我们可以提升客户的思考，回答真正的问题，避免给自己带来不必要的麻烦。

黄　灯

会议计划
会议目的
关键信念
证据/行动
问题
黄灯
后续步骤
议程安排

我们的目标是促成决策。黄灯表明客户不会做出决定，或不会做出对我们有利的决定。如果在评估过程中出现了黄灯，我们已经把它们变成了绿灯或红灯。尽管如此，在客户做出决定和承诺之前，任何未解决的黄灯都有可能出现，或是在我们做演示并施加影响时出现，或是在我们离开后对客户没有影响时出现。巨大的时间、精力和预算投资的成败，可能取决于我们在给客户演示时，发现和解决关键黄灯的能力。

那些特别善于把黄灯变成绿灯的顾问，有两个共同的特点：他们能放下自我，而且愿意接受错误。

1. 能放下自我。

每个人都有一个自我（看起来是这样），我们的自我体现在致力于确保自身的需求得到满足。当客户拒绝或挑战我们时，我们的回应往往是辩护或攻击对方，这可能会触发客户的反击。有时，我们会寻求客户的认可，并倾向于认同我们本不应该同意的事情。有时，我们想要展示自己有多么聪明或技能娴熟，但并没有给客户留下深刻印象。相反，顶尖的顾问不会因自身的需求和不安全感而分心。他们有一种诀窍，即使在压力下，也能保持冷静、客观和清醒。事实上，压力越大，他们就越是冷静。

盖瑞·斯宾塞（《辩无不胜》的作者）讲述了这样一个故事："西班牙斗牛士用一句话来描述如何面对公牛的进攻——'看那儿'（Ver Llegar）。海明威在《死在午后》中解释了这句话的含义：'看着公牛冲过来，什么也不思考，只是冷静地观察它在做什么，根据大脑中的机动反应做出必要的移动。冷静地看着公牛过来是斗牛中最必要，也是最困难的事情'。因此，当一个人面对发起攻击的人——法官、对手、证人、老板时，也是如此。通过纯粹的专注，我们用耳朵冷静地观察对方的进攻；如果我们选择，我们可以观察到对方汹涌的攻击之势，如果我们愿意，我们也可以允许对方尽情释放其噪声。"

放下自我是一项可以学习和完善的技能，需要多加练习。当它成为我们的第二天性后，在面对客户的挑战时，我们就可以冷静而理智地应对，而不陷入骚动和慌乱。

2. 愿意接受错误。

我们的目标不是把每一个黄灯变成绿灯，而是当客户的需求与我们的专长之间良好契合时赢得这项业务。本书作者有一些客户，由于"赢得"的业务，遭受了数亿美元的损失，以及数十亿美元的市值下跌，为此他们宁愿"输掉"这些业务。如果解决方案存在致命的缺陷，我们需要和客户一样发现它。如果客户购买了我们的解决方案，但它非常糟糕地失败了，我们依然输了。那些确信自己"正确"的顾问，往往不能充分地倾听客户，他们无法审视假设，更用力地推销他们认为正确的东西，而不是发现和移除客户拒绝背后的原因。相比之下，那些愿意接受错误的顾问（即使是从未犯过错的人）往往会获得信任、更深的理解、洞察力和更融洽的关系，更有可能把黄灯变成绿灯。

● 永远不要做无用功

当顾问在演示结束时请客户给出最终决策时，客户的答复常常是要求我们"去做更多工作"。客户没有做出决定，而是希望我们获得更多的信息，与相关人员交谈，要求我们写一份已讨论内容的总结，需要我们给一些以前没有提及的利益相关者做演示，等等。也许这些要求，表明了决策拼图中缺失的最后一块，一旦我们提供了，客户就能轻松做出有利于我方的决策。也许客户只是更愿意给我们委派一个任务，而不愿意做出决定。有时候，客户似乎已经学会了“如果你想摆脱顾问，就给他们找些事情做”。

> ★当我们给客户提案，而他们的反应是“我们需要进一步研究”，或者“我们需要把它提交给一个特别工作组”，或者“我们需要成立一个专门委员会”，或者“我们需要与其他人核实，看看他们的想法”，那么他们真正的意思可能是，他们无法支持我们的想法，但他们不能告诉我们这一点。
>
> ——克里斯·阿吉里斯，《克服组织防卫》

针对客户为了逃避做出决定而给出要求的做法，本书作者建议“永远不要做无用功”，包含两个部分：

1. 定义成功：找出真正需要的东西以及它的重要性。

2. 询问客户，假设我们按照他们要求的做到了，“接下来会发生什么？”

例如，你希望客户可以做出最终决策，而客户要求你提供财务计算方面的更多细节，但你没有带这些信息，那么得体回答可以分成两部分：

第一步：“我很乐意提供这些信息，但为了确保你的时间得到高效利用，我想知道你具体想看到什么，以便帮助你做出一个好的决定，不管是接受还是拒绝我方的解决方案。”（客户回答。）

第二步：“很好，这样我理解了你想要如何继续，假设一周后，你得到了符合你要求的相关信息，且非常合理。然后会发生什么？”

如果客户说，“那么我们会选择你”或者至少“那么我们将做出决定”（如果你知道这些信息是可获得且是积极的），那就去给客户提供这些信息，并让他们做出决定。如果客户依然推脱，不肯决策，你可以追问：“我不理解，因为看起来我已经按照你的要求，提供了相关信息，还是不能帮助你做出决定，还欠缺什么呢？”

如果客户要求我们“去做更多工作”，我们需要明确客户到底想要什么，以及如果他们得到后，会发生什么。绝对不要做无用功。

● 承认、理解、解决

以下是解决非价格的黄灯的一个有效的模式。

承认：通过声音和视觉线索，表明你正在因为黄灯放慢速度。

理解：提出问题，了解客户反对的本质，以及解决方法是什么。

解决：双方共同努力，解决手头的真正问题。

承　认

承认意味着理解客户不做出决定的原因，尽管不一定同意。承认得益于我们放下自我以及愿意接受错误的能力。承认的相关表述可能类似：

- “好吧，我们来谈谈这个问题。”
- “我确实听出了你的担忧。”
- “感谢你的坦诚相告。”
- “这是个好问题，但不好回答，我们来谈一谈。”
- “我很乐意分享一些关于这个问题的想法。”
- “如果我们不能很好地回答这个问题，我认为，我们双方都不应该继续下一步。”

理　解

有时我们很想要跳过理解这一步，直接进入解决环节。我们可能觉得自己知道“正确的答案”，或者急切地想把黄灯变成绿灯。有时候，在客户苛刻地反对时，我们几乎本能地反驳。通过自律和技巧，我们可以理解：真正的问题是什么、客户解决问题的标准是什么，以及如果问题得到或没有得到解决，会发生什么。

1. 了解真正的问题。

在客户对黄灯的表述中，他们真正关切的问题，或许表达得并不清楚。如果我们对客户真正担忧的问题是什么全凭假设或猜测，可能会回答错误的问题、答得不好，或在无意中招致新的问题。

例如，客户说，“我担心，如果我们将业务外包给你，我们对组织的一部分就会失去控制”。

对客户来说，“控制”意味着什么？具体是谁失去了控制？对什么失去了控制？是什么让他们知道自己拥有或失去了控制？有什么依据表明他们正在失去或获得控制权？当他们失去控制时会发生什么？如果他们拥有更多的控制，会有什么好处？他们是如何得出“外包会使他们失去部分控制”这一结论的？如果没有一些强有力的动机，他们甚至不会考虑外包，那么外包可能带来的优势，与可能失去部分控制相比，结果如何？有哪些制约因素导致客户不能同时拥有外包的好处和他们想要的控制权？如果控制权问题得到满意的解决，客户会怎么做？

如果我们理解了前述问题，就有机会在解决步骤中给出以下一个或多个观点：

- 外包将给他们更多的控制权，而不是更少的控制权。
- 外包可能会减少他们在某些领域的控制，但会给他们更多的控制能力和更重要的结果。
- 目前的控制水平，无法让客户实现其想要取得的成果。
- 如果不外包，将导致他们失去更多的控制权。

通过提出有效的问题，我们可以了解必须解决的问题是什么，并知道如何去解决。

2. 了解客户解决该问题的标准。

再次强调：“如果是由你说，你就是在推销，如果是由客户说，它就是金子。”如果我们使用客户的标准，而不是我们的标准来解决黄灯，客户往往更容易被说服，而且更相信我们。客户的标准往往没有我们想的那么严格。

在表达黄灯时，客户往往使用不喜欢什么、不想要什么等表达问题和不满情绪的语言，而不是描述解决方案的语言。我们可以请客户转换思维，从他们喜欢什么、想要什么、什么能够让他们感觉满意而不是失望等角度来思考问题，这会非常有帮助。

> ★如果我们使用客户的标准而不是我们的标准来解决黄灯，客户就更容易被说服，而且更相信我们。

跟互联网一样，在面对问题时，人类的大脑进行搜索检索。如果我们要求它告诉我们更多关于什么是糟糕的，那么它就提供负面的回答。同样地，如果我们要求大脑给出什么是“好”的定义，就更容易得到正面的回答。有时候，我们能看到，当客户的思维从思考问题转向搜寻解决方案时，他们的面部表情和肢体语言发生了彻底的转变。

了解客户解决问题的标准，一个有用的短语是“必须发生什么……”不要说“我必须做什么……”或“我们公司必须做什么……”，因为标准可能与我们无关。解决方法可能是客户和他们的公司必须表现出来的东西。如果他们需要我们做些什么，他们会提出来。

当然，除了“必须要发生什么……”之外，我们还可以运用下面这些类似的表述：

- “什么能让你感到自信和舒适去……”
- “你必须看到、听到或经历什么，才能让你……”
- “在……之前，你必须在你的头脑和内心核对什么？”
- “在……之前，必须要做到什么？”
- “你怎样才能相信……”

示例1

客户：我无法确信你们在我们的行业细分领域有足够的经验。

顾问：感谢你的坦诚。如果没有这份信任，我不想继续下去。与其让我解释我们的经验有多丰富，我能否问一下，从你的角度来看，在你确信我们的经验完全有助于你们实现你们的预期目标之前，必须发生什么？

示例2

客户：我的印象是，你们公司只关注技术和流程，不关注我们的人员。

顾问：哇，这让人难以接受。我很感谢你愿意坦诚告知。我绝对听得出来，你很重视对人的关注。与其听我说一堆我的理由，不如听你说说，必须要做到什么，才能让你确信，你的员工得到了他们需要和应得的关注？

如果客户提供了他们的标准，只要我们能满足这些标准，就更有可能令人信服地、有效地将黄灯变成绿灯，不需要再做其他事情。如果我们不能满足客户的标准，至少我们知道我们在处理什么问题，并且还有备用的解决方案（详见后文的“解决”部分）。

3. 搞清楚如果我们解决或不解决黄灯会发生什么。

很多时候，我们解决了一个黄灯信号，又冒出一个，解决了第二个，又有更多的黄灯涌现出来。有时，这不是什么问题；有时候，把所有的黄灯放在一起一次性处理会很有用。我们可能会发现这些黄灯之间的共同点，让我们能够一次处理所有问题。我们可能会找出最重要的问题，并通过首先处理最严重的问题，更快地取得进展。我们可以先解决容易的问题，获得客户的信任和建立融洽的关系后再处理棘手的问题。

★我们需要有意识地确定，是在每个黄灯出现时第一时间处理，还是等待所有的黄灯都出现后，一次性处理。

我们可以选择提出一个假设性的问题，在“必须发生什么”之前或之后提出都可以。这个问题听起来像下面这样：

- “出于讨论的目的，假设我们解决了这个问题，那我们接下来可以怎样？”
- “假设业务部门的领导确实接受了，你会怎么做？”
- “尽管听起来不太可能，但假设它可以在6个月内完成——你会怎么决定？”
- “为确保我们理解当前的情况，除了这个问题之外，假设你很满意我们目前达成的一切，你会怎么做？”

通过提问了解情况，有可能帮助我们找到一条更好的解决路径。

解　决

如果客户心中有黄灯，不管它们多么棘手，我们都要在与客户会面时，将它们放到台面来谈。一旦我们确信自己已经了解了需要解决什么问题，我们可以将黄灯变成绿灯，或者发现我们不能。下面这些方法可以帮助我们。

提供事实和数据：关于拒绝的研究表明，很多客户拒绝，仅仅是因为信息不够准确或充分。原因可能仅仅是客户认为我们没有提供某个特定的产品功能，哪怕我们已经提供了。也许客户基于不准确的数字或缺失的事实得出某个结论。当我们和客户在一起时黄灯亮起，通过提供缺失的信息，或纠正不正确的信息，我们就可以将黄灯变为绿灯。

兰迪曾与一个客户合作，该客户的销售人员认为，导致销售失败的主要原因是价格。他们认为公司应该降低价格，而不是投入更多资金进行销售培训。幸运的是，我们掌握了很好的赢/输数据。在他们的价格比竞争对手高出30%时，赢得了几笔交易，而他们的价格比竞争对手的价格低30%时，失去了数笔交易。此外，销售人员认为对客户最重要的东西——价格和关系——在客户看来并不重要，对客户来说最重要的东西——了解他们的业务问题——在销售人员看来，并不重要。可靠的数学分析表明，如果销售人员在3个关键的技能领域取得明显的进步，销售额将上升6%到8%。销售人员对增加销售额的兴趣大于正确地销售。有了可靠的数据，销售人员渴望提高销售技能，而不是专注于价格。

列举第三方故事：在解决客户顾虑时，我们总喜欢使用其他客户的成功案例，使用类似这样的表达：我能理解你的感受，其他客户也曾有类似感受，他们发现……虽然使用第三方故事的做法并不新鲜，考虑到它们的有效性，我们获得以下几点重要启示：

1. 如果我们能坚持致力于帮助客户以他们感觉满意的方式取得成功，我们就会有源源不断的、可信的、有说服力的第三方故事。

2. 在“评估”部分，我们强调了依据的重要性——证明客户的关键绩效指标得到明显改善的衡量标准。我们的产品和服务的结果往往难以衡量，需要发挥创造力和主观意愿。依据不仅是拓展与现有客户业务的强大驱动力，还为第三方故事提供了可信度。致力于获得依据的从业者和组织都会获得丰厚回报。

3. 拿来做比较的企业和情况的相似度越高，第三方故事的说服力就越强。有时候，客户会觉得自己独一无二，比较抵制或反感这种比较，第三方故事的说服力就较弱。我们可以通过这样说来降低客户的抵触心理，例如：“我知道你们的情况很特殊，所以你可能会觉得下面的故事有或者没有参考意义……（插入一个第三方故事）听完之后，你有什么想法？感觉这个故事可否用在当前的情况？”

审视和改进逻辑

人类在逻辑和推理方面会出现可预见的错误。尽管我们提供了专业的咨询意见，但客户也是人，也可能出现逻辑和推理上的错误。我们可以训练自己识别错误逻辑的能力，以一种不激怒和疏远客户的方式，来指出其推理中的问题。

使用类比

客户也必须销售他们的产品和服务，他们的客户也可能给出黄灯，就像他们给我们黄灯一样。我们的客户，会对自己的客户说什么来解决这些黄灯？例如，假设我们正在进入一个新的利基市场，客户质疑我们在这个利基市场的经验。我们可以回答：“你的公司已经成功地进入了几个新的利基市场。当你确信你为潜在客户提供了一个卓越的解决方案，一个在其他利基市场上很有效的解决方案，但客户却对你在这个利基市场上的直接经验提出质疑时，你会怎么说呢？”显然，我们需要仔细聆听客户的回答，从中找到可供参考的线索。

马汉当时正在与一家连锁零售鞋店的老板，沟通一个大型计算机系统的销售机会。那位老板很喜欢这个系统，但认为其他系统也具备了同样的外观和感觉，而且价格更低。他的商店销售高端品牌的鞋子。马汉问他，为什么选择卖高端品牌而不是“仿制品”，后者是更便宜的鞋子品牌，有更大的利润空间。他说：“其他的鞋子可能看起来很相似，但当顾客每天穿着它们时，它们很快就会显得很劣质，而且根本没有那么舒适。这会导致退货率变高，顾客满意度降低，而我们的业务最强调的是客户的满意度。”在他说完这番似乎重复了无数次的话之后，马汉和他相视一笑，都明白了这和他们正在说的计算机系统的相似性。

使用比喻和故事

比喻和故事是有效的沟通工具。当我们听到一个令人信服的比喻或故事时，无论是从老师、朋友、作家或商人那里听到，它都可以瞬间带来清晰、深刻的认识和驱动力。我们应该将时间花在：

1. 思考你遇到的一些最尖锐和/或最频繁的反对意见，可以用什么适用的比喻。你可以研究和选择别人已经创造的比喻，或者自己构思一个。尝试构思多个不同的比喻，看看客户对它们的反应有何不同。

2. 确保讲故事成为一种有意识的能力；可以阅读一些书籍和/或参加一些课程；收集故事；练习讲故事的技巧。

> ★《你的团队需要一个会讲故事的人》
> ——安妮特·西蒙斯的著作

3. 探索体验式比喻，当你和他们在一起时，他们可以看到、做到和听到的。

重塑看法

在前文“理解”部分中，作者讨论了如何了解客户解决黄灯的标准。使用客户的标准，而不是我们自己的标准，可以很有说服力。然而，如果客户给了我们一个无法满足的标准，怎么办？这里有3种方法可以从根本上改变或重构客户对某一标准的看法。

1. 改变标准的相对重要性。

例如："假设我们谈论的所有结果，都是真实且可实现的，你和你的客户都将成为大赢家，股东都很高兴，而我们唯一不能完全解决的问题是，谁将拥有知识产权。这是否意味着你会因此而否定整个交易？"

2. 表明没有人能够满足其标准。

例如："出于好奇，在这种规模的项目中，是否有公司能够保证，每个从事项目的人，至少有8年的行业经验？"

"出于好奇，有人告诉过你，他们可以保证在不控制招聘和解雇的情况下，节省这些成本吗？（如果有，你觉得合理吗？）"

> ★ 面对无法满足的标准，我们可以：
> 1. 改变标准的相对重要性。
> 2. 表明没有人能够满足其标准。
> 3. 改变客户对标准的看法。

3. 改变客户对标准的看法。

比方说，客户想要X，而我们没有或不做X。客户不愿意改变X的相对重要性，觉得可以从其他候选人处获得X。我们就需要改变客户对X的看法，否则我们遭遇红灯。

我们可做的一个选择是：

找出客户心中的联系，改变这个联系，或者打破这个联系。

找出联系：如果他们想要X，确定X在他们心中等于什么。X能给他们什么，或为他们做什么？

取代联系：如果我们能给他们等同于X的东西，这是否可行？

打破联系：我们能否向他们展示相反的依据，证明X不等于他们想要的东西？

示例：客户表示，项目的每个参与者都需要在客户所在行业拥有8年或8年以上的经验，这是一个很重要的标准，也许另一家公司表示他们可以做到这一点，然而我们知道自己做不到。为了继续推进，我们需要改变客户对8年经验的看法。

找出联系：客户有一个"如果……那么"的信念，并且只与我们分享了一部分信息。他相信，如果项目中的每个人都有8年的经验，那么就可以实现某些目标。他脑海中的联系是什么？8年的经验是否等于更好的质量？更高的生产力？更好的项目成果？更快的学习曲线？更低的培训成本？

取代联系：比方说，客户认为8年以上的经验可以确保项目按时完成，这一点至关重要，因为他们已经做出了正式的承诺。我们可能会对客户说："我听说这对你们很重要，我想更深入地探讨一下。假设有一些人，不管是来自我们公司还是其他公司，你确信他们是最适合按时完成项目的人选，但他们只有三四年的行业经验。你是更关心他们的经验年限，还是他们按时交付的能力？”

打破联系：要打破客户目前持有的“如果……那么”信念，可以参考下面这些可行的方法：

> ★如果客户想要X，而你无法提供X，你是否能够提供等同于X的东西？如果不能，你是否能够提供案例，证明获得X并不等于客户可以实现预期的目标？

1. 打破联系的一个有趣的方法，是反其道而行之。例如，我们可以问客户：“出于好奇，你是如何确定8年这个经验年限的？为什么不是20年？看起来更长的经验会更好。”在描述8年为什么是一个更好，或不逊色于20年经验的年限时，客户可能会给出一些论据，我们或许可以利用这些论据，证明4年的经验与8年的经验一样好。

2. 我们可能会问：“出于好奇，你的公司是否有超过8年行业经验，但你不会选择他们参与这个时间紧迫的项目的人？”（“为什么会这样？”）

3. “我经常听到有人说，我们行业的一些人，虽然他们已经干了10年，但他们没有10年的经验——只是将第一年的经验重复了10年。你有没有发现这种情况？”

4. “对于许多客户来说，如果我告诉他们，我用10年前的思维、知识和技术来解决他们当前面临的问题，他们就永远不会用我们。即使是5年前的技术，那也不行。因为在这个行业和全球经济中，一切都发展得太快了。有时，相较于一个仅由长期以来一直以同样方式做同样事情的人组成的团队，拥有一个同时包含了有成功经验的成员，以及受过良好教育、拥有行业先进知识人员组成的团队，能获得更好的结果。你会考虑使用一个有着不同类型经验的复合型团队吗？”

5. “一些以培养伟大的商业领袖而闻名的公司的做法是，将他们的顶尖人才，不仅从公司内部的一个工作岗位转移到另一个工作岗位，而且从一个行业转移到另一个行业。对他们最优秀的人来说，连续8年或更长时间从事同一行业的工作是罕见的。他们认为，通过积累不同领域的经验，优秀人才培养了更好的思维和创造力，使他们能够看到其他人看不到的模式和经验；通过将一个行业的见解应用到另一个行业，他们经常实现新的突破。即使公司不要求转岗，许多聪明和有能力的人也会主动寻求改变，无论是在本公司内，还是跳槽到其他公司。我们公司的许多优秀员工，都有类似的职业轨迹。我想你会发现，在帮助你实现交付目标方面，他们很有价值，哪怕他们在你的行业中没有8年的经验。但你是否会以开放的态度考虑他们？”

如果客户不愿意改变他对经验等同于什么的看法，我们就不太可能成功。取代或打破客户头脑中的联系，是很好的处理方法。对于大多数顾问来说，需要事先构思好选项。

本节内容简要回顾

<table>
<tr><td colspan="2">对于不涉及价格的黄灯，一个有效的解决方法是：承认、理解和解决。</td></tr>
<tr><td>承认</td><td>• 放慢速度
• 理解对方
• 拥有同理心
• 不一定要同意</td></tr>
<tr><td>理解</td><td>• 理解真正的问题是什么
• 了解客户将如何解决问题
• 搞清楚如果我们解决或不解决问题，会发生什么</td></tr>
<tr><td>解决</td><td>提供事实和数据
审视和改进逻辑
使用类比、比喻、故事
重塑看法
• 改变标准的相对重要性
• 表明没有人能够满足其标准
• 改变客户对标准的看法</td></tr>
</table>

● 破解黄灯的密码

帮助顾问解决他们最棘手的黄灯问题，是最具挑战性、最有趣也最有益的经验。我们认为下面的准则可能有用：

1. 意图比技巧更重要。我们问自己的第一个问题是：“把黄灯变成绿灯，如何做是符合客户最大利益的？”如果你没有好的答案，项目就可以结束了。如果有好的答案，我们就可以继续讨论。

2. 探明未知的信息。客户在表达黄灯时使用的关键词和短语是什么意思？他们的顾虑或目标是什么？他们通过“如果……那么”表达了什么明确或隐含的看法？他们在什么地方给了我们“如果”，而没有澄清“那么”是什么？我们可以对他们的看法提出什么挑战？

3. 创造选项。对于如何承认、理解、解决，有哪些不同的选项？我们如何建立双方的共同利益，例如都希望获得相同的结果和成果？我们看重的哪些利益存在不同？如何从不同的角度看待彼此冲突的利益？我们如何改变潜在的信念和思维模式？其他人是如何消除类似的障碍的？

4. 提前准备和演练。许多黄灯是可预测的；我们可以提前准备，并练习如何承认、理解和解决它们。我们可以不断练习，直到我们的推理令人信服，我们的表述能产生预期的反应，而不至于触怒对方。我们可以不断练习，直到我们的反应合乎我们的个性和价值观。

5. 提高自我觉察。我们可以更关注那些导致我们失去清醒和客观的恐惧和欲望，它们导致我们捍卫自己，攻击客户，而不是探索和创造。我们可以变得更愿意接受“错误”，改变我们的方法或商业模式，以及在整个过程变得没有意义时，愿意主动放手。

● 价格相关的黄灯

价格谈判方面有很多丰富的研究、著作和应用。在这样一个大的主题上，只提供一点建议很有挑战性。然而，完全不谈价格谈判，也是一种逃避。因此，这里提供的是指导方针和有用的做法，而没有深入地展开。

如果你在评估业务需求阶段，就经济价值与客户达成了一致意见，那么客户还价的情况就会少得多。在“评估资源”阶段，你应该已经确定了客户为获得所需结果而愿意投资的金额。在“评估决策”阶段，你已经与关键的利益相关者建立了良好的关系，了解了他们的非价格方面的重要标准。

如果客户在价格上有异议，不要觉得客户在针对你。基于经验，客户心里知道，他们通常需要说一些类似“好吧，我们真的很想和你做生意，但是你的报价太高了”的话，这也许可以为他们的公司省下不少钱。顾问经常会立即降价，让客户觉得，不尝试砍价是一种在财务层面不负责任的行为。

许多顾问在面对客户质疑价格时很脆弱，是因为：

- 没有在一开始明确项目的价值
- 知道价格是灵活的
- 认为客户是真的觉得太贵，想要砍价
- 认为对方知道有竞争力的报价
- 不喜欢讨论价格
- 专注于为价格辩护，而不是强调能提供的结果
- 渴望实现销售

价格谈判的框架

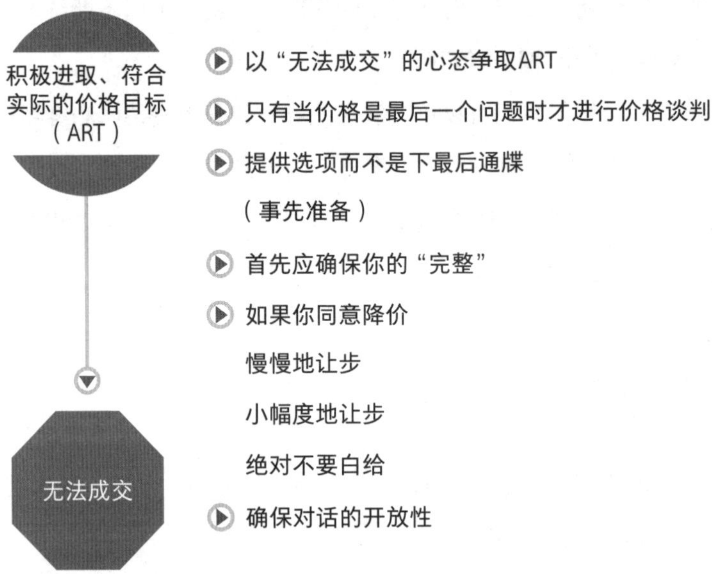

许多客户会经常质疑我们的报价，因为：

- 砍价不会导致任何损失
- 认为砍价是他们的责任
- 卖家经常在价格上让步
- 没有在一开始明确项目的价值

- 他们不了解提供解决方案真正需要的成本

当你需要处理价格问题时，上图所示的价格谈判框架可能会对你有所帮助。

建立良好的参数

我们选择的最终价格，不应该让客户感到震惊或意外。在进行最终演示之前，我们要测试一个合理的价格范围。我们希望选择一个积极进取但又符合实际的价格，这往往很难平衡。谈判研究表明，将目标设定得更高的人往往能够获得更大的回报。然而，如果价格过高，我们就会失去可信度。

我们还必须清楚，什么样的价格可能导致“无法成交”，即如果低于某个特定价格，我们宁愿放弃交易也不愿意接受，我们有更好的选择。因此，谈判中的两个严重错误是，未能达成高于“无法成交”价位的价格，以及接受低于“无法成交”价位的价格。如果我们自己还没有搞清楚“无法成交”的价位，就意味着还没有做好谈判的准备。

> ★客户还价时，不必将其视为针对个人。不合格的销售人员已经让客户养成了砍价的习惯。

很多顾问往往过于轻易地做出价格让步，直到降至“无法成交”的价格水平，到了这个底线，他们只能据理力争。相比之下，顶级顾问则主张较高的、符合实际的价格目标，仿佛这个价格就是他们的“无法成交”价位。如果他们做出价格的让步，也会小幅地、慢慢地让步，且每次让步都要让对方提出一些价值交换。

何时谈价

一般规则是：只有当价格是最后一个问题时，才进行价格谈判。有太多的顾问在价格上让步，但没有得到业务。在价格上让步，无异于在告诉客户，我们是骗子（我们的报价不是真正的价格）或我们是愚蠢的（我们会白白地做出让步）。

> ★一般原则：只有当价格是最后一个问题时，才进行价格谈判。想要判断价格是否是最后一个问题，只要将价格从议程中剔除，看看会发生什么。如果什么也没有发生，就意味着我们遗漏了一些重要的事项，应尽快将其找出来。

想要判断价格是否是最后一个问题，只需要将价格从议程中剔除，看看会发生什么。我们可以说：“现在，为了帮助你们取得预期的结果，我们已经提出报价。我不确定我们可以在不做出一些重要取舍的情况下，改变这个价格。让我了解你们的想法，假设我们确实同意了这个价格，你会怎么做？”如果客户明确地说“我会跟你们合作”，那么价格就是最后一个尚待确定的问题，双方可以进入谈价阶段。如果客户说的是其他的内容，那么即便你同意了这个价格，可能也无法达成交易。这时候，我们可以说：“我们的目标是为你提供一个真正满足你方需求的解决方案。听起来，即使我们在价格上达成一致，也还缺少一些重要的东西，是什么呢？”我们的目标是首先解决所有非价格问题，这将确保我们更轻松地确定最终的价格。

不可白白地退让

永远都会有不愿意接受我们报价的客户，他们就是无法接受。他们需要讨价还价，获得一些价格的让步。鉴于良好的谈判是一个创造选项的过程，而不是发出最后通牒，只要让步不是单方面的行为，让步就有意义。

价格本质上是一个服务范围（我们要做什么来产生预期的结果）、时间（有多快）和分工（谁做什么）的函数。如果客户想要一个较低的价格，他们能接受更少的结果吗？如果项目做得更快或更慢能为我们省钱，客户能接受不同的时间进度吗？客户能否在不影响结果质量的情况下，承担更多的工作？如果客户想要同样的服务范围、时间和分工，那么报价就是这么多，这就是我们得出报价的依据。

如果客户没有提供有意义的价值交换，那么我们不应该在降价的情况下，依然提供同样的服务范围、时间和分工的服务。有可能作为降价的价值交换的东西是：

- 我们不需要写提案，可以把节省的成本转让给客户
- 客户提供营销和广告价值
- 客户提供研发协作；也许客户的公司帮助测量解决方案的有效性，我们

当价格是最后一个问题，审视与价格退让对等的价值交换，以确保你的“完整”

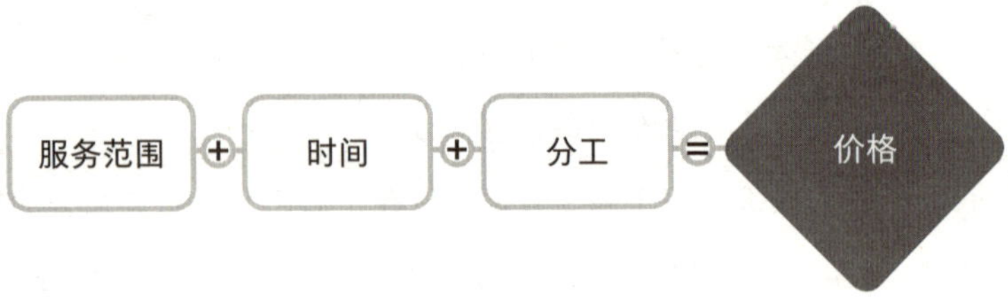

可以把结果写入白皮书

- 客户现在签下了额外的业务，我们可以减记相关的业务拓展成本
- 客户提前付款，我们减少了应收账款成本

慢慢地、小幅度地让步

关于谈判的研究表明，只要砍价很难成功，小幅度让价和大幅度让价一样，也能给客户带来良好的感觉。我们应该遵循这个谈价的原则。前面提到的价值交换，指的是小幅度而非大幅度让价。价格方面的巨大让步，应该是一个销售的问题，而不是价格谈判的问题。

常见的谈价策略

客户用来杀价的伎俩都是可预测的，既然客户一直在使用这些方法，那么它们必然是有效的。我们不会将客户试图杀价的行为视为是在针对我们，并希望在我们拒绝让价时，客户也不会认为我们是在针对他们。我们处在购买过程的最后阶段，到了这个时候，所有非价格的问题都已经解决，客户想要购买我们的解决方案，想要我们来提供服务。只要我们表现出适当的灵活性，哪怕杀价失败，客户也依然会选择我们。

示例1

客户：如果你在这个项目上做得好，我们未来还可能会与你们合作很多业务。

顾问：我很高兴听到这个消息。如果我们现在能签下一些业务，我们可以降低销售成本，并将节省的成本转给你。你想签下多少业务量呢?

示例2

客户：我们需要先看看你在这个项目上是否做得很好。

顾问：很好，这是很合理的要求，我相信我们会做得很好。我们可以保持原价，并在合同中约定，如果你签下更多的业务，而我们没有产生任何额外的销售费用，我们可以给未来业务打个折。

示例3

客户：我们在这个行业的地位很高，如果你跟我们合作，将为你赢得更多与其他公司的生意。

顾问：我当然希望如此。但我们对解决方案的定价就是这个。如果不按这个价格，那么在计算上可能出现了糟糕的错误。在这方面，我们能不能谈一谈你愿意做些什么吗？

示例4

客户：所有的供应商，都给我们10%的折扣。

顾问：你一开始就说得很清楚了，我们的报价里也体现了这个折扣。但我们认为这是一种投资，应该有回报。一旦你意识到我们能够带来的价值，未来的投标将以正常价格进行。

本书的作者曾经为公司的一笔价值数百万美元的交易工作。在我们完成演示之后，客户的决策者告诉我们，他们最喜欢我们的解决方案，但希望我们降价。客户给出的理由是，“你们的价格，比一家知名咨询公司合伙人的报价要高”。我们没有问“你们为什么不雇用他们”，相反，我们解释说，因为他们希望在短时间内看到显著成果，这一成功对他们而言至关重要。我们的报价是基于我们提供了顶尖的团队，如果客户愿意在人员的质量上做出妥协，我们也可以降价。但客户表示只想要最顶尖的团队，我们回答说“这就是让这些优秀人才加入这个项目的价格”。最终，客户同意了我们的报价。

客户的提案请求书（在我们与客户深入的交谈之后才发布的）指出，付款期限为90天，我们无法接受，因为我们需要客户提前付款。我们向客户方的决策者明确表示，对我们来说，付款的条款和价格一样重要。他们表示理解，但在达成口头协议的几天后，我们接到了采购主管的电话，他解释说公司有规定：每个服务供应商只能在提供服务后的90天内拿到付款。这意味着没有预付款，但他们仍想看看我们能提供的最优惠或最终报价是多少。我们解释说，我们已经提供了最优惠和最终的报价，而改变条款就是破坏交易。客户请我们将我们希望的合作条件发过去，我们将那份完全没有改动的协议发送过去。客户方采购人员打电话回来说：“好吧，俗话说得好，‘不尝试就没有胜算’。既然这是你们给出的最优合作条件，那就让我们推进吧。”对于他们的要求（尽管很有诱惑性），我们并没有认为是在针对我们。我们没有同意他们的要求，他们似乎也没有认为我们是在针对他们。

后续步骤和议程安排

会议计划
会议目的
关键信念
证据/行动
问题
黄灯
后续步骤
议程安排

● 后续步骤

如果我们促成的决定不是最终决定，就需要确定整个决策流程中的剩余步骤。我们和客户应该知道我们的进展情况。如果我们促成的决定是最终决定，请参阅后文“结果”部分的内容。在每次会议结束时，要准备好要求客户提供，或我方主动提供后续步骤。

● 议程安排

将会议目的和关键信念纳入议程中。如果可能的话，在会议前与客户商议议程的安排，邀请客户增加、修改或删除议程内容。事先获得客户对议程安排的认可，将使你在会议上更高效，并更可能促成决定。

会议计划的简要回顾

以终为始：你希望客户在会议结束时能舒服地、自信地说、做或决定什么？在会议开始前或开始时，获得客户关于“会议目的”的认可。

问问客户（和你自己），在他们能够和愿意做出决定之前，他们必须在智力和情感上解决什么问题（关键信念）。

为每个关键信念提供证据或提出行动。回答客户的任何提问，确保回答真正的问题。提出任何你需要或想问的问题。

对于每个关键信念，确定客户是否已经满意地化解。如果所有信号都是绿灯，继续下一个信念；如果有黄灯，承认、理解，并竭尽所能地解决。要么在每个黄灯出现时解决，要么在会议结束前，罗列一张黄灯清单，然后统一解决。

化解所有的关键信念之后，询问客户能否给出最终决定。如果还有黄灯尚未解决，尽可能地将其变成绿灯。如果客户在做出最终决定之前，仍有其他的要求，确保你明确地知道是什么、有多重要，以及在你满足其要求之后，会发生什么。如果在你满足其要求之后，“什么也不会发生”，那就意味着你遗漏了什么，在离开之前，一定要找出遗漏了什么，并重新审视接下来应该做什么。

如果客户做出的决策是中间的决策，而非最终决策，确保大家都同意接下来的所有步骤，每个步骤都应该包含一个是/否的决定、一个明确的日期，以及涉及的具体人员。

创建一个会议的议程，列出你的会议目的和实现会议目的的途径。如有可能，在会议开始前，确保客户认同议程内容。如有必要，对议程进行调整，以确保每个人都知道目标是什么，以及如何实现目标。

在我们提出解决方案后，客户可能会给出下面3种回应的其中一种，他们可能说“好的，让我们合作吧”，“不，谢谢你”，还可以不做任何决定。无论客户如何选择，我们都可以采取一些行动，创造一个积极的、向前发展的关系。

结　果

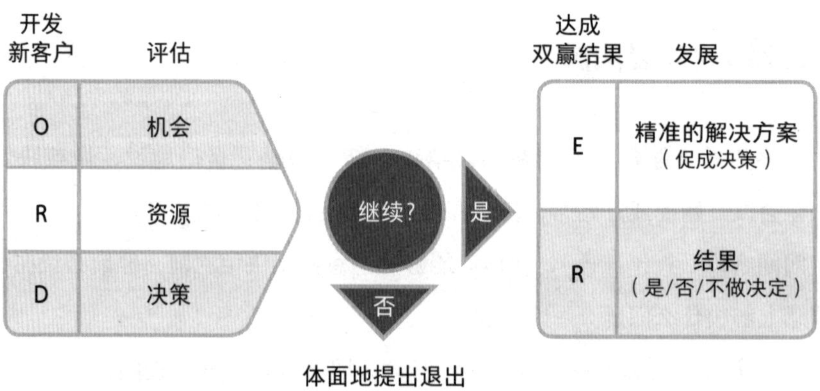

“好的，让我们合作吧”

提供一个真正满足客户需求的解决方案的能力，比其他任何销售活动能实现更多的销售。对合作感到满意的客户，不仅会给我们更多业务，也会成为重要的推荐来源。顾问常犯的一个错误，就是在获得业务之后就继续探寻与下一个客户的合作。他们因此而错过的业务，比能够开发的新业务更多。

研究表明，保留客户、扩大与客户的合作，以及成为客户的主要服务供应商，是影响利润率的最大因素。为了确保我们能从帮助客户实现长期成功中获益，请考虑以下几点：

1. 现在把未来的黄灯变成绿灯。

尽管前文一直强调，我们要提供一个精准满足客户需求的解决方案，但没有哪个解决方案是完美无缺的，也没有一个复杂产品或服务的实施是完美的。我们和客户都可以预测到可能阻碍成功的事情。应该现在，也就是在双方关系牢固和积极的时候，谈论这些事情，而不是在这些事情发生且关系紧张的时候再谈。

我们可以说：“出于好奇，你是否经历过类似规模的安装，且进展非常完美？”当客户表示没有时，我们可以继续说：“我们也没有。在合作开始时，我们双方肯定都希望一切顺利，但我们都知道，过程中可能出现一些挑战。我们认为，提前讨论这些可能的挑战很有用。也许可以预防挑战出现。如果我们不能预防，事先沟通了该怎么做，就能帮助我们在挑战发生时更快、更容易地去应对。这样的对话会不会对我们有帮助？”

如果我们决定与客户探讨，请客户先拿出他们的挑战清单，然后再谈论它们，我们可以说：“那么，如果发生这种情况，我们应该怎么做？”或者，“你想如何避免这种情况？”或者，“必须要发生什么，才能让你对此放心？”

然后我们给出我们的挑战清单。我们可能会谈论服务范围的变化、客户未能按时履行承诺、人员的变动、错过最后期限等等。现在就沟通好这些事情。如果这些事发生了，我们就知道如何与客户有效沟通，避免被事情发生时的情绪和恐惧困扰。

这个过程有时被称为事先的协商。这是一个有效的做法，但没有得到充分利用。

2. 确保从“销售”顺利过渡到交付。

我们已经投入了大量的时间来了解议题、依据、影响、背景和制约因素。现在重要的是，我们要与解决方案的实施者紧密合作，以确保他们能得到所购买的服务。

3. 衡量结果。

你和客户都需要衡量结果，这既具有挑战性又很重要。你有没有见过一个新的客户主管，看着你们的开支说：“嘿，我们在这些人身上花了很多钱。我们取得了什么成果？”我们希望能够提供一个令人满意的答案。

★ 如果我们不能以对待潜在客户的态度对待当前客户，他们将成为我们的前客户。

4. 制定一个客户管理策略。

我们应该始终想着“我怎样才能帮助这个客户成功”，如果我们持续聚焦于此，就会有很多机会。我们可以使用“开发新客户”部分提供的工具，以客户感觉良好的方式，与他们沟通新的想法。

“不，谢谢你”

我们都知道，不管是赢得还是失去一个业务，找到真正的原因都很有价值，但持续获得准确的反馈并不容易。大多数赢/输的研究，都基于客户的表述，客户所说的至关重要。此外，我们可以使用数学分析方法，从客户的表述中，推断出与成功或失败最相关的具体原因和行为。我们可以预测，这些特征的显著提升，将带来特定的销售增长。这使我们有能力开展针对性培训，并调整结果，这使我们能够更专注，更好地执行。

很多时候，我们认为导致成功或失败的原因，有别于客户的想法或感觉。

不做决定

哪怕我们很努力，仍有些客户不愿意做出决定，不愿意立即表示接受或拒绝。经过一定时间的理性思考后，我们可以对客户说："这或许是一项好的投资，你不继续推进的每一天，就是在损失金钱，这或许是一项糟糕的投资，继续下去就是在浪费时间和精力。让我们想出一系列双方可以一起实施的步骤，在这些步骤结束时，你能够自信地做出'是'或'否'的决定。"

不管客户接受还是拒绝，我们都可以接受，但无限期的"模棱两可"是黑洞。如果客户认为合作有意义，我们就合作；如果他们认为没有意义，我们就去开发新的客户。

第七章
开发新客户

不得不说，推销电话令人厌烦。

有些销售人员打了100个推销电话，其中可能有10个能获得见面的机会，10个中或许有那么一两个可以最终达成销售。在收获任何回报之前，他们经历了大量的拒绝。其他销售人员则从来不碰电话，他们通过海量发送电子邮件，希望这些邮件不被删除。他们或许避免了电话推销那样的直接拒绝，但结果同样令人沮丧。

对客户而言，这也是一个痛苦的过程，他们淹没在那些完全不了解他们业务的推销电话或邮件中。这令人恼火、不胜其烦。客户常见的回应是：“走开，我不需要任何东西”或“将我从你的群发邮件列表中删除”。

然而，如果我们能够熟练掌握开发新客户的技巧，就可以解放自己，不用再追逐没有结果的交易，我们可以在我们希望的时候开发新业务，我们可以掌控销售，不管周围的形势如何，我们都可以从零开始，最终开发出良好的、可盈利的业务。

那么，我们如何才能确保开发业务的方式既不会令人痛苦，又能带来好的结果呢？真正的秘诀在于让客户给我们打电话。我们不要将所有的时间都用在接触潜在客户上，而是让这些潜在客户“联系”我们。客户主动来电肯定是有原因的，他们有了一些想法，认为我们有能力提供帮助。我们可以移开解决方案，构建对话。这样的对话往往能更轻松展开。

让潜在客户主动来电，不一定就是偶发事件。通过个性化的营销计划，我们可以让潜在客户经常性地联系我们。这样的营销计划，可以包括公司提供的销售机会，但并不依赖于此。这项能力是非常重要的，值得专门写一本书。在本书的附录3中，作者们提供了一些方法，供读者开始行动。如果你认同附录3的内容，并想了解更多信息，可以致电我们，我们看看能否为你提供帮助。

请牢记，如果我们专注于帮助客户成功，由此而来的口碑和声誉，往往能够取代推销电话，给我们带来客户。

然而，大多数顾问想要从没有联系我们的、现有或潜在客户中寻找新机会。这就是本章的主题。

开发新客户的过程，让我们与客户都能回答这个问题："我们是否应该洽谈？"开发新客户阶段，从我们首先确定潜在客户开始，一直持续到潜在客户说，"这听起来很有趣，我想继续探索这个想法"，或"不用了，谢谢你"为止。我们可能在第一次电话时就获得客户的回答，也可能需要见几次面。当我们与潜在客户均觉得存在值得讨论的东西时，我们就进入了评估业务需求阶段。

"开发新客户"的方法简述如下：

1. 确定最重要潜在客户：做更少的事情且做得更好。

2. 准备：深入了解潜在公司和你将拜访的人，准备好以客户为导向的沟通。

3. 接触客户时加入个人色彩：不要贸然做陌生接触，找到搭桥的引荐人。

4. 练习：事先练习想要说什么，以及如何表达，预演针对潜在问题和黄灯的反应。

5. 会前准备工作：就怎样是时间的高效利用提前达成一致意见。

确定最重要潜在客户：做更少的事情且做得更好

我们或许都听说过这样的说法，销售就是一个数字游戏，打出的推销电话更多，卖出的产品或服务就更多。如果这个方法对你有用，那你就继续这样做。而根据本书作者的经验，事实恰恰与此相反。当我们更多地去做成功概率低的销售活动时，例如推销电话，我们实际上做了更多的无用功。在可用的时间里打更多的电话，我们对每个电话的关注就更好。当质量下降，被拒的概率就会升高。当拒绝率升高，我们就拨打更多的电话，这就是一个恶性循环。

如果减少打电话的数量，提升每次通话的质量，我们反而能提升销售量，同时更喜欢我们的工作。这种思维转变对于提升成功率以及买家和卖家的满意度至关重要。然而，对于很多已经习惯了追求数量而非质量的企业负责人和销售人员来说，转变思维并非易事。也许这是因为他们认为，这只是手下的销售员不想打那么多电话，而不是想做得更好。

大多数顾问，即使是那些实现大笔交易的顾问，手上都有几十到几百个潜在客户，他们习惯于给所有的客户分配同样的精力。还记得前文提过的格言吗?“捍卫一切的人，什么也捍卫不了”。本书作者建议，你应该选出前5位潜在客户，并在这些机会上投入95%的精力。当你在这个重要潜在客户清单上删除一个潜在客户时，就增加一个新的潜在客户，定期查看这个清单。随着时间的推移，你将成功地拿下很多潜在客户，但在任何特定的时刻，只有5个潜在客户得到你的高度关注。

本书作者曾受雇于一家业务流程外包公司，帮助他们进入一个全新的市场，开发新的潜在客户。我们将这家公司称为We-Do-It公司，并在这一章中都会用他们的经验作为案例。We-Do-It公司拥有一份超过100个潜在客户的清单，我们与他们一起，筛选出最重要的潜在客户，筛选的标准包括：

> ★ 80/20法则还不够，用95/5法则。

- 获得中间人向首席执行官或首席财务官推荐的可能性
- 作为参考案例，公司的声望如何
- 我们的解决方案是否适合客户的情况
- 可能获得的经济回报

利用这些标准，我们共同将清单从100个潜在客户，缩小到5个成功概率高的客户。在与我们合作之前，We-Do-It公司的方法，是将其销售与营销预算投入所有100个潜在客户上，而我们却将同样的资源，投入筛选后的5个重点客户上。又经过一番调查之后，我们将潜在客户缩小到3个，并随后赢得了这3家公司的业务。We-Do-It公司又筛选出5个新的潜在客户，并再次按照同样的流程（即：聚焦、执行、成功、重复）。

准　备

很多顾问在准备阶段的时间利用，是本末倒置的，往往花费大量的时间和精力，准备最终的提案或口头演示，却很少花时间在前期的客户接触上。然而，许多客户可能在接洽的初期，就基于情感和直觉，做出了购买的决定，即便他们可能很久之后才会给出决定。双方接洽的大部分后续流程，不过是让这些买家们确认他们在早期做出的决定。短短几分钟的初次对话，可能就迅速决定了双方应该继续还是直接叫停。一次糟糕的初次接触，就可能导致我们丧失这个客户，或者导致与该客户的合作推迟。一个积极的开端，不仅会增加客户认同我们当前想法的概率，并使他们更有可能愿意聆听我们后续的想法。

准备阶段的两个关键要素是：业务逻辑假设；会议计划。

业务逻辑假设：阐述与客户共同探索有意义的原因，我们将与客户一起测试假设。

会议计划：与上一章中会议计划的描述相同，但在本章中，它被用于业务开发阶段的初步对话，而不是最终的演示。

业务逻辑假设

业务逻辑假设包含3个部分的内容：客户的情况，我们的解决方案，以及为何要采用这个解决方案。

通过聚焦于更少的机会，我们可以对客户的情况做更彻底的研究，并提出一个可能让潜在客户产生共鸣的假设。

我们需要考虑下列两种情况：

第一种，我们掌握了关于潜在客户业务的良好数据。它们很可能是现有客户、上市公司，或私人公司（我们通过第三方或直接经验获得信息）。

第二种，关于潜在客户业务的详细信息，要么没有，要么太难获得。

在研究第一类公司时，我们需要了解以下情况：

背景：什么问题和趋势在影响客户的行业？影响到客户整体业务的关键战略和举措是什么？

议题：我们的解决方案能够帮助客户解决什么业务问题或取得什么结果？

依据：哪些数据和/或意见表明客户需要改变？

影响：这些议题可能导致哪些财务和无形的后果？

制约因素：是什么阻止了或可能阻止客户解决这些议题？

你可能会发现这些信息很熟悉，因为它们来自前文的机会审查清单。

● 情况一

We-Do-It公司的排名前三的一个潜在客户，是一家被我们称为NewLogo的公司。它是一家上市公司，有大量的可用现成数据。除了查看数据外，我们还与熟悉该公司首席财务官的推荐人交谈过。我们发现，NewLogo公司的首席财务官很欢迎新的想法，还是公司运营问题的主要决策人，而We-Do-It提供的解决方案正是针对运营问题。我们决定将该公司的首席财务官作为我们的切入点，并分析我们的研究哪些与首席财务官有关。

对NewLogo来说，相关议题的影响估计占到公司收入的2%到7%之间。我们取了5%作为一个计算标准，这约等于每年3600万美元。

当我们探讨制约因素时（什么可能阻止NewLogo解决这些议题），得到了下列信息：

1. 不相信“任何人”能解决这样一个复杂的问题。

2. 时间和人力资源稀缺，如果时间和人力资源用于其他领域，可能产生更高的回报。

3. 如果外部公司真的解决了这个问题，可能会对内部人员产生不好的影响，因为他们一直坚持“事情就是这样”和“解决这个问题的成本超出了其价值”的立场。

● 情况二

我们可能有符合一些基本标准的潜在客户，但关于他们业务的详细信息，要么没有，要么太难获得。

在这种情况下，我们可以创建一个“假定”的业务逻辑假设。我们可以去观察与潜在客户最相近的行业里的公司，整理出这些公司的情况，但要牢记：只有好的调查，才能确定它们是否适用于该潜在客户。

★ 我们应该移开我们自己的解决方案。

为了创建一个假定的业务逻辑假设，我们可以采访自己，正如我们采访客户一样：

1. 首先，要“移开”我们自己的解决方案。通过头脑风暴，列出我们的解决方案可以为与潜在客户类似的客户解决的所有问题和/或取得的结果。

2. 将清单按照不同主题（或议题）和/或重要性分组。

3. 从清单中选择那些具有最大潜在影响的主题或重要事项。

4. 研究能够证明或反驳这些议题存在的不同类型的依据，计算这些议题对一个特定规模公司的潜在影响。

5. 思考这些公司无法成功解决这些议题的原因，以及为什么他们甚至可能不考虑一些新的选择。

6. 审视这些公司所处的整体背景，思考这些公司中，哪些人员或职能可能会受到这些议题和我们解决方案实施的影响。

所有这些听起来应该很熟悉。我们正在对解决方案进行评估：审视议题、依据、影响、制约因素和背景。

你可以打开电脑或拿出一张纸，做以下练习。就你公司的解决方案，采访自己。我们将使用一个通用的客户关系管理（CRM）软件应用程序作为例子。

第一步：问自己，在潜在客户的公司里，只有存在哪些问题（或希望取得的结果），才能让关键人物兴奋地谈论你的解决方案？如果他们不在乎你的解决方案能解决的什么问题或提供什么结果，他们就不会在乎你的解决方案。“没有痛苦，没有收益，就没有机会”。

在客户关系管理软件的例子中，你可能会列出类似下面的清单：

问题或结果	依据	影响
错失的销售目标		
缺少关键客户的信息		
希望获得更好的覆盖模式		

续表

问题或结果	依据	影响
新的销售人员需要太长时间才能有所产出		
需要找到一个获得客户信息的地方		
希望改善客户体验并使之个性化		
需要提高销售效率		
预测能力差		

第二步：对于每个议题，有什么或可能有什么依据表明存在潜在的问题或机会？我们将从哪里获得这些依据？

第三步：对于像你的潜在客户这样规模的公司来说，这个议题可能会产生什么财务影响？或许很难知道具体的数字，但可能得出一个大概的数字。

填补这些步骤后的客户关系管理软件的例子，如下表所示。

问题或结果	依据	影响
错失的销售目标	产品、团队或个人无法持续地实现季度销售目标	销售额、利润率、利润
缺少关键客户的信息	需要花太长的时间来回复客户的问询。无法进行交叉销售和追加销售	初始销售额、追加的项目、终身收入
希望获得更好的覆盖模式	有些销售代表的潜在客户太多，有些太少	错失的销售；销售代表人均销售额低；销售成本高
新的销售人员需要太长时间才能有所产出	从招聘到上岗的时间太长；新手销售的生产力低下	培训成本太高；新手销售的人均销售额低，销售增长缓慢
需要找到一个获得客户信息的地方	来自多个系统或电子表格的数据往往相互矛盾	系统成本高；支持成本高；客户人均收入低

续表

问题或结果	依据	影响
希望改善客户体验并使之个性化	不能为客户提供差异化服务；大量的客户投诉	客户人均利润和利润率；客户终身收入
需要提高销售效率	达到指标的销售人员太少；关键销售指标刚达到或低于行业平均水平	销售成本太高，无法计算出提高生产力会给净利润带来什么影响
预测能力差	预期业绩和实际业绩之间存在明显的差距	员工成本高，或销售绩效太低

我们可以将上述清单分为3个“主题”：

1. 销售量议题：收入（和利润率）增长太少或太慢。

2. 销售效率议题：销售人员人均成本和业绩指标需要改进。

3. 销售信息议题：客户信息的可得性和质量不佳，损害了客户人均业绩。

第四步：思考这些公司可能无法成功解决这些议题的原因，以及为什么他们甚至可能不考虑新的选择。对于客户关系管理软件来说，这可能包括：

- 他们曾经尝试过客户关系管理系统，但体验不佳。
- 他们认为本公司员工不会使用客户关系管理系统，或者使用这个系统是在浪费销售人员的时间。
- 他们认为目前使用的系统已经足够好了。
- 资金很紧张，他们负担不起新的投资。

……

第五步：看看这些公司所处的整体背景。想一想这些公司中哪些人员和职能部门可能会受到这些议题或实施我们的解决方案的影响。

我们可能需要拜访客户组织中常规联系范畴之外的人，例如，就客户关系管理软件而言，我们通常会拜访销售主管，但可能还需要拜访首席财务官或首席执行官，或其他直接受到假定议题影响的人。

“移开解决方案”，意味着我们应该根据可以解决的问题和产生的结果来谈论解决方案，而不是谈论解决方案的特点和好处。在谈论这些议题时，我们应该谈论议题的依据和影响。如果客户不在乎我们的解决方案能够解决什么问题或提供什么结果，他们就不会在乎这个解决方案。

会议计划

确定了业务逻辑假设之后，我们就可以准备创建会议计划的初稿。前面章节介绍的，可用于最终演示的会议计划，将在这里用于与客户的初次会面。

会议计划

会议目的	在会议结束时，我们希望客户说什么、做什么或决定什么？ 我们如何在会议开始之前，或会议一开始就获得客户关于终级目标的认同？
关键信念	客户需要在情感上和理智上相信什么，才能够自信地做出决策？
证据/行动	针对关键信念，我们需要提供什么证据或建议什么行动？
问题	我们最希望从客户那里了解到什么？ 我们如何提问？ 客户有可能提出什么问题？ 我们应该如何回应？
黄灯	客户可能出于什么原因，选择了不做决定，或做出对我方不利的决定（延迟、怀疑、担忧、反对）？ 我们如何回应？
后续步骤	如有必要，我们应该准备什么后续步骤？
议程安排	什么简洁的议程能够包含上述所有内容？ 我们如何才能够最有效地获得客户关于这一议程的认同？

会议目的

在销售周期的这个早期阶段，我们并不需要销售任何东西，只是想确定，花时间讨论一个潜在的合作机会是否有意义。会议目的是，确定双方是否应该洽谈？

关键信念

客户可能必须持有一些常见的信念，才会认为双方的洽谈是有意义的，这些关键信念可能包括：

- 双方有值得谈论的事情。
- 会面是一件令人愉快的事（或至少不痛苦）。
- 客户的时间会得到很好的利用。

可能还有其他的关键信念，但先成功化解这3个关键信念，应该能让我们有机会继续与客户接洽。

例如，We-Do-It公司为NewLogo公司确定的关键信念是：

1. 有值得发现的东西。

（NewLogo的某些利益相关者认为，他们的管理良好，且拟议解决方案不会带来令人满意的成果，因此并不值得投资。不化解这个信念，其他所有的一切都没有意义。）

2. 所投入的时间是适当的，且双方都有这样的时间。

（即使有值得发现的东西，NewLogo仍然必须投入员工的时间，而这些时间是稀缺的。）

3. 经济层面是有意义的。

（NewLogo需要相信，收费方案是合理的。）

在情况二的客户关系管理系统的案例中，潜在客户需要首先相信，他们在销售量、销售人员的销售效率或相关的销售信息方面，存在明显的问题，或希望取得的成果。他们需要相信客户关系管理系统的引入会有所帮助。而且，如果他们相信我们的公司是一个成熟的客户关系管理系统的解决方案供应商，这将有助于推进整个商谈过程。

证据/行动

对于前述两种情况，我们将利用有效推荐人和准备好的业务逻辑假设，证明双方的确有东西值得谈：

我们需要精心打磨表达的措辞和方法，确保谈话的愉悦性。

我们将使用会议计划来确保合理利用时间。

如果客户需要，我们将随时准备让他们主导大部分的谈话。

问　题

在第一次拜访或会议中，我们应该准备好，提出一些双方应该洽谈的理由。

然而，一个主要的目标，是从主张我们的假设，转向询问客户的看法和感受。即使是我们发起的会议，也应该试图通过提问，鼓励客户完成大部分的谈话。

一些常见的例子是：

“我真的很感谢今天能有时间碰面。我知道时间很宝贵，并希望确保我们所谈的内容尽可能地相关。如果我们只能谈论一个、两个或三个关键问题（围绕感兴趣的话题），确保您的宝贵时间得到充分利用，您希望确保今天的谈话涵盖什么内容？”

“我相信，我们能提供的一个好处，是将我们的解决方案与你们的关键业务战略和目标联系起来。因此，你是否愿意首先谈一谈，在未来一到两年内，你认为你的公司面临的最重要的3到5个业务挑战或机会是什么？”

对于情况二客户关系管理系统的案例，我们可能会事先准备一个问题，例如：“我不知道贵公司是什么样的情况，但在与其他销售副总裁谈论客户关系管理系统时，我反复听到下面这三个挑战：

1. 他们面临销售量的议题——没有实现所需的和预期的增长。

2. 他们面临销售人员的销售效率的议题——有一些关键的绩效指标需要改进。

3. 他们存在销售信息的议题——有一些关键的客户信息没有得到，或者需要很长时间才能得到，这就损害了客户人均收入。

这些议题中的任何一个，对你来说也是一个议题吗？”

如果客户表示，他们的确同样面临前面任何一个，或所有的议题，我们可以进一步询问依据、影响、背景和制约因素。如果他们表示不存在这些议题，我们可以接着说：

“很好，很高兴听到这个消息。出于好奇，我们想知道，在提高销售绩效方面，你面临的议题有哪些？”

在We-Do-It公司的例子中，我们事先准备好的问题是：

1. 我们想问的是：

（1）如果有的话，你认为哪些资产存在问题？

（2）假设问题的程度可预估的话，你认为问题的程度如何？

（3）什么可能会阻止贵公司尝试新的方法？

2. 我们预计他们会问：

（1）我们曾试图自己解决这个问题，但得出的结论是，解决这个问题的成本高于问题本身。如果我们自己办不到，你们又怎么做到呢？

（2）你们以前在哪里成功地解决过这个问题？

在提出问题时，我们强调的是搞清楚哪些问题最重要，而不是试图涵盖方方面面的问题。兰迪曾以客户的身份，与一个他从未见过的供应商进行初次会面。销售人员递给他一份问题清单，会议只有短短一个小时，但清单上列出了53个问题，简直荒唐至极。如果我们只能问3到5个问题，而且客户会深入地回答，那么这些问题会是什么？

除了我们想问的问题外，还有我们预计客户会提出的问题。客户的很多提问，实际上是可以预测的，而事先想好应对的答案，对我们有好处。

如果在初次接触时，我们可以让客户主导大部分的谈话，初次接触成功的概率会更高。然而，当客户提出问题后，顾问喜欢深入地回答，然后客户再提出更多的问题，顾问继续回应，到了会议结束时，客户实际上并没有说很多。如果我们练习了重新导向的沟通艺术，即用问题来回答问题，会使我们受益匪浅。重新导向，将允许客户说得更多，并确保会议的中心是客户而非顾问。

黄　灯

黄灯的出现，表明客户根本不会做出决定，或者不会做出对我们有利的决定。在销售周期的这个初始阶段，我们的问题是，我们是否应该洽谈？我们在这里可能遇到的黄灯包括：

1.“我很忙，稍后给我打电话。”

我们的回应：“我很乐意稍后再打。我可以给你简单介绍一下我们可能讨论的内容吗？这样你可以决定是否要我回电话。如果不感兴趣，我不想浪费你的时间。”

2.“我对我们目前的合作伙伴很满意。”

我们回应：“很高兴听到你这么说，从持续改进的角度出发，你觉得有什么是你目前的伙伴不做的，或做得不够好的，可能值得探讨？如果你表示没有，我们也可以接受。”

3. “我不感兴趣。”

我们回应：“谢谢你直截了当的回答。在挂断之前，只是出于好奇地想问一下，你不感兴趣，是因为你没有遇到这些问题吗？还是我打电话的时机不对？或者是因为你已经解决了这些问题？”

对于We-Do-It公司，我们预测客户可能给出的黄灯是：

1. 我们没有时间来做这个项目。

2. 获得数据需要太长时间。

3. 我们很忙，让你的人在这里，会分散我们专注于真正需要解决的问题。

在客户关系管理系统的案例中，我们将准备如何应对最常见或最困难的黄灯。我们预测可能会出现的黄灯包括：

- 他们以前曾尝试过客户关系管理系统，但体验很糟糕。
- 他们认为公司的员工不会使用客户关系管理系统，或者使用它将浪费销售人员的时间。
- 他们认为公司目前使用的系统已经很好了。
- 资金很紧张，他们负担不起新的投资。

后续步骤

初次接触是为了回答这个问题：“我们是否应该洽谈？”如果双方都认为有值得追求的东西，我们就应该准备好提供一些双方可以共同参与的步骤，使买卖双方能够达成一致，即这个想法是否有意义、应该实施，或者它没有意义，因为还有更好的选择。理想情况下，每个步骤对双方来说，都应该是风险和投入都较低的。只有在每个步骤对双方而言都有意义的情况下，沟通和协商才会继续。

我们总是想方设法地加快销售的进程，哪些步骤可以被压缩？在双方的第一次会议或下一次拜访之前完成哪些事情，能缩短整个销售周期？较短的销售周期不仅符合客户的最佳利益，也符合我们自己的利益。客户将是最终的获益人，对他们来说是越快越好。他们讨厌浪费时间。客户尽快做出“是”或“否”的决定，对每个人都有利。下面是一些行之有效的提示：

1. 请客户也提前做好准备，提前提供必要的信息。

2. 在会议开始之前，采访将参加会议的人，确定什么样的安排能确保高效地利用客户的时间。

3. 在会议前，获得客户关于“会议目的”和关键信念的认同（见后文“会前准备奠定成功”）。

下面的表格是We-Do-It公司的后续步骤示例。

步骤	决策	何时	什么人	标准
与财务团队会面	他们是否面临这个问题?			
验证业务逻辑	问题是否足够严重?			
与财务主管会面	解决方案是否具备经济意义？客户组织内部的资源是否可用?			
解决方案的正式提案	客户接受或拒绝			

We-Do-It公司能够将所有4个步骤浓缩到一次会议中。双方都愿意事先做好充分准备，做好了在会议上做出决定的准备。

下表是情况二中后续步骤的示例：

步骤	决策	何时	什么人	标准
与客户碰面	客户是否有足够的兴趣继续交谈?			
验证业务逻辑	是否有说服力和可信度?			
访问关键利益相关者	我们是否从客户的角度理解了议题和标准？是否存在致命的缺陷？是否有合适的资源?			
“如果……那么”口头演示	我们是否具备满足客户需求的解决方案			
解决方案的正式提案	客户接受或拒绝			

议程安排

会议计划的最后一项准备工作，是议程安排。如果这是双方的首次接触，无须议程。但如果在首次接触后，你和客户都认为有必要再次见面或交谈，为第二次的会议制定一个议程会很有用。

通常情况下，议程的安排是这样的：

1. 介绍
2. 本公司的概况
3. 本公司的产品/服务/方法
4. 本公司合作过的客户
5. 后续步骤

看起来是否很眼熟？

下面是NewLogo公司会议议程的一个示例。

会议目的：判断进行收入交易分析是否有意义。

议程安排

是否有值得发现的东西？我们已经分析了收入相关的错误，现在想介绍一下我们的想法，并欢迎你们的团队补充观点。如果我们双方均同意有值得发现的内容，我们可以讨论恢复过程和方法。

必要的时间投入，是否合适和可行？想要获得预期的回报，就需要投入你方公司员工的时间。我们相信，我们已经将所需时间降到了最低。我们将介绍我们如何管理这项工作，以及我们需要你方员工投入多少时间，这样你们就可以判断时间的投入是否合理。

报价是否合理？我们提供两种收费安排：选项一以价值为基础报价，我们的收费基于我们可以产生的回报。选项二以需要投入的时间和材料为基础报价。这两种收费方案的数额，取决于我们在会议期间讨论的变量。在结束会议之前，你将了解我们的最终报价，并可以判断它们是否合理。

决定：我们应该进行收入交易分析吗？

这个议程是具体的、以客户为中心的，并聚焦于最终促成决策，不管客户最终选择“是”或“否”。

接触客户时加入个人色彩：不要贸然做陌生接触，找到搭桥的引荐人

一项调查研究显示，企业高管同意与你交谈的概率是：

如果是由她在公司内部认识的人介绍，成功率为84%。

如果是由她在公司外认识的人介绍，成功率为44%。

如果你在工作场所外与她联系，如在会议或社交聚会上，成功率为44%。

> ★论及获得与潜在客户会面的机会，你倾向于盲目推销，还是会去找推荐人？

请将这些比例，与潜在客户接受你的推销电话的概率进行比较，无论你是否在致电前给客户发过邮件。

当我们专注于开发少数几个潜在客户时，就可以致力于寻找推荐人，要么请人代表我们联系潜在客户，要么允许我们在联系潜在客户时提及他们的名号。一些顾问认为，获得推荐人是不现实或不切实际的。然而，互联网和网络社交技术的发展，已经彻底改变了人们建立联系的能力。

> ★客户留存是盈利能力的最大影响因素，但我们发现，许多销售人员过于执着于吸引新客户，而忽略了高利润的留存客户机会。他们更像是猎人而不是采集者，然而，很多时候，采集往往更有效，哪怕没有那么令人兴奋和新奇。
>
> ——本森·夏皮罗等，《哈佛商业评论》

在研究潜在的合作公司时，我们也要对需要拜访的人进行深入研究。这些人必然有一个关系网，包括过去的和现在的，且在某种程度上，我们总会与这些人存在交集。本书作者（以及与他们直接合作的人），每次联系潜在客户时都能找到推荐人，哪怕在某行业我们一开始不认识任何人，并且每次都能够见到潜在客户的高层管理人员。有时我们需要几个月的时间才能找到一个推荐人，但我们宁愿等，也不愿意盲目地开展成功率极低的电话推销。

想要总能找到推荐人，一个成功的关键在于时刻有意识地发展人际关系。如果我们能够致力于帮助客户以其感觉良好的方式获得成功，就会有更多人愿

意成为我们的推荐人。毕竟，今天的成功和满意的客户，就是明天的推荐人。许多销售人员在成功地与客户达成交易后会立即离开。他们不仅仅是离开了这个客户，而且失去了更多的机会。他们错过的潜在业务可能比他们急于去开发的新业务更有价值。

除了我们的客户，我们遇到的每个人都可能成为我们的推荐人。潜在的推荐人分为3类：

- 非常了解我们的人；
- 我们认识的人；
- 我们听说过的人。

这3类推荐人均各有优劣势。

推荐人	优势	劣势
家人、朋友、亲密的商业伙伴	意愿强烈	与重点潜在客户的联系有限
我们认识的人：朋友的朋友、同事、客户、工作上的联系人	具备合理意愿	行动的意向较低
我们听说过的人：我们认识的人的外部网络；我们确定的与潜在客户关系密切，但与我们联系较弱的人	可能与重点潜在客户有着很强的联系	不确定是否存在推荐意愿

了解和信任我们的人，是我们最好的推荐人来源，但相较于另外两种推荐人群体，这个群体的人数较少，且可能在我们的目标市场上没有很多的联系人。第二类推荐人是我们可以接触到的，且往往有我们需要的联系人，通常也同意帮助我们。但是，在我们打电话寻求帮助时，他们会同意帮忙（出于礼貌），但随后没有了下文。我们需要让这些人有信心将我们介绍给他们私人或工作上的联系人。第3类推荐人有很多联系人，然而接触他们比较难，并且提供帮助的意愿不强。我们需要让他们相信，推荐是值得且容易完成的。

当我们可以做到下列事项时，更容易获得来自第二类和第三类推荐人的推荐：

1. 以给客户打电话同等的小心和谨慎对待这个请求推荐的电话，甚至要更加谨慎。

2. 让推荐人容易采取行动。

请求推荐的最终目标是，“你是否做好了推荐的准备？”即确定对方是否愿意给我们做推荐。成功的关键在于让对方知道，“拒绝”也是可以的，我们只希望他们在愿意的情况下做推荐。也就是要让对方说“不”是轻松的，常常是这样反而更可能使对方说“可以”。

在闲聊和叙旧之后，我们可能会说：

“嘿，约翰，我打电话是想请你帮个忙。我一直在研究×××公司，我有理由相信，我们所做的事情可能是他们感兴趣的。我正在寻找与苏珊·埃尔斯伯里会面的机会。我想你可能认识她，或者知道有谁认识她。你对她的名字有印象吗？”（如果是的话……）“我不是认为你愿意给我引荐，或者你应该能给我引荐，只是希望我可以简要地讲一下我的想法，你可以决定你想做什么。我不希望你做任何你感觉不舒服的事情。你可以花几分钟时间听我说完吗？”

如果我们已经完成了前期的研究和会议计划的草案，就可以尝试告诉推荐人，我们希望接触潜在客户的理由。这样做有很多好处：第一，我们可以在一个低风险的环境中，预演我们即将对潜在客户说的话；第二，承担了损失个人口碑风险的推荐人，对即将发生的事情有了充分的了解，他们可以在听完之后决定是否推荐我们；第三，我们的推荐人有可能在听完之后，帮助我们完善我们的想法；第四，我们的推荐人可能会提出其他我们想要交谈的对象。

如果推荐人要代表我们打电话，而不是允许我们在致电客户的时候使用他的名字，那么给他提供一个脚本，告知他如何处理这个电话，或者至少给推荐人讲一遍。这对推荐人来说可能会很有帮助，因为推荐人不可能像我们一样细致周到地考虑问题。有时候，人们喜欢电话沟通时有一个内容框架。我们当然不希望他按照稿子逐字逐句地念。可以类似这样的框架：

“我写信/打电话是为了向你介绍约翰·史密斯。如果不是认为他的工作对你和你的业务有一些有意义的帮助，我不会想到向你提起他的名字。约翰是自动化操作方面的专家，经常与像你们这样的制造公司合作，这些公司将业务拓展到现有制造和分销平台之外，寻求一个新的发展方向。我听说他的工作已经取得了一些显著成果。他们是否适用于你，我不知道。这就是我给你打电话的原因，或许你可以和约翰谈谈。我认为他是一个诚实和直率的人。当约翰要求我帮忙联系你时，他明确表示，如果你们俩发现没有任何进一步交谈的合适理由，他会确保通话的简短。你可以接受他简短的介绍性谈话吗？如果可以，我会让他给你打电话。如果不行，我也会转告他。”

虽然你会以不同的方式描述脚本，但请注意它涵盖了3个常见的信念：

1. 有些事情值得谈论。

2. 它将是愉快的而不是痛苦的。

3. 你的时间会得到尊重。

下面是兰迪讲述的We-Do-It公司如何寻找推荐人的故事。

We-Do-It选择目标公司的部分原因，是获得推荐的可能性很大。第一个目标公司的推荐相对容易获得，它是由We-Do-It高管的一个亲戚推荐的（推荐人来源1）。

对于第二个目标公司，我有一个朋友在一家大型跨国企业的销售部门工作（推荐人来源2）。我与他联系并说：“我们正在为We-Do-it做一些工作，我们的一个潜在客户是×××。在做一些研究时，我们注意到贵公司在×××有一项投资。你认识那里的人吗？”

他回答说：“不，我不认识，但我的一个好朋友比尔，是我们投资部门的负责人，我相信他知道×××的所有关键人物。我会让他给你打电话。”

那天晚些时候，比尔打来电话（推荐人来源3）。他问We-Do-It是做什么的，以及我们想和谁谈。当我们告诉他我们想和首席财务官谈谈时，他建议说首席执行官更合适，并说他会给他打电话安排一下。

虽然这听起来很好，但感觉更像是一种礼貌的应承，很可能没有下文。于是，我的回答是这样的：“我很感谢你愿意安排这件事，同时我想从一开始就确定我们有适合×××的解决方案，能与首席执行官有好的沟通。如果你愿意，我可以在下周请你吃饭吗？你可以见见我们，我们会给你更多关于我们公司解决的各类问题的细节，以及我们帮助客户取得的成果，然后你可以决定安排这个会议是否有意义。”比尔同意了，接下来的一周我们见面了。

我们最后在他的办公室见面，而不是吃午饭，我们在那里讨论了两个小时的业务。我们的推荐人对我们的业务非常感兴趣，他向我们介绍了他的业务，甚至带我们参观了设备。在这次会面结束时，他对我们的业务有了相当多的了解，可以很好地代表我们，并与 × × × 的首席执行官交谈。他同意给首席执行官打电话，为我们安排一个会面。在我们离开时，从他的办公室走到大厅的路上，他说：“我喜欢你们的风格和商业模式。如果你们与 × × × 公司的合作顺利，我认识另外两个主要公司（在我们的重点潜在客户清单上）的首席执行官，我也很乐意为你们安排会面。”

We-Do-It成功地完成了与 × × × 的合作。在一案例中，对合作成功产生重要影响的是，我用对待客户的方式来对待推荐人。

第三个潜在客户是NewLogo。We-Do-It的一个合伙人有一个朋友，据说认识NewLogo的一些人，我们叫他尼克。我们联系了尼克，分享了我们正在做的业务，并问他是否知道我们如何能更好地与NewLogo联系。他说，他认识那里的几个人，并与首席财务官是好朋友。他表示将考虑一下帮我们的事，到时会让我们知道。

几天后，我们的推荐人尼克打电话说，他已经安排了他、我们和NewLogo的首席财务官一起开个午餐会议。这次会面需要坐很长时间的飞机，但听起来是一个很好的机会。我们决定请我们的推荐人安排与首席财务官事先通个电话，这样我们就可以测试我们的业务逻辑假设，并为午餐会议讨论一个议程。他很不情愿地同意安排我们通电话，因为他不明白既然我们已经决定要开会了，为什么还要打电话。整个电话沟通的过程如下：

尼克：你好，威廉，梅丽莎（We-Do-It合伙人）在线上，我们想和你谈谈下周约定的午餐会议。

威廉：好的，你想谈什么？

梅丽莎：我很感谢你同意共进午餐，我不希望你花时间只是确定是否对我们的帮助感兴趣，然后还需要另一个会来沟通细节。在我看来，一次会议要比两次好。我能否快速与你分享我们的想法？然后，我们可以决定午餐会议是否有意义，或者其他选择是否对你的时间有更好的利用。

威廉：当然，你的想法是什么？

梅丽莎：正如尼克与你分享的那样，我们通过分析和纠正错误的交易，帮助像贵公司这样的公司从收入周期中获得更多收益。我们做了一些初步分析，根据现有的公开数据——我知道这是不完整的——似乎可收回收入多达3600万美元，这将影响你们的净利润。

威廉：那是不可能的，这个数字不可能有这么大。

梅丽莎：这是我方的预估数字，毕竟只是根据外部公开数据做的预测，你认为什么是更现实的数字？

威廉：我也不知道，但哪怕只有300万美元，我也想收回它。

梅丽莎：我们知道什么是可能确定这个数字的唯一方法，即获得一些数据并与你的团队一起审查它。你认为这样做有意义吗？

威廉：当然，我们的运营很严格，我想确保我们能收回应收的每一美元。

梅丽莎：嗯，你比我更了解你的组织。那么谁需要参与，我们应该如何安排会议？

威廉：你需要与我们的收入审计师和财务主管谈谈。让我们在午餐会议前做好计划以小组形式见面。

梅丽莎：那就太好了。我们能不能一起为这次的会议制定议程？

威廉：这很好。给我发封电子邮件，我会让你知道我的想法。

有一个可靠的推荐人，对于成功地初次接触潜在客户有重要意义。因此，在没有推荐人的情况下，不要与潜在客户联系是一个值得考虑的做法。无论你卖什么，卖给谁，你都可以建立一个推荐网络，将盲目的推销变成有推荐人的联系，这将使你进入实现销售目标的快速通道。如果你下定了这样的决心，几乎总是有可能获得推荐。

练　习

你是否曾经在一次电话或会议中，出现过一开场就出错了？当这种情况发生时，往往很难挽回并留下一个良好的印象。电话或会议的最初几分钟是最关键的时刻。客户将准备好他的探测器，并将积极考虑我们是否安全、是否值得合作、是否是愉快的交谈对象，更不用说是否和我们做生意了。在电话或会议的前5分钟发生的事情，对剩余时间的沟通效果有重大影响。作者称这段时间为“高风险5分钟”。在这段时间里，发生的一些常见错误是：

- 缺少准备
- 临时抱佛脚的演练
- 独白vs.对话
- 内容都是关于我们的
- 过于冗长和详细
- 没有说服力

★在销售流程中，没有哪个环节比最初的互动，更能迅速决定我们的关系是继续还是结束。

最初几次会面的卓越表现，能够帮助我们快速地赢得机会，并有可能甩开竞争对手，但这要很好地事先准备和练习。

最精彩的表演和演讲，都是从脚本开始的。演员们把剧本变成了角色：他们成为角色，而剧本就此隐身。创建“高风险5分钟”脚本，并进行练习，直到它变得真实和自然，大多数顾问可以从这一做法中受益。这里有一些步骤，可以帮助顾问们通过练习，获得成功和有效的执行。

1. 尽早开始：这个过程需要的时间总是比预期更长。

2. 落到纸面：撰写会议计划需要一些时间。然而，写一个会议计划所需的时间，远远少于追求大量低概率机会所需的时间。撰写和执行会议计划很可能会帮助你：

- 尽早退出低概率机会

- 缩短销售周期
- 提高胜率

3. 大声说出来：通常情况下，我们写的东西似乎很流畅，很有意义，直到我们真正说出来。练习脚本，直到能流畅自然地表达，理想的做法是和另一个人一起练习。

4. 想象成功：首先在你的想象中进行一次成功的通话，然后与客户进行通话。想象自己与客户的谈话，无论是在电话里还是当面，密切注意成功的对话应该是什么样子，听起来是什么样子，感觉是什么样子。在实际会面之前，再次想象成功的对话应该是什么样子，听起来是什么样子，感觉是什么样子。以这种心态和姿态开始会议。想象你的成功，你就可能更经常地体验成功。

通常情况下，在开场白中我们要：

1. 建立个人的联系。
2. 明确致电的目标。
3. 迅速地引起对方的好奇心和兴趣。
4. 过渡到询问。

然后，我们应该准备好用证据或建议的行动来化解关键的信念，如果有黄灯，就解决它们，并执行会议目的。

以下是我们与NewLogo公司初次会面时的开场白，其措辞是为了迎合关键主管人员直接的风格和语言。

感谢你今天抽出两个小时来与我们见面。我猜想，当我们要求两个小时的时候，你可能在想我们准备了多少张PPT幻灯片，但我们没有准备PPT。你甚至可能以为我们会不断地介绍本公司，我们也不会。相反，我们想卷起袖子，与你一起工作，以确定潜在的收入可收回机会。

我们发送的议程，旨在帮助确定是否存在一个机会。如果有，我们将研究该项目需要什么，以及它可能的花费。在沟通了这些主题之后，可以确定是否存在这个机会。如果存在这个机会，其结果是你会选择我们，或者你不会。你提到你会很乐意在今天的会议结束时让我们知道结果，这么做于我们是有效的。虽然我们想与你做生意，但如果我们最终没有被选中，也无妨。我们感谢今天与你合作的机会。这是否是你想达成的？

我们两家公司都做了一些功课，所以有些东西我们知道，有些东西我们不知道。你介意我们从几个问题开始吗？

会前准备奠定成功

客户与顾问会面时，通常是没有做好建设性利用时间的准备。他们可能最近收到了一份议程，但只是扫了一眼，他们可能在会议开始时才收到议程，或者顾问根本没有提供议程。这样安排的会议往往是没有成果的。最好的情况是，没有人注意到这点，而我们所失去的，是让我们公司脱颖而出的机会，但这也是一个很大的损失。而最坏的情况是，客户会认为我们没有准备好，不专业，并早早地决定不与我们合作。他们往往很有礼貌，不会直接告诉我们他们的真实感受，而是委婉地说“我们会给你答复”或“让我们保持联系”。我们不想要这样的答复。

预先准备将为会议的成功奠定基础，其中有4个关键因素：

1. 与客户就会议目的达成一致。

2. 客户认同会议议程，即认为会议议程是适当的、完整的，而且按照这个议程执行，将使他们实现会议目的。

3. 概述客户可以提前做些什么，以便为会议做好充分准备。

4. 提前索要你可能需要的信息，以最大限度地利用时间。

本书作者建议，在会议之前，提前给客户发送一封涵盖这4点内容的电子邮件。

我们发给NewLogo的电子邮件，与前面描述的议程非常接近，并提出如果首席财务官想要对议程进行调整的话，可以进行调整。首席财务官对这封邮件的回应是：“我认为这正是我们应该讨论的内容。”当我们到达会议现场时，对于我们为什么会出现在那里，我们计划讨论什么，以及要做出什么决定，客户已经心中有数。我们按照计划进行了会议，离开那里时，向客户口头承诺准备好一份合同。3个星期后，合同签署了，双方的合作宣告开启。通常，一个销售周期包含许多会议，需要持续6—12个月。通过双方的积极合作，这个销售周期在不到60天的时间里就成功完成了。

之所以能够做到这一点，是因为我们：

1. 确定了最重要潜在客户的清单，这使我们能够追逐更少的机会，并做得更好。

2. 根据对公司和与我们会面的人的深入了解，准备了一个高度相关的业务逻辑假设。

3. 通过获得接触关键利益相关者的推荐人，使我们接触客户时更个人化。

4. 在打电话和会议之前，作为一个团队，练习了整个会议计划。

5. 在会议前，预先做好了准备，使双方充分利用了会议时间。

要点回顾

本章所涉及的主要内容如下方图表所示。

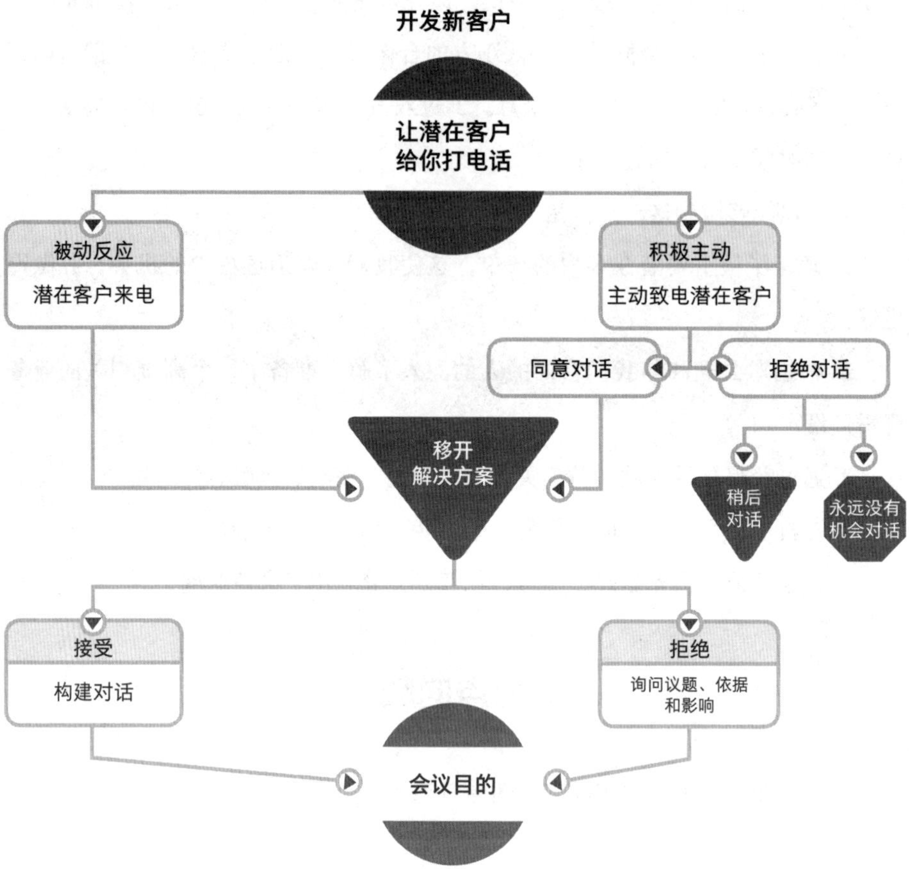

本章小结

凭借合作的意愿以及本章提供的方法，我们就可以不断地获得有价值的新业务，无论是与现有客户还是潜在客户合作。这是我们可用的一个强大的方法。如果你手上的新业务已经多于你所能处理的，或你认为从清早开始就拨打推销电话更有前景，那么你可能不需要使用本章提供的方法。但如果你最终决定采用本章的方法，就会发现，就像所有的新技能那样，你将会在实践中不断提升技能。如果你选择与本书作者、我们的同事或其他专业人士合作，你的学习曲线和取得成果的速度将加快。

如果你想探索这种可能性，不妨致电我们，我们将乐意与你进一步沟通。

结 语

我的名字是兰迪·伊利格。关于这本书的诞生，马汉在这本书的开头讲了他个人的故事。在本书的结尾，我来讲述我自己的故事。

我在7岁的时候，就开启了我的销售生涯。我在一本漫画书的后面看到了一则广告，它的内容是这样的："通过向你的邻居出售花和蔬菜种子，赚取你想要的礼物。"看起来很简单——我只要卖掉一些种子，就可以得到一把BB枪。几周后，种子到了，我成了美国种子公司的新销售代表，对于一个7岁的孩子来说，这很不错。

我立即上街挨家挨户敲门，问对方："想买点种子吗？"有些人买了，有些人拒绝了，不过我最终卖出了足够多的种子，赢得了一把BB枪。这次经历开启了我充满拒绝和奖赏的销售生涯。在我的童年和青春期早期，我一直在卖种子和许多其他的在漫画书上做广告的东西。大多数的冒险都很顺利，但也不乏失败的经历。无论怎样，我都学到了一个宝贵的经验——人们购买他们重视的东西。我的工作就是弄清楚他们重视什么，然后确定我是否能提供帮助——非常简单。即使当我离开学校，走上街头成为一名专业销售人员时，我也只是重复这个过程，它对我很有用。

几年后我成为一家公司的领导者，一家成长型企业的首席执行官。我感觉要对500多个家庭负责。为了履行这一责任，我需要每天实现新的销售。虽然我明白，要做到这一点的初级水平需要做些什么，但我无法让销售上一个台阶。后来，马汉出现了。

我一直在找人帮忙启动销售的引擎，并与很多人交谈，但都没有取得令人满意的结果。我所接触到的大多数"销售培训"公司，都过于关注对客户做什么，而不是为客户做什么的过程。马汉则完全不同，他的销售方法使我感到被理解，并非常愿意接受他的帮助。我想，如果我们的销售人员也能做到这一点就好了。

我让马汉帮助我的公司，他为我们提供了很好的服务，提供了一个可复制的流程和方法，来“帮助我们的客户成功”。这很有效！我们像野火一般发展，后来的故事，大家都知道了。2001年，我加入了马汉所在的富兰克林柯维销售绩效部，把马汉教给我的东西教给别人。我与同事一起，通过使用新的技能组合、新的流程和工具，继续提升我们帮助客户改善销售绩效的能力。

这套方法的确行之有效！它不只是书里的内容，在真实销售世界中也是有效的。它不仅对个人有效，也能够改变整个组织。想象一下，在几个月内——或最多在一年内——你能够有计划地、有目标地实现你的销售目标。这个旅程始于一个简单的步骤：首先不要专注于销售什么，而是专注于了解你客户和潜在客户想要解决什么问题，以及他们看重什么结果，一起探讨你们所擅长的是否与客户所看重的相契合。通过结构化的对话模式，保持聚焦和有成效。关于如何做出决策，提前与客户达成一致，并确保能够与最终的决策者或影响决策的人交谈。这些开诚布公的讨论，将使你在最终的演示中促成双赢的决策。巨大的回报在等着你。

很多人选择阅读一本书，并自主实践从书中学到的东西，其他人则希望获得帮助。如果你是第一类人，请牢记，在你之前，已经有很多人选择了践行本书教授的方法，并取得了成功。如果你需要帮助，请致电我们。帮助客户成功，是我们的热情所在，我们很高兴有机会与你沟通。即使你不需要帮助，只是想要分享自己的经历，也请给我们打电话，我们很想聆听你的故事。

附录1

概要和快速参考

附录1为本书内容提供了一个快速纵览。你会发现，将附录1的内容拿出来，随身携带，并在与客户互动之前参考很有用。当然，你也可以选择携带整本书。

成功拓展业务的ORDER方法论

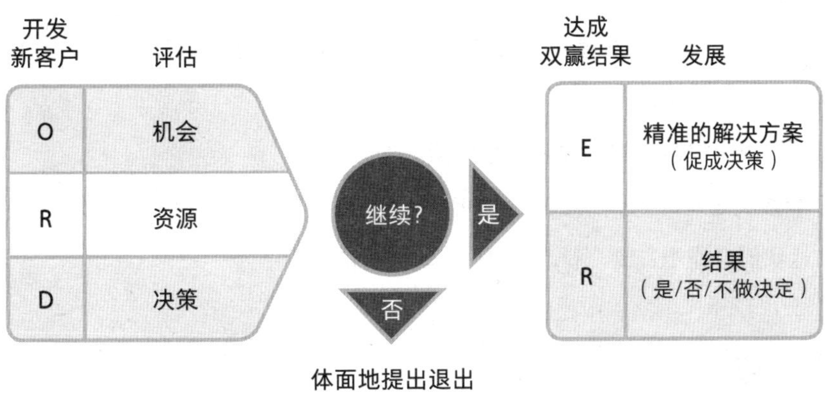

机会：你无法帮助没有需求的客户。

明确解决方案；移开解决方案；构建对话：议题、依据、影响、背景和制约因素。

资源：你无法帮助资源不足的客户。

探索时间、人员和预算。

决策过程：你无法帮助无法做出决策的客户。

决策过程				
步骤	决策	何时	什么人	如何（标准）
				决策者是如何做出决定的

精准的解决方案：提案无法达成销售，是人达成销售。

在正确的环境中，在恰当的时间范围内，向正确的人亲自演示解决方案。以会议目的为开始，获得客户对“会议目的”的认同（即客户最终说什么、做什么或决定什么是合理的）。明确客户必须化解的关键信念，从而使客户能舒适且自信地做出最终决策。对于每一个关键信念：提供证据/提出行动；回答（真正的）问题；用高情商请客户做出决策；解决黄灯。

确保你所听到和了解到的信息与你所演示的紧密相关。你的解决方案通过可用的资源满足客户需求，且满足客户的决策标准。

结果：提供一个真正满足客户需求的解决方案的能力，比其他任何销售活动能实现更多的销售。

是：从一开始就预测并预防可能出现的问题，跟进，创造一个精准满足客户需求的解决方案。

否：找出你遗漏的事项及是如何遗漏的。

不做决定：回到决策过程，并明确一系列步骤，使客户能自信地做出“好的，让我们合作吧”或“不，谢谢你”的最终决策。

进入状态

1. 意图比技巧更重要。你的意图让你自由。如果做不到真实，很难在业务拓展方面做到卓越。

（1）你的意图是什么？你希望客户看待你以及你与他们互动的目标？你的意图是否有利于双方？

（2）创造一个“资源状态”：当你与你的意图百分之百一致时，你看起来、听起来、给人的感觉是什么样子？

（3）创造一个“锚点”：开发一个视觉、听觉、动感（或多重感官层面的）线索，与你的资源状态关联起来。反复利用锚点；与你的资源状态关联。

（4）每次与客户沟通之前，进入资源状态并以此为沟通的基础。

2. 知道自己处于什么档位。培养每个档位的技能，并具备有意识地、流畅地在不同档位间灵活切换的能力。

积极主动的档位：具备管理资源以影响结果的能力。

倾听的档位：具备理解他人所想、所感和所信的能力。见下方有效提问和倾听的技巧。

观察的档位：具备准确地观察到正在发生的事情的能力（即红灯、黄灯和绿灯信号）。

多样性法则：在任何系统中，具备最高灵活性、适应性和最多选择的因素，将成为该系统的控制因素。

3. 放下自我。意图将使你自由。了解自己处于什么档位将使你具备灵活性，放下自我将让你时刻保持理智、无所畏惧。

4. 培养能力。持续提升对什么是可能、什么是不可能的(什么是有效的，什么是无效的)认知。持续提升你的技巧、能力、态度，进而提升商业智商、情商和执行商数。

提出有效问题的技巧	有效倾听的技巧
• 征求提问的许可。 • 每次提一个问题；等候对方的回答。 • 回应对方的回答，之后提出下一个问题。（合适的时候，可以使用客户问题中的词：这是有效的回应） • 要小心引导型问题（这些问题是为了获得认同，而不是获取信息或理解）。 • 要清楚在什么情况下，“如何”以及“是什么”类型问题，比“为什么”的问题更有效。 • 进行总结：我说对了吗？是否有遗漏？	• 倾听是一种选择和专注。 选择：你必须选择积极的倾听。 专注：全身心地专注于对方。 • 专注于客户的答案，而不是你的下一个问题。 • 要留意自己是否处于内心对话的状态，并尽可能减少内在的对话。 • 用耳去听，用眼睛去看，用直觉去感受客户真正要表达的意思。客户说的话和客户真正想要表达的意思之间，是否存在不一致的地方？

关于评估业务需求的概述

列出关键议题（按重要性排序）

2 问题/结旲：使用一个关键词或关键短语描述

问题=痛苦
结果=收益
使用客户的语言

问题=挑战、困难、担忧、不满意

1 结果=目标、目的、效果、收益、回报

你可以根据你的经验，检测客户是否还存在其他的问题/结果

检测议题罗列是否完整：解决这些问题，不解决任何其他问题=一个精准满足需求的解决方案？

总结：我说对了吗？我是否有遗漏？

背景：谁或什么其他东西也受到影响？这个机会如何与客户的关键战略和计划结合？

问题依据

软性议题：如何、什么、何处
这个问题如何体现？
是什么让你意识到这是个问题？
这个问题的影响在什么地方显现出来？

硬性议题：5个黄金问题
1. 你如何衡量它？
2. 现在是多少？
3. 你希望它变成多少？

结果依据

软性议题：如何、什么、何处
我们如何知道自己取得了成功？
为了实现成功，你的“必做事项”清单是什么？
你将在何处看到好处？

硬性议题：5个黄金问题
1. 你如何衡量它？
2. 现在是多少？
3. 你希望它变成多少？

解决方案

问题影响

4. 差异的价值是多少？
5. 在一段时间内（2—3年），差异的价值是多少？

确定问题的重要性：1—10分的重要性评价
这个问题给客户造成了多大的损失？
（以美元为单位计算或1—10分的重要程度评级）

结果影响

4. 差异的价值是多少？
5. 在一段时间内（2—3年），差异的价值是多少？

确定结果的重要性：1—10分的重要性评价
如果取得成功，将带来多大的好处？
（以美元为单位计算或1—10分的重要程度评级）

制约因素：是什么导致客户不能解决这些议题？（可能是什么导致客户无法成功地取得进展？）

评估业务需求流程图

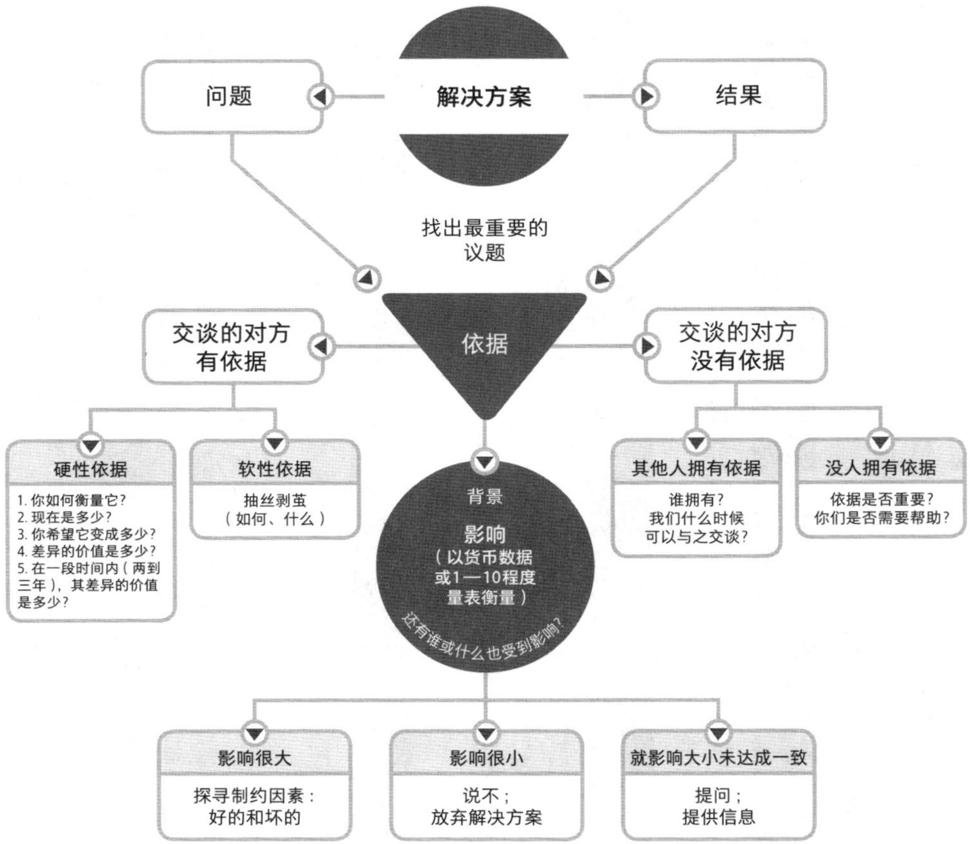
解决方案
问题
结果
找出最重要的
议题
依据
交谈的对方
有依据
交谈的对方
没有依据
硬性依据
1. 你如何衡量它？
2. 现在是多少？
3. 你希望它变成多少？
4. 差异的价值是多少？
5. 在一段时间内（两到三年），其差异的价值是多少？
软性依据
抽丝剥茧
（如何、什么）
其他人拥有依据
谁拥有？
我们什么时候
可以与之交谈？
没人拥有依据
依据是否重要？
你们是否需要帮助？
背景
影响
（以货币数据
或1—10程度
量表衡量）
还有谁或什么也受到影响？
影响很大
探寻制约因素：
好的和坏的
影响很小
说不；
放弃解决方案
就影响大小未达成一致
提问；
提供信息

资　源

时　间
开始时间：你希望什么时候开启这个项目？ **结束时间**：你希望在什么时候取得这些结果？ **黄灯**：时间过晚；没有明确时间；或是在太遥远的未来（是什么让客户觉得浪费更多金钱是可接受的？）；时间要求不切实际或太紧张。（是什么使客户设定这个日期？花更多钱来加快速度是否值得？如果客户可以获得预期的结果，但前提是需要花更多的时间，是否仍值得探讨？）

人　员
什么人做什么事情：关于双方之间人员的分工，你方的看法是什么？ **黄灯**：我方或对方的参与太少。

预　算
你是否考虑过，为取得我们探讨的结果，投入多少预算是合适的？（你方是否为这个项目做了预算？）我们的目标：客户预期的支出范围是否与我方预期的所需投入资金范围重叠？如果是，我们可以继续；如果不是，我们需要立即解决这个问题，而不是推后。

客户的表述	顾问的回应
（1）"不，我们没有为项目制定预算。" （2）"你告诉我要花多少钱。" （3）"如果的确值得的话，我们会拿出钱的。" 或 "这个项目需要自筹资金。" （4）"我不愿（不能）告诉你。" （5）"这个项目的预算，是一个更大预算计划中的一部分。" （6）他们的确有预算，但是预算过少或远远低于我方给出的范围。	**对于表述（1）—（5），我方可以回答**：我不知道这个项目需要花费你方多少钱（因为每个客户的具体情况都不一样）。其他存在相似情况的公司，为了取得类似的结果，通常的投资在X到Y之间，你方的预算处于这个区间内吗？ **对于表述（6），我方可以回答**：你方是如何得出这个数字的？如果客户基于行政层面回答，则解决行政层面的问题。如果客户基于价值层面回答，客户可能存在下面3个信念中的一种：（1）客户不相信解决方案的价值。（2）客户不相信你将交付预期结果。（3）客户认为其他人可以以更低的价格交付预期结果。客户的信念是哪个？

你方是否考虑过一个投资额度？

你是否考虑过，为取得我们讨论的预期结果，多少投资是合适的？

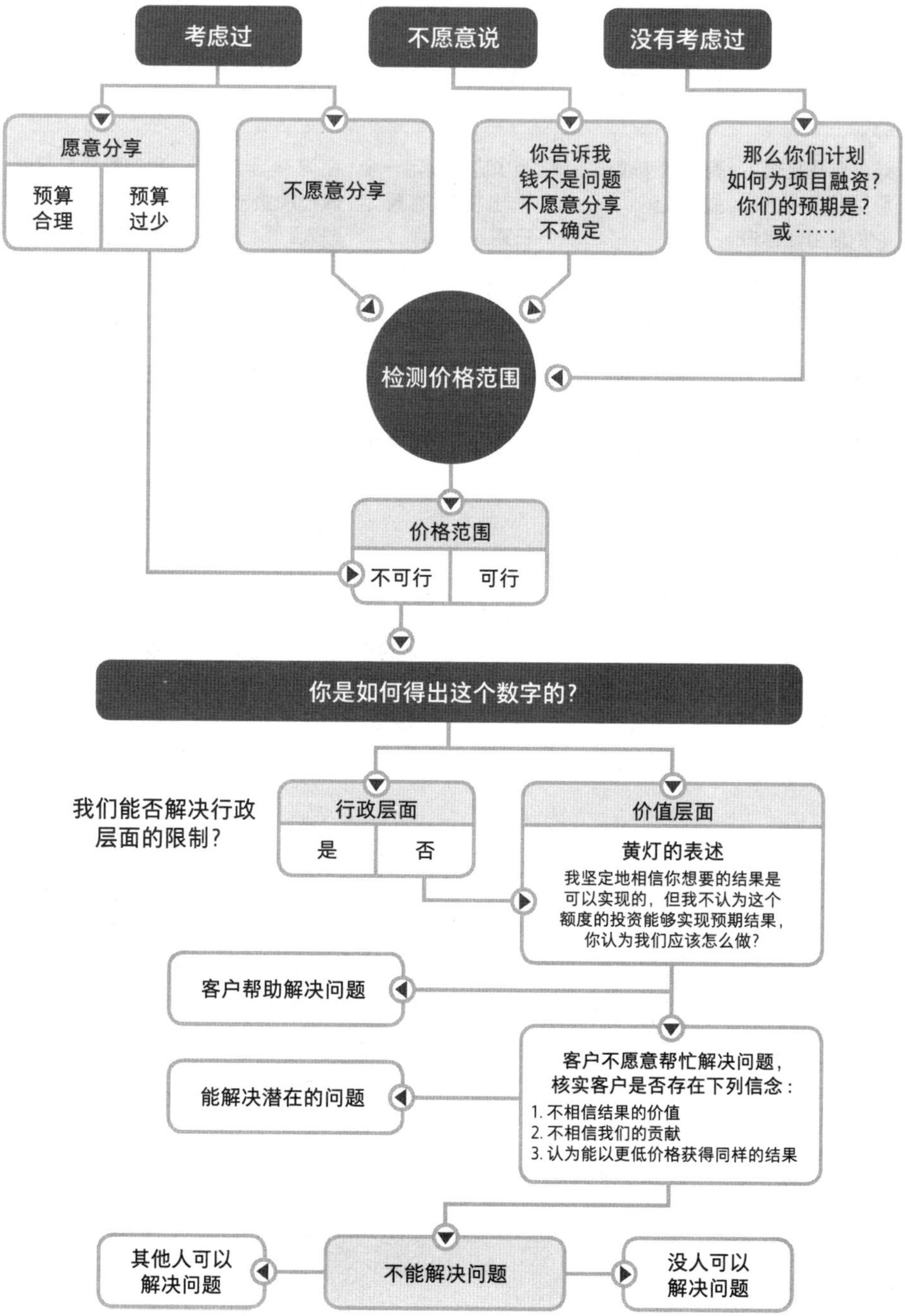

决策过程				
步骤	决策	何时	什么人	如何：决策的标准/信念
全部的步骤有哪些?	**每个步骤分别做出什么样的决策?**	**他们将何时做出决策?**	**每个步骤涉及哪些人?**	**决策者是如何做决定的**
这些步骤是否完整或符合逻辑?它们能否使客户最终做出接受或拒绝的决定?	有时候步骤和决策是同义词。	至少应该设定一个做出决策的暂定日期。	在这个步骤中，做出决策涉及哪些人?	我们需要与在每个步骤中做出决策或影响决策的人沟通。
如果我们遵循了这些步骤，我们是否有竞争力?	有时候，他们在某个步骤中将决定什么或影响什么并不明确。要搞清楚。	如果决策过程漫长：其影响的价值将有多少损失或延迟?	我们是否涵盖了每个人?	在与这些人沟通的时候，我们需要理解他们是如何看待机会的，他们的决策标准，以及检测是否存在任何黄灯。
我们是否建议客户做出改变?		客户做出决策的时间，与他们希望取得结果的时间相比如何?	是否存在某些人的意见比其他人更重要的情况?	他们将如何做出决定?是全体同意?还是多数人提供建议，少数人负责决定?
				详见后文关于如何应对守门人的反对的部分。

评估业务需求——20个问题

机会

1. 解决方案旨在解决哪些议题？**快速清单**
2. 是什么让你确定它是一个问题？**问题依据**
3. 这个问题给你们组织带来了多少损失？**问题影响**
4. 我们如何确定自己取得了成功？**结果依据**
5. 如果取得成功，将带来什么好处？**结果影响**
6. 谁或什么其他事物受到影响？**运营背景**
7. 大局是什么样的？我们需要了解整个组织的什么情况？**组织背景**
8. 在过去是什么阻碍了组织解决这个议题？什么有可能阻止组织在未来取得这些成果？**制约因素**
9. 我说对了吗？我是否遗漏了什么？**总结**

资源

10. 你方希望什么时候开启这个项目？**时间**
11. 关于双方之间的分工，你方有什么想法？（得出一个大概的比例，例如70/30、80/20等）**人员**
12. 你方是否为这个项目做了预算？**预算**

决策过程

13. 你方需要有哪些步骤，才能够做出一个最有利于你方的决策？（确保接受或拒绝的决策都是可以的）**步骤**
14. 在每个步骤中，做出什么决策？**决策**
15. 每个步骤何时做出？（至少确定一个暂定的日期）**何时**
16. 每个步骤涉及什么人员？（确保不遗漏任何人）**什么人**
17. 决策者如何做出决定？他们会采用什么标准？**如何**
18. 决策者如何在不同的备选解决方案之间做出决定？**竞争**
19. 如果采用了这个解决方案，什么人会获得利益/遭受损失？**赢/输**
20. 你个人解决这个议题的意愿有多强？**个人利益**

接触到关键人物：我们的目标，是提出一个精准满足你们需求的解决方案。按照你所描述的，这些人是关键的需求方。为了提出有意义且能够解决问题的提案，我需要与他们交谈。你比我更了解贵公司的情况，我们如何安排与这些人的会面呢?

守门人	如何解决
他们太忙了。 **沟通需要太多时间。** 承认： 我能理解，他们肯定很忙…… 我能理解你们需要高效利用时间的压力……	• 沟通不会需要太多时间：每个人30—40分钟；如有必要，我们可以通过电话进行沟通。 • 如果我们的演示没有解决他们最关心的议题或满足他们的标准，就不能够为他们提供做出好决策所需的信息，这将是对他们时间的极大浪费，他们会讨厌这样的结果。 • 撤销一个不明智的决策需要的时间，将远远超出30分钟。 • 我们将花费大量的时间准备一个解决方案，我们现在只是要求你们抽出一点点时间，确保这个解决方案真正地满足了你方的需求。
如果我们让你这样做，我们就必须同意每个人这样做，而且： **1. ……这将耗费太多时间（和/或）** **2. ……这将不公平。我们必须确保所有人在公平的前提下竞争。** 承认： 我理解你们需要高效利用时间的压力。 我理解你们想要确保公平的意愿。	关于时间：详见上方的回应。此外，如果你们没有足够的时间，可以： • 削减竞争对手的数量——而不是削减候选人与关键利益相关者沟通的机会。 • 花时间做好沟通。 • 同意最后候选的公司与所有关键人物沟通。 如果你方同意： • 没有消除竞争者之间的差异。 • 解决方案供应商如何利用你的时间，是判断他们能力的一个好途径（例如，他们的销售方式代表了他们解决问题的方式）。 • 建议：让每家公司遵循自己的行为方式并告诉他们，你将会依据他们的效率和效能评判他们。

续表

守门人	如何解决
	关于公平性： • 目标是对满足你方利益相关者需求的解决方案公平，而不是对一堆外部供应商公平。而且，在我们从未与关键利益相关者交谈的情况下，期望我们提供一个精准满足他们需求的解决方案，是不公平的。 • 我们将耗费大量的人力和时间来准备一个解决方案，我们仅仅要求你方给我们30分钟的个人访谈时间来确保这个解决方案的有效性。这难道不公平吗？ • 建议：只允许那些认为必须沟通的人接触关键利益相关者，并根据他们利用时间的情况给他们做出积极或负面的评判。这是公平的。 • 如果其他解决方案供应商没有提出沟通的要求，或许他们不需要这样的沟通。
我来为你做这件事…… 承认： 感谢你的提议，到目前为止，你对我的帮助很大。	如果你来到我的公司，我的工作是提供给你从我们的关键利益相关者那里获得的信息，至少两件事我能确保： 1. 我会尽我最大的努力，但沟通会被过滤——信息会比初始传达的信息更少，而你会错过所有的细微差别。 2. 我不会问出你会问的问题——你是专家，所以关键信息无法得到交流。 选项：一起参加会面沟通？ 选项：从一个人开始，每次只再约另一个人沟通？
请将你的问题写下来。 承认： 我很感谢你的提议。	• 需要更长时间。 • 交流得到的信息会更少。 建议：我会写下我的问题，提前交给你，然后我们可以进行20—30分钟的对话，这样的安排合理吗？

续表

守门人	如何解决
请将你的问题写下来，我会与所有解决方案供应商分享这些问题和答案。 （以及：去参加投标者大会，在会上提出你的问题） 承认： 感谢你的提议，但我可否提出一个顾虑？	• 我方不得公布你们拥有的专有信息，否则要遭受严厉惩罚（保密协议）。 • 我方的问询（分析）过程属于我方的专有信息，不能与竞争对手共享，正如你方不会与竞争对手分享那样。 • 我们仅要求对你方和对我方都公平的行为。 • 我们的沟通只需要约30分钟。如果你从对话中获得了重要的洞察，请放心地与所有解决方案供应商共享。
这是我的工作，他们已经充分授权给我了。 承认： 我对此表示感激。我的目标是支持你的工作。	我们的工作做得如何，也会影响到你： • 如果我们做得好，你的工作看上去去完成得好。 • 如果我们做得不好，你的工作看上去完成得不好。 不管客户最终是否选择了我们。 建议：一起参加会面沟通，每次只与一个人沟通…… 想法：你可能会发现对话提供了丰富的信息并且很有启发性。
你不能，我们不允许这样做。 **这违反了我们的政策。** **他们不能与顾问会面。**	承认： 你方的决定可能基于好的理由，可否至少与我分享理由呢？

演示的目的，是促成决策！

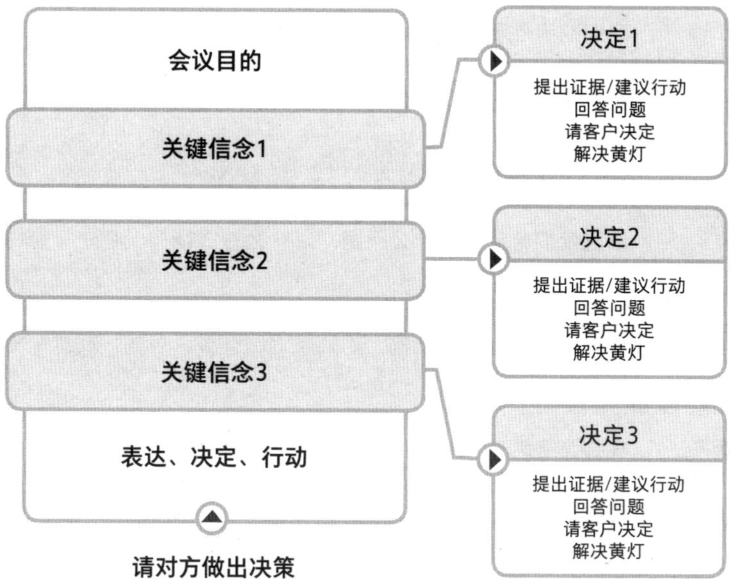

- 向正确的人做演示
- 演示时长适当
- 拥有正确的预期
- 在正确的环境下
- 在正确且有竞争力的时段演示

会议计划	
会议目的	在会议结束时，你希望客户说什么、决定什么或做什么？ 我们说什么来介绍与确定会议目的？
关键信念	客户需要在情感上和理智上相信什么，才能够认同会议目的？
证据/行动	针对关键信念，我们需要做什么？
问题	确定我们希望提出什么问题，以什么方式提问，客户可能提出什么问题，我们如何回应。
黄灯	可能遭遇什么不利情况，例如延迟、怀疑、担忧、反对？我们如何解决这些黄灯？
后续步骤	在会议结束时，我们可以建议客户采取什么后续步骤？
议程安排	会议应该遵循什么议程/关键路径？ 我们能否在会前获得客户关于议程的认同？
取得成功的检查清单	• 我们召开会议的意图是…… • 正确的人员（客户）是否出席了会议？ • 我们是否有充足的时间？ • 我们是否为会议设定了正确的预期？ • 我们团队的角色和职责是…… • 我们是否审查了演示所用的视觉辅助工具：它们是否容易理解？是否支持我们的会议目的？ • 演示的环境/场地是否合适？ • 在这次会议上，什么样的话题、问题、疑问或行为是不恰当的？

黄　灯

问题：确保我们回答了真正的问题！在回答之前，将客户提出的问题重新导向会是一个很有用的方法。重新导向的目标，是理解客户真正想问什么，避免回答错误的问题，并允许对方继续表达，如果他们有继续表达的欲望和需求。

成功的重新导向=倾听+柔和的陈述+重新导向问题

非价格因素导致的拒绝			
承认	理解	解决	打破/取代联系
承认客户的表述或问题	通过提问确定客户的真正担忧或问题；找出客户使用的关键词到底是什么意思；（在适当的时候）了解客户解决该问题的标准（必须发生什么）。	针对正确的问题，共同制定一个解决方案。如果无法解决问题，可以考虑下列做法：改变标准的相对重要性；表明没有人可以满足其标准；改变客户对标准的看法。	打破/取代联系。如果客户想要（不想要）X，搞清楚对他们来说，什么等同于X。取代：如果我们可以给他们提供等同于X的东西，他们是否真的需要X？打破：向客户展示为什么获得X并不能帮助他们获得等同于X的东西；给他们提供例证。

价格因素导致的拒绝

价格谈判的框架

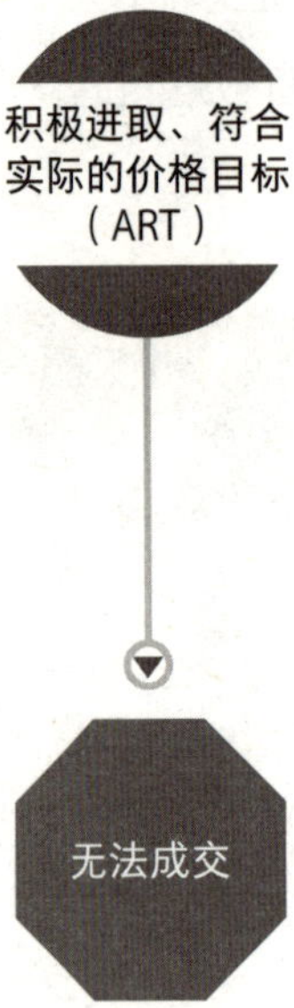

- 以“无法成交”的心态争取ART
- 只有当价格是最后一个问题时才进行价格谈判
- 提供选项而不是下最后通牒
  （事先准备）
- 首先应确保你的“完整”
- 如果你同意降价
  慢慢地让步
  小幅度地让步
  绝对不要白给
- 确保对话的开放性

备注：价格谈判的前提=获得预算

明确后续步骤要做什么

如果客户并没有做出最终决策，那么还需要什么步骤才能够让客户做出决定？如果客户要求你“去做更多工作”，如果你提供了他们想要的东西，会发生什么？

基于“永远不要做无用功”的原则进行重新导向：

- 定义成功：在未来，我们具体需要什么才能够让客户做出明智的决定？评判这些行动/信息是否成功的标准是什么？
- 询问客户，假设我们给了他们想要的，“接下来会发生什么？”

● 如果客户最终仍无法做出决策，那么我们肯定疏忽了一些东西，我们遗漏了什么？

● 搞清楚让客户做出接受或拒绝的决定需要什么——客户的拒绝也是可接受的。

结　果

● 如果可以，针对机会，进行一项赢/输分析。

● 不管客户的回应是接受、拒绝或没有决定，都要为将来的合作打基础。

当客户的决定是接受时	当客户的决定是拒绝时	当客户不做出决定时
1. 确保在双方关系牢固的时候，将现在和未来的所有黄灯都变成绿灯。要做到这一点，就要给予过去的经验： • 客户可能预见什么样的潜在黄灯？ • 我们可能预见什么样的潜在黄灯？ • 我们可以采取什么预防性措施？ • 我们当前可以设立什么沟通机制，以便有效解决在未来出现的任何困难？ 2. 竭尽全力确保对方获得预期的结果（在理想的情况下，这是一个可衡量的结果）。	感谢客户投入的时间和精力。 • 询问客户，我们的解决方案在什么方面没有满足他们的需求——或者为什么其他解决方案胜出。 • 给客户灌输理念“我们的目标是帮助他们”： ——如果当前的项目没有达成合作； ——在其他项目上帮助客户。	1. 客户是否有不做决定的充分理由？ • 业务逻辑不再有效？（依据发生了变化？客户已经不再受到议题的影响？制约因素已经消失？背景发生了变化？） • 客户是否认为不存在有价值的解决方案？为什么会有这样的想法？ • 客户需要解决的重要议题发生了变化？ • 发生了其他的事情？ 2. 明确一系列具体的步骤，这将使客户自在地做出最终决策，无论是接受或拒绝，且拒绝也是可以的。执行这些步骤，获得客户的最终决策。

开发新客户	
确定最重要潜在客户	做更少的事情且做得更好。你应该选出前5位潜在客户，并在这些机会上投入95%的精力。当你在这个重要潜在客户清单上删除一个潜在客户时，就增加一个新的潜在客户，定期查看这个清单。
准备	深入了解你即将拜访的公司和客户，准备一个业务逻辑假设（涵盖可能的议题、依据、影响、背景和制约因素），准备一个会议计划。
接触客户时加入个人色彩	不要贸然做陌生接触，请一个推荐人为你引荐想要见的人。
练习	预先演练自己要说的话和表达的方式，预先演练对客户可能提出的问题或黄灯的回应。
会前准备	关于怎样才是充分利用了时间，事先取得客户的同意。

开发新客户

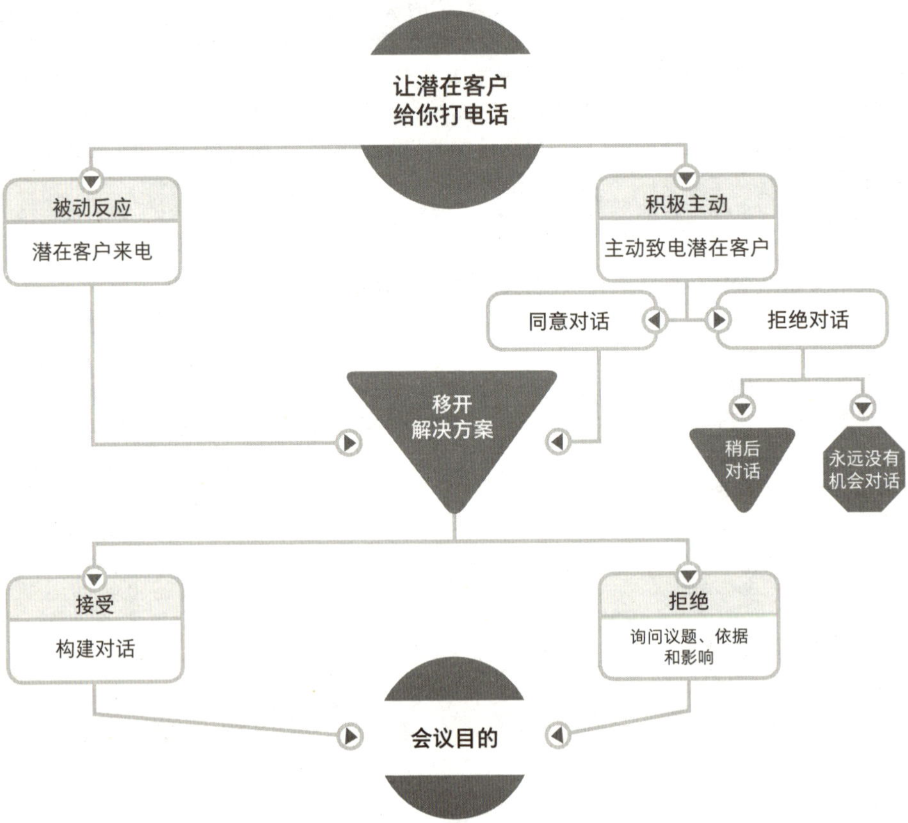

我个人的成功标准

在与客户的每次互动中，我将确保自己做什么：

我将确保自己不会做什么：

附录2

撰写和应用一个意图声明

在与当前或潜在客户合作的时候，你的意图是什么？如果你自己不清楚，客户可能也不清楚。要做到行动与意图一致，这样一来，哪怕没有听到你明确地表达出这个意图，客户也将感受到。在遭遇沟通困难时，你可能会发现，陈述你的意图将有助于为解决问题建立共识基础。

对双方有益的意图是最强大的意图。如果客户认为我方的意图是好的，他们就会透露其真实想法、感受和信念。与此同时，如果你与你的意图一致，你将感受到这既符合你的最佳利益，也符合客户的最佳利益。只要让我方利益与客户方利益保持一致，我们没必要舍弃或隐藏个人的利益。

撰写一个“意图声明”

下面是“意图声明”的一些示例：

● 我的销售目标，是帮助人们获得他们想要的美好感觉，关于他们所购买的以及他们自己。[拉里·威尔逊&斯宾塞·约翰逊《一分钟推销员》(*The One-Minute Salesperson*)]

● 我的意图是帮助你们取得更大的成功（无论你们是否选择与我们合作）。

● 我的意图，是帮助你们获得更大的成功，且以一种让双方都能够享受过程和结果的方式。

● 我的目标是为你们提供最佳的多种选择，能够帮助你们真正取得成功——不管你们最后是否选择与我们合作。

- 我的意图，是确定你所看重的和我们擅长的业务之间是否存在好的契合。如果存在，我将为你们提供好的选择。如果不存在，我会率先说明。

请写下你的“意图声明”。你可以放心地使用上述示例的全部或部分内容，或完全不用。在写完之后，可以尝试在一些朋友或同事面前应用，然后获得他们的反馈。

行事与意图一致

意图，并非我们在某个场合使用的东西。它是我们的核心。在干扰事物和对抗性力量被清除后，意图就会清晰地显现。尽管有时候说出我们的意图很有用，但意图是通过行动而非宣言传递。我们的行动必须与意图持续保持一致。在这里，保持一致指的是在下面4个“V”开头的词汇层面保持一致：

语句（Verbal）：你说的话的真实意思；

语气（Vocal）：你如何说出这些话；

体态语言（Visual）：你说出这些话时的表情；

发自肺腑（Visceral）：其他人直觉地相信你心口一致——这一点受到前面3个V的深刻影响。

如果这4个V彼此能够匹配，不管对方是否认同你，他们都会将你视为前后一致的人。如果你能始终如一，人们将会相信你的意图（当然，你依然需要展示自己的专业能力。）行事与意图保持一致的一个有效方法，是为意图构建一个资源状态。用来构建资源状态的工具，也可以用于激发任何巅峰表现状态，而不仅仅是意图的资源状态。下文描述的流程，源自神经语言程序学（NLP）领域几位专家的研究，其中的两个例子分别是基尼·拉博德的《用正直去影响他人》和安东尼·罗宾斯的《激发心灵潜力》。

● 第一步：内省

平静地独自坐着，选择一个你与你的意图完全一致的时段。你不在乎这个时段是过去、现在或未来。重要的是这段经历是生动的。当你完全与你的意图一致时：

1. 你看起来是什么样子？你的面部有哪些表情细节？你的身体姿态如何？尽可能具体而细致地记录。

2. 你的声音听起来怎么样？你使用了什么词汇？你如何将这些词说出来？你的音色、音调和节奏如何？

3. 你有什么样的感觉？当你完全与与意图保持一致时，你的身体有什么样的感觉？尽可能地与这些感受连结，并尽可能地将它们描述出来。

如果你愿意花时间，可以针对其他与意图一致的时刻，重复这3个步骤。不断地为“看起来、听起来和感受如何”这3个方面添加定义，获得清晰的认知。

● 第二步：给自己与意图保持一致的内在体验（或状态）安装一个“触发器”

触发器就是能够“点燃”你想要的内在状态的机制。一个触发器可以是：

- 一个动作，例如握拳、擦掌、深呼吸、摇头或其他肢体动作。
- 你对自己说的一个特定单词或词组。
- 你在脑海中看到的一个视觉画面。
- 前述触发器的混合使用。

点燃触发器—进入状态—点燃触发器—进入状态，重复这个过程，直至触发器效果明显。

● 第三步：调整和校准

大多数人都做不到7天24小时与意图保持一致。为此，如果有事情导致你不能进入意图的资源状态，有意识地注意到这一点会非常有用。是什么导致你脱离了这个状态？什么首先发生了变化？随着意识的提升，选择也会变得多样化。

1. 即使你相信意图有利于自己和客户双方，是什么导致你无法进入或维持你的意图？如果可以选择，你会做什么来清除或减少这些影响？

2. 在与意图保持一致和无法保持一致的状态之间，什么发生了变化？你的样子看起来有什么变化？（如果你观察镜中的自己，会发现什么变化？）你的声音有什么变化？（如果你听自己的录音，会注意到什么不同？）你的感受有什么变化？（假设你正在向心理医生描述自己的感受，你会说什么发生了变化？）

提升了意识后，当你注意到“变化的迹象”并希望与意图保持一致时，你会做什么？

● 第四步：应用

在你拿起电话致电客户之前，或在你走进客户的办公室之前，点燃你的触发器，进入资源状态。

你可能会发现，在随身的一张钱夹大小的提示卡，或计划本/笔记本里的一页纸上写下以下内容会很有帮助：

我的销售意图：

看起来：

听起来：

感觉起来：

触发器：

附录3

让客户主动给你来电

让客户主动给你打电话的意思是，当你的电话响起，对方会告诉你，他们打电话的原因，是你做的事情可能对他们有帮助。让客户主动致电的关键在于，建立一个强大的推荐网络，被称为专家，成为人们可以联系到的人。建立一个推荐网络需要一段时间，但每一分钟的投入都是值得的。客户会主动给你打电话，你将能够轻松地实现销售目标。我们认为，这是你个人的职责，而不是你所属的公司或营销部门的责任。你的推荐网络将伴随你一生——你可能会有不只一个雇主，要拥有自己的推荐网络。如果你还没有建立推荐网络，今天就着手构建一个，这将使你很有可能在60天内获得新项目的线索。一旦建立了推荐网络，你就会开始接到潜在客户的来电，并且你就可以通过推荐人联系潜在客户，而不是贸然地做陌生接触。要让客户主动来电，你可以考虑下面这些方法：

1. 首先，考虑到有些人喜欢把其他人介绍给他们的朋友和同事。其中许多人以成为“你知道谁能帮助____________吗”的推荐人来源为荣。你的工作就是要找到这些人。我们的经验是，一个好的推荐人，每年会让5个或更多的潜在客户打电话给你。想象一下，拥有5个、10个或15个这样的推荐人，会带来多少潜在客户。

2. 让自己也成为推荐人中的一员。找出谁是为你的市场服务得最好的公司和人，并推荐他们。让人们给你打电话，哪怕只是问你是否知道谁能帮助______。在帮助他们之后，向他们介绍你正在做的事情，并提醒他们，你很感谢他们可能给你带来的推荐。说得具体一些会有所帮助，比如“我专注于帮助中型生产商从运营中获得更多现金流，主要是通过更好地管理制成品库存和原材料来实现”，而不是“如果你知道有人在寻找一个新的企业资源计划系统，请记得我”。

3. 找出你目前认识的愿意推荐你，并有潜在客户可以介绍给你的人。与这些人逐一联系，并请他们允许你将他们加入你的推荐网络，向他们更新你的业务信息，以及你如何帮助他人取得成果。与这些人保持联系。每年向每个人发送6到10封电子邮件，并交谈3到4次，是一个很好的目标。

4. 整理出推荐人名单后，就与每个推荐人预约进行面谈或电话沟通，聚焦于在这次沟通中获得一个强有力的推荐人。除了上条建议的内容外，还要做到这一点。当你的推荐人向你做了推荐，并且有人因此给你打电话时，立即感谢推荐人，即使你还没有卖出任何东西——可以尝试传统的手写便条、亲自拜访或打电话，如果合适的话，还可以用小礼物表示感谢。当他们的推荐带来了一个订单时，在你完成工作或履行订单后跟进，让推荐人知道情况如何。回报推荐人的帮助，他们可能会再次给你做推荐。

5. 不断寻找机会扩充推荐人名单。当有人向你推荐时，你要邀请他们加入你的推荐网络。可以每周花20至30分钟来扩大推荐网络。将其作为周一早上的第一件事，而不是周五下午4点才做。

6. 让自己在你所服务的市场上出名。在潜在客户所在的地方活动。加入合适的协会，成为活跃的演讲者或志愿者。记住——意图比技巧更重要。只有在你愿意这样做而不期望回报的情况下，加入这些组织。为社群服务，他们就会为你服务。如果演讲不适合你，可以尝试写作。为你的客户重视的网站和出版物撰稿。考虑为当地报纸写一个专栏。成为一个“网络”人物：博客、网络研讨会和播客，都是利用众多网络平台的好选择。

请记住，这是在建立你个人的品牌。我们与许多成功的销售人员交谈过，他们表示，自己一半以上的业务来自客户主动的来电。前述做法，是我们亲身经历，或从别人那里听到的成功经验，已经被证明行之有效。

致　谢

本书的两位作者，马汉·卡尔萨和兰迪·伊利格，对本文的内容承担全部责任。但是，由于许多原因，我们不能完全独享本书的殊荣和赞誉。

我们两人都是狂热的学习者，并不断寻求增加我们的知识和技能。当我们学到的东西是有意义的，并与我们的价值观相一致时，我们就会去实践它。如果它有效，我们就加强和重复。如果不奏效，我们就剖析，重新评估和替换。因此，我们目前的最新理念与方法，是终身学习和实践的综合结果。如果要说明影响本书的所有因素，写出来得有一本书。

1. 我们与富兰克林柯维销售绩效部能力超群的同事合作。他们在全世界超过40个国家实践了这套工作方法，他们的反馈和贡献非常宝贵。尤其要感谢斯科特·萨维奇、大卫·马库姆、尼古拉斯·哈里森、伊恩·爱德华兹和迈克尔·诺尔顿的贡献。迈克尔除了其整体贡献，对本书的“开发新客户”部分的内容有重大影响。

2. 克雷格·克里斯滕森是我们在富兰克林柯维的前同事，也是我们目前激动人心的新事业中的合作伙伴，他继续对我们的思维和我们与客户的合作方式产生了强烈而积极的影响。他毫不胆怯地打破了旧的思维模式，并特别善于鼓励参与而非抵制。

3. 我们与一流的全球和区域性公司合作，这些公司的专业人员都很聪明，大多数人都渴望将自身技能提升到一个新的水平，而且大多数人对任何没有意义或不能增加收入的事情都没有耐心，这也是理所当然的。我们与这些专业人士在真实的交易中合作，包括在课堂上、幕后和实地工作。他们的智慧、直觉和关于什么有效、什么无效的经验，都不可避免地交织在本书的内容中。

4. 本书受益于之前的迭代。在20世纪90年代中期，马汉与古鲁查兰·卡尔萨博士一起创作了一本名为《有效提问》（*Asking Effective Questions*）的书和课件。1999年，马汉和富兰克林柯维出版了本书的旧版。那本书得益于马汉与《顾问和专业人士的个人销售策略》（*Personal Selling Strategies for Consultants and Professionals*）的作者迪克·卡尔森的实地合作。

5. 你可能会遇到一本书，叫作《商业思维：无论如何，现在做出正确决策的法则！》（*BusinessThink – Rules for Getting It Right Now, and No Matter What!*），作者是大卫·马库姆、史蒂夫·史密斯和马汉。在某种程度上，《商业思维》是为了回应卖家提出的"把这些道理教给买家"的需求而写的！这本书旨在帮助组织中的人做出正确的决定，其内容和语言的相似性强化了我们的信念，即买家和卖家都能从同样的批判性思维、沟通和执行技能中受益。对一方有利的东西，对另一方也有利。如果你决定同时阅读这两本书，希望你会很乐意看到部分重复的内容，而不是感到惊讶。

6. 如果没有包括富兰克林柯维和Portfolio许多关键人物的出色团队的努力，就不会有这本书。在富兰克林柯维团队中，创新和产品高级副总裁肖恩·柯维将这本书的出版列为重点工作，并提供了灵活和创造性的业务安排；销售绩效部的副总裁兼总经理杰夫·沙姆韦提供了关键的资源和支持；媒体产品总监/版权经理安妮·奥斯瓦尔德提供了重要的关注和指导；销售绩效部的市场部经理扎尼塔·安德森对小和关键的细节做出了很多贡献，对此我们深表感谢。我们的代理，Dupree/Miller &Associates的运营总监谢利·吉勒斯，利用她丰富的经验，促进和协调两个团队的合作。

我们要感谢Portfolio的总裁和社长艾德里安·扎克辛，感谢他对这个项目的支持、愿景和启动。编辑部主任杰弗里·克雷默扮演了管弦乐队指挥的角色，他不仅能使各方的节奏保持一致，还成功地将许多有才华的独奏者融合到一个团体中，共同完成了出色的工作。助理编辑吉利安·格雷与我们的互动最多。她奋战在编辑工作的一线，与每一个字、概念和想法打交道，这通常是一项得不到感谢的工作，但我们要在这里向她表示衷心的感谢。

从更个人的角度而言，马汉要深深感谢他的妻子安妮卡·卡尔萨。安妮卡是我最伟大的老师！虽然我是个差劲的学生，但她教会了我很多关于诚实、坦诚和有意义的沟通的东西。她鼓励我在生活的每个方面成长。在过去，我是一个只强调智力和意志力的人，她成功地开启了我的内心。如果没有她的直接参与，这本书就不会出现在你们手中。她编辑了本书的每一个字，并撰写了其中的许多内容。除了打磨粗糙的语言表述，她还澄清了概念和方法，测试和完善了理念和语言，并尽可能地为本书注入了幽默和新鲜感。我非常感激能与她共同经历这次冒险。

注 释

关键信念

● 顾问和客户想要的东西是一样的

在这里，值得推荐的是亚当·布兰登伯格和贝利·奈勒波夫合著的书《合作竞争》（*Co-Opetition*）。

在本森·夏皮罗、亚德里安·斯莱沃斯基和斯蒂芬·道尔于1994年发表在《哈佛商业评论》上，题为《战略销售管理：一个董事会问题》（*Strategic Sales Management: A Boardroom Issue*）的文章中，作者认为：

“现在，决定客户盈利能力的5个关键因素是：

1. 客户留存
2. 源自首选供应商地位的客户支配地位
3. 实现价格
4. 销售和服务成本
5. 客户的选择

决定服务类企业盈利能力的最大因素是客户留存，它同样适用于产品类公司。”

当我们为买家提供有效的解决方案，并且买方肯定了过程和结果，他们就会给我们提供更多的业务，我们就会有更多收益。如果我们继续提供这样的解决方案，而且他们与我们的业务量比与任何竞争对手的业务量都多，那么利润就会增加。当客户认为我们的解决方案比其他人更能满足他们的需求时，我们就能获得更高的实现价格。当我们与客户建立了良好的关系，并向喜欢我们的人销售时，销售成本就会下降。

这不需要哈佛商学院的教授们来解释，它应该是一个常识。然而，卖家往往专注于今天实现销售，而不是专注于提供能够精准满足客户需求的解决方案——能够产生显著价值的解决方案。这样做只会导致他们当前和未来的利润降低。致力于帮助客户成功，是一门好生意。

建立信任

这里推荐史蒂芬 · M. R. 柯维与丽贝卡 · R. 梅丽尔合著的书《信任的速度》（*The Speed of Trust: The One Thing That Changes Everything*）。

史蒂芬 · M. R. 柯维谈到，首先要建立自我信任，并将其扩展到人际信任。要想得到信任，你必须值得信任。建立自我信任和人际信任的一个方法，是做出并遵守承诺——在你所说的和你所做的之间建立一个牢不可破的联系。建立这种联系，就像养成所有理想的习惯一样，需要重复和强化。我们在大脑中开辟新的神经路径，并反复使用这些路径，以至于它们成为大脑的默认选择。

增强自我信任

1. 选择一段时间来开展增强自我信任的训练。需要注意的是，要选择足够长的时间，并在决定之后采取行动。我们建议这个时间段在30到40天，因为养成一个习惯需要一定周期。你可以选择先坚持3—5天，然后继续。

2. 每天至少做出一个个人承诺——要做什么，或不做什么。将其大声地说出来，告诉全世界你的决定。关键在于，说到就要做到。如果做出了承诺，就要遵守承诺，可以从一些轻而易举的事情开始，例如“我今天要起床”。让模式根深蒂固比难易程度更重要。随着模式的确立和自信的增强，你可以增加个人承诺的难度。

3. 许多人发现记录经验是有帮助的，你可以通过体验日记或任何方便的形式进行记录。

4. 如果发生了意外情况，导致你遗漏了一天，或没有遵守承诺，那么就从头开始。从第一天开始计算，完成你承诺的连续天数。在这个过程中，获得洞察力和个人学习，并将其纳入个人的成长。只要你坚持下去，只要你不放弃，就没有失败，有的只是反馈。

增强人际信任

1. 要意识到你对客户的承诺。除非你能做，且会做某事，否则不要承诺做某事。

2. 如果你做出了承诺，就要遵守；如果你说了，就去做。你甚至可以记录自己在30到40天内关于做出承诺和遵守承诺的经历。对于树立守信的形象，无论是重大承诺，还是微小的承诺，都同样重要。你不必说“我保证”，你说出口的话就是你的承诺。

3. 向客户说明你的承诺及其兑现。比如说：“当我们一起工作时，我想让你知道，如果我说了要做什么，就一定会兑现，不管是小事还是大事。你说你想在周二之前得到这些信息，我会确保你得到它。”当你发送报告时，你可以在前面加上“按照承诺……”或“按照你的要求……”等表述。当然，这些表达需要具备较高的情商，而不是为了显摆自己或过度戏剧化，只是适当地提高客户关于你守信重诺的意识。没有被注意到的东西可能不被重视，或者可能被认为是理所当然的。

另一本论述了销售中的信任问题的好书是大卫 · 梅斯特、查理 · 格林和罗伯特 · 加弗德合著的《值得信赖的顾问》（*The Trusted Advisor*）。

● 意图比技巧更重要

一本关于意图的好书是伯特 · 德克尔写的《被听到，你需要先被相信》（*You've Got to Be Believed to Be Heard*）。在这本书中，德克尔先生讨论了需要接触另一个人的“第一大脑”，以便将我们的信息传递给“新大脑”。德克尔对这两个术语的定义如下：“第一大脑是人类大脑中的非推理、非理性的部分。简单地说，它是人类情感的所在地。新大脑是有意识的思维、记忆、语言、创造力和决策的所在地。”德克尔先生认为，“我们的目标是将信息传递给新大脑，因为那是人类头脑中的决策部分。但要到达新大脑，我们的信息必须首先通过第一大脑，即大脑中主管情感的部分”。如果第一大脑感觉到不利的意图，对方可能听不到我们说的话，或者会断然拒绝接收到的信息。

在丹尼尔 · 戈尔曼的《情商》（*Emotional Intelligence*）一书中，对人类大脑中的情感部分如何能高度影响逻辑和推理进行了很好的讨论。

拉里·威尔逊和斯宾塞·约翰逊的《一分钟推销人》(*The One-Minute Sales Person*)是一本简短而有影响力的书。他们提出的“有目的的销售”的概念，与意图比技巧更重要的概念非常一致。

感应抵抗

关于感应抵抗的讨论和有关该主题的其他资料，请参见埃里克·S. 诺尔斯和J. A. 林的《抵抗与说服》(*Resistance and Persuasion*)。

● 解决方案本身没有价值

斯坦福大学教学中心的丹尼斯·马蒂斯举办的名为“精确提问”的研讨会和工作手册，为本书中“这个问题的解决方案是……”的假设练习提供了灵感。

● 一流的询问先于一流的主张

史蒂芬·柯维的《高效能人士的七个习惯》(*The 7 Habits of Highly Effective People*)是一本畅销商业书籍，我们强烈推荐。所有七个习惯都适用于成功的销售人员。以下的习惯来自柯维博士，但对其在销售中的应用的解释来自本书的两位作者。

1. 积极主动。销售人员往往以擅长找借口而出名。他们总是能够找出很多理由，解释为什么有无数不可控的事件导致销售的结果不如预期。积极主动就鼓励我们对我们可控的事物负责，增加我们回应的能力(“我们的行为取决于我们的决定，而不是我们的环境”)。对销售人员而言，就是要专注于结果而不是找借口，专注于自己能做什么，而不是不能做什么。

2. 以终为始。这个习惯就要求我们明确而深刻地了解，对我们而言什么真正重要，什么是我们最重视的。然后，我们就可以评估，自己的行为和想法是使我们更加接近还是远离我们生活的优先级。以终为始基于这样一个原则，即所有的事物都会被创造两次：“我们做任何事都是先在头脑中创造，即第一次的创造，然后是实际创造，即第二次的创造。”附录2中论述的创造资源状态的过程，就是首先在头脑中想象成功，然后在执行中创造成功。此外，你已经注意到，我们在演示和会议中使用了以终为始的原则：我们询问自己以及客户，客户希望在互动结束的时候，应该能够说什么、做什么或决定什么。随后，我们会完成相应的工作，促成决策。

3. 要事第一。帕累托法则指出，一小部分的投入，决定了大部分的产出，这个法则有时候也被称为80/20法则。在今天这个加速发展的世界里，人们有大量的信息和选择，我们建议这个比例应该调整到95/5。那么，什么是最有可能产生95%的预期结果的5%的活动？严格地确定优先次序，是销售成功的关键。在开发新客户时，要做得更少，做得更好。在评估业务需求时，从低概率的机会中提取资源，并将其投入高概率的机会。在促成决策方面，给客户提供他们所需要的确切信息，不提供额外的信息，以促使他们做出最终决策。在管理你的个人时间方面，专注于最重要的事情，并努力避免分心和将时间浪费在不重要的事情上。

4. 双赢思维。这个原则就是意图的核心。当我们能够专注于帮助客户成功，而不是专注于让客户做我们希望他们做的事时，我们就能够取得更大的成功。买卖双方都需要成功，如果客户没有成功，我们也无法成功。

5. 知彼解己。寻求理解（询问）是评估的本质。我们是在试图实现双方的理解，即不仅我们能更好地理解客户，客户也能更好地理解他们自己和他们真正想要的东西；他们感到被理解。寻求被理解（主张）包括了促成决策的技巧。我们帮助客户做出符合其最佳利益的好决策。

6. 统合综效。为了得到一个“精准满足客户需求的解决方案”，我们需要具备创造性、灵活性和适应性，让我们擅长的东西与客户的需求相契合。买卖双方很可能都需要发展各自的思维和行动，以获得真正有效的东西。

7. 不断更新。不断学习，不断成长。有效倾听。

本书中关于“当你能听到，你就能演奏出来”的故事来自夏绿蒂·净香·贝克的《生活在禅中》（*Everyday Zen*）。

冥想有很多类型。那些提高我们对内部对话的意识的冥想，可以帮助我们成为一个更好的倾听者。如果没有意识，就没有选择。这里有两个简单而有效的练习，你可能会觉得有趣和有帮助。

练习1

在椅子上坐直，双脚平放在地上，双手舒适地放在你的大腿上，或将手指交织在一起，将手放在腿上。保持脊柱挺直，身体放松。闭上眼睛或微微睁开眼睛，向下看向手。

开始长而缓慢的呼吸，尽可能采用腹式呼吸，而不是呼吸来自胸部。吸气时，注意内心的对话——头脑中正在发生的事情。只是注意：不要做出反应或判断，甚至可以给这个想法起个名字——“想去商店”或“想知道我做这个有多久了”，只需要注意涌现的想法即可。

当呼气时，只要放松头脑，放下所有的想法。脑海中的思想可能会完全清空，或许不会，没有关系，只要继续放空——释放。在呼气结束，准备吸入下一口气时，暂停片刻，享受片刻的宁静。当呼吸自然开始恢复时，重复这个过程。

留意自己可以继续练习多久而不迷失在思绪中，留意整个体验的过程。

练习2

按照练习1中的描述，坐着并呼吸，同时给自己的呼吸计数。每一次吸气和呼气记为一个数字，例如，吸气时，对自己说数字1，呼气时，说数字1。下一个完整的吸气和呼气过程将记为数字2，以此类推。数到10之后，从1开始，再数到10。

看看自己能够多少次数到10，或是能坚持多久。你可能会惊讶于内部对话无数次打断计数的过程。如果你能约束自己，在不失去注意力的情况下，专注于数数，你会发现你能更好地专注于客户对你说的话，而不会被自己的内心对话分心。

其他一些关于有效倾听的书籍包括：玛德琳·伯利·艾伦的《倾听：被遗忘的技能》（*Listening: The Forgotten Skill*），以及马克·布雷迪编辑的《倾听的智慧》（*The Wisdom of Listening*）。

评估：综述

● 不要猜测

销售进展指数（SPI）

富兰克林柯维销售绩效部和它的一些客户使用销售进展指数（SPI）来衡量客户和顾问之间有意义的信息流。虽然销售进展指数可以作为一种预测工具，但它更重要的用途是作为一种辅导工具。通过销售进展指数，销售领导可以与销售人员一起，如何在提出解决方案之前尽可能地改善有意义的信息流。一个小的信息流，表明一个低概率的机会；我们可以体面地提出退出或谨慎地继续推进。

销售进展指数通常是会为特定的客户和应用定制。为了让大家了解这个指数的概念，下面提供了一个通用的版本，首先是一个单页的记分卡，然后是更详细的信息。在这个例子中，我们给出了一个为机会打分的样本机制。有些客户喜欢打分，有些客户则不喜欢使用打分表。

客户：　　　　机会：　　　　顾问：

	日期1	日期2	日期3	日期4
采访到的人 ………… 4				
机会（28）				
议题 ………… 6				
依据和影响 ………… 12				
背景 ………… 3				
制约因素 ………… 3				
情绪驱动力 ………… 4				
资源（8）				
时间 ………… 1				
人员 ………… 1				
预算 ………… 6				
决策过程（20）				
决策网格 ………… 6				
接触决策者 ………… 8				
决策标准 ………… 6				
小计 ………… 60				

	日期1	日期2	日期3	日期4
精准的解决方案（20）				
解决方案的优势 ………… 10				
交易优势 ………… 4				
关系优势 ………… 6				
其他优势 ………… ?				
促成决策（20）				
演示模式 ………… 3				
思维结构 ………… 8				
视觉演示 ………… 2				
黄灯、非价格因素 ………… 3				
价格谈判 ………… 2				
不同的角色 ………… 2				
小计 ………… 40				

总计 ………… 100				

销售进展指数（SPI）

客户姓名： **机会：**
客户经理：

第一次评分： 日期：	第二次评分： 日期：	第三次评分： 日期：

接受采访的人的最高层级				
给交谈过的所有人打分，分数等级代表了一个连续的分值范围。				
		你的打分		
你在与谁交谈？一个盲目的提案请求书？一个信息采集者？技术人员？关键的影响者？决策者？	盲目的提案请求书……–4 利益相关者……1 强有力的影响者/决策者……4	日期1	日期2	日期3

重要提示！
下面的信息必须来自客户或得到客户的确认！

机会（客户已确认）				
在以下各类别中给机会打分，分数等级代表了一个连续的分值范围。		你的打分		
		日期1	日期2	日期3
业务议题：我们是否已检查，是否所有的问题/结果都已经得到解决？议题的重要性排序是否由利益相关者完成？客户是否认为这些议题有意义或必须解决？	未确认、模糊不清、相互矛盾、不突出……–4 通用的、可预测的……1 完整的、按照重要性排序的、突出的……6			
依据和影响：关键问题的依据是硬性的、软性的，还是根本不存在？是否存在客户认同的预算层面的影响？相对于潜在的投资，影响是否很大？按1—10的程度，这些影响对客户的重要性值几分？	缺乏依据/影响，或依据/影响较弱……–4 尚未获得，但愿意了解依据/影响……1 存在硬性依据和巨大的经济影响……12			

续表

机会（客户已确认）				
背景（运营背景和组织背景）：客户是否确定了什么人或其他什么会受到运营层面的影响？这些议题是否被纳入关键的组织重要事项中？	并非运营背景或组织背景 ······ -2 要么是运营背景，要么是组织背景 ······ 2 既有运营背景，也有组织背景 ·· 3			
制约因素（相互冲突的重要事项、政治、风险、对变革的抵触、负面的信念，等等）：是什么阻碍了客户在过去解决这些议题？什么可能导致客户在未来无法解决议题？我们/客户是否能够有效地解决这些制约因素？	威胁到机会的制约因素 ······ -8 未确定的制约因素 ······ 0 已确定且可管理的制约因素 ··· 3			
情感驱动因素（哪怕没有确实的商业逻辑也依然可能存在）：在1—10的量表上，10代表“十分重要”，1代表“没人在乎”，对于利益相关者而言，这个项目的重要性值几分？他们在情感层面的重视程度有几分？	无人在乎（0-6）······ -6 强烈兴趣（7）······ 1 十分重要（8、9、10）······ 4			
	总计得分：			

资源（客户已确认）				
在以下各类别中给机会打分，分数等级代表了一个连续的分值范围。		**你的打分**		
		日期1	**日期2**	**日期3**
时间：客户要求的时间周期是否合理？过短？还是太遥远/模糊？	威胁到机会的时间问题 ······ -3 合理的时间安排 ······ 1			
人员：客户对待分工是否持有合理的态度或承诺？客户是否会投入“正确”的人力资源？	威胁到机会的人员问题 ······ -3 合理的人员安排 ······ 1			

续表

资源（客户已确认）				
预算：关于取得预期成果所需的投资范围，我们与客户是否具备了类似的想法？这些资金是否可以获取？	威胁到机会的资金问题 ………… −6 资金没问题，可以获取 ………… 6			
	总计得分：			

决策过程（客户已确认）				
在以下各类别中给机会打分，分数等级代表了一个连续的分值范围。		**你的打分**		
		日期1	**日期2**	**日期3**
决策过程：我们是否与客户一起规划了步骤、决策、何时和什么人？它们是否完整？合理？有利？	客户没有响应或过程混乱无序 ·· −4 只定义了决策步骤 ………… 1 完整的决策过程已明确且合理 ··· 6			
接触决策者：我方与关键影响者和决策者沟通的机会是开放的，还是受限的？	所有的接触请求都被否决 ····· −4 部分得到许可且有效 ………… 2 我们见到了所有想见的人 ······ 8			
决策标准：客户的利益相关者是否愿意或能够明确地表述自己从不同的备选方案（什么都不做，客户自己做，选择我们或其他公司）中做选择的标准？我们能否满足这些标准？	不愿意/不能够明确表述标准或标准对我方不利 ………… −4 标准已知且中立 ………… 0 标准已知且对我方有利 ………… 6			
	总计得分：			

机会+资源+决策过程总得分	**你的打分**		
	日期1	**日期2**	**日期3**
在指定日期，请将机会、资源和决策过程各栏的得分分别相加，再加上接受采访的人的最高层级的得分。			

重要提示！

下面的信息结合了我们自己的信念和我们从客户那里了解到的想法。

<table>
<tr><th colspan="5">竞争优势/竞争包括：什么都不做、客户自己做、选择其他公司而非我们</th></tr>
<tr><td colspan="2" rowspan="2">在以下各类别中给竞争优势打分，分数等级代表了一个连续的分值范围。</td><th colspan="3">你的打分</th></tr>
<tr><th>日期1</th><th>日期2</th><th>日期3</th></tr>
<tr><td>解决方案的优势：我们的解决方案能够在多大程度上提供预期的成果？这个解决方案在可行性、执行难易程度以及可预知的风险等方面得分如何？它满足时间要求和决策标准的程度如何？与其他竞争对手的解决方案相比，我们的解决方案表现如何？</td><td>竞争对手更有优势（我方的解决方案较弱）……–6
不相上下……0
我方的解决方案非常合理，且比竞争对手的方案更强……10</td><td></td><td></td><td></td></tr>
<tr><td>交易优势：与竞争对手相比，我们的交易结构是好还是坏？定价如何？现金流如何？投资回报率（ROI）如何？风险削减能力如何？运营或财务层面的灵活性如何？是否为客户提供了战略、战术、竞争或其他方面的优势？</td><td>竞争对手更有优势（我方的交易结构较弱）……–4
不相上下……0
我方的交易结构非常合理，且比竞争对手的结构更强……4</td><td></td><td></td><td></td></tr>
<tr><td>关系优势：我们与关键利益相关者和决策者的个人、政治和专业关系的积极程度和强度如何？如果我们在客户方拥有支持者或拥护者，他们拥有什么样的决策权力？</td><td>竞争对手更有优势（我方的关系优势较弱）……–6
与竞争对手势均力敌……0
我方的关系很强，远胜竞争对手的关系……6</td><td></td><td></td><td></td></tr>
<tr><td>其他优势：是否存在可能更有利于我方或竞争对手的其他具体考量或情况？</td><td>竞争对手更有优势……–4
不相上下……0
我方占优势……5</td><td></td><td></td><td></td></tr>
<tr><td colspan="2" align="right">总计得分：</td><td></td><td></td><td></td></tr>
</table>

促成决策				
在以下各类别中给自己(或你的团队)演示并促成决策的能力打分,分数等级代表了一个连续的分值范围。		你的打分		
		日期1	日期2	日期3
演示模式:我们是否向正确的人,在适当的时长,(以占据竞争优势的姿态)亲自演示?	存在威胁到最终决策的问题……−4 很有挑战性,但仍然可行……0 对我方有利……3			
思维结构(能够促使客户做出决策的逻辑及情感层面的因素):它是否清晰地表达了此次演示希望达到什么最终决策?客户是否认同?我们是否明确客户为了做出决策而必须化解哪些关键信念,并确保整个演示围绕这些信息组织和展开?我们是否掌握了有说服力的证据?我们是否知道如何要求客户做出决策?整个演示的流程是否符合逻辑、简明易懂以及引人入胜?	存在缺陷……−3 合理但仍需要继续努力……0 令人信服、言简意赅、引人入胜……8			
视觉演示:整体的视觉演示是否容易理解?它是否有补充作用,并为思维结构提供支持?	效果糟糕……−2 可接受……0 卓越……2			
非价格的黄灯(延迟、怀疑、担忧、反对):我们是否提前预判了最可能出现的问题、延迟、怀疑和反对,并做好了充分的应对准备?我们是否熟练地掌握了解决不可预见的黄灯的技巧?	毫无准备……−2? 可接受……0 充分准备……3			

续表

促成决策				
价格谈判（包含了支付条款和条件）：我们是否设定了积极进取的、符合实际的价格目标（ART）？我们是否设定了“无法成交”的底线？我们是否有保持“完整”的选项？如果我们决定放弃积极进取的、符合实际的ART目标，我们是否有其他可以价值交换的选择？我们是否秉持了不可白白退让的原则？我们是否为客户可以预见的杀价战术提前做好了准备？	毫无准备……−2 可接受……0 充分准备……2			
不同的角色：如果不止一个人演示，那么是否所有人都知道自己的角色和目标？是否存在一个总指挥式的人物？我们是否需要每个人实现会议目的？每个人是否都做好了充分的准备？	角色定义不清……−2 可接受……0 统筹和协调效果良好……2			
	总计得分：			

机会+资源+决策过程+接受采访的人员+竞争优势+促成决策的总得分	你的打分		
	日期1	日期2	日期3
机会+资源+决策过程，包括接受采访的人员			
竞争优势			
促成决策			
总得分：			

评估业务需求

一家研究公司估计，65%的销售人员在追求毫无价值的交易。这有多大成效呢？80%的销售机会流失，是由于评估程序不充分或不存在，并且缺乏有效的销售计划程序。

两种类型的背景

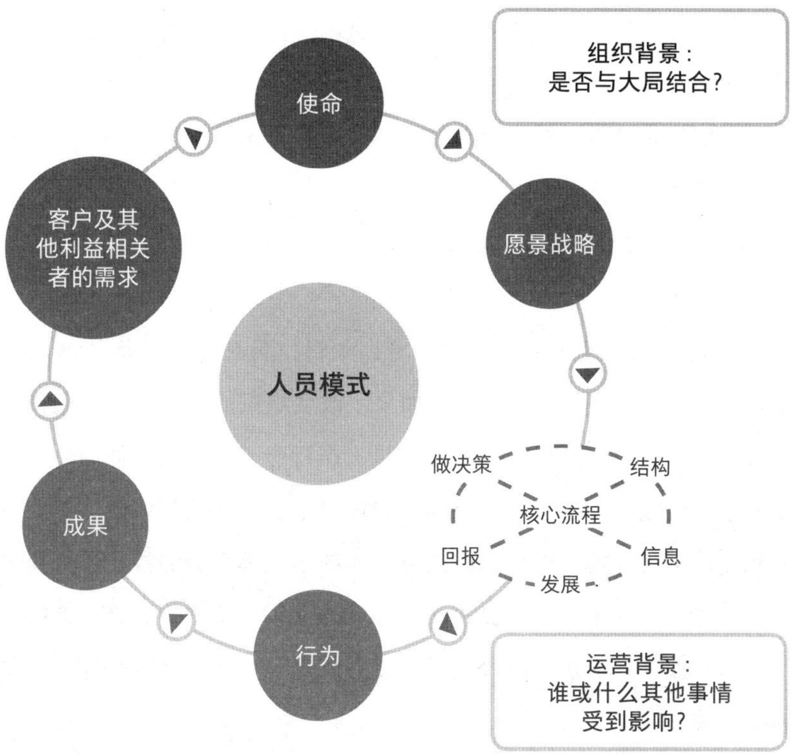

富兰克林柯维用来帮助顾问进行系统思考的一个工具，是组织效能循环™（OE循环）。为了实现经济和服务使命，一个组织的领导者设定战略，并把关键举措放在首要位置。基于他们对促使他人将这些战略变为现实的信念，他们将他们认为必需的“6项正事”落实到位。

1. 正确的流程。

2. 正确的结构。

3. 正确的人员。

4. 正确的信息。

5. 正确的决定。

6. 正确的奖励。

领导者和管理者认为“6项正事”将激励人们，使他们能够产生组织内外关键利益相关者所期望的结果。如果结果没有实现，那么“6项正事”中的一项或多项没有做对。

例如，如果我们正在安装一个新的信息系统，我们将采访关键的利益相关者，了解他们希望从获得正确的信息中获得什么结果。但是，即使我们安装了世界上最好的信息系统，组织也可能无法获得预期的结果，除非：信息被恰当整合到其做业务的方式（组织的流程）中；员工因输入和使用信息而得到奖励，并得到培训；员工被允许根据新的信息做出适当的决定；组织的结构与信息的最佳使用方式相一致。

同样，假设我们投入了一个销售培训项目，旨在改善具体的结果。即使这个项目很好，参与者评价很高，但如果不改变组织的其他系统和流程，这些结果是否能长期保持？如果组织不奖励员工执行所学的东西，他们会改善吗？如果他们不给受过培训的员工提供正确的信息来执行和监控绩效，他们会成功吗？如果他们不允许他们的员工做出适当的决定，那么新的技能还重要吗？如果他们不检查工作关系以及与公司其他部门的互动，新的行为是否会持续？如果他们不增加业务拓展技能以外的其他能力和知识，他们是否有可能实现预期结果的全部潜力？

当客户得到有效的解决方案时，我们就会受益，他们会给我们更多的业务。要使解决方案发挥作用，从整体上、系统上思考是有帮助的。谁和其他什么需要与我们的解决方案保持一致，以便客户获得他们想要的结果？客户会自己协调这些要素，还是需要一些帮助？如果客户需要帮助，我们能帮助他们吗？如果不能，我们是否认识可以帮助他们的人？

一本关于系统思考的好书是《第五项修炼：学习型组织的艺术与实践》（*The Fifteen Discipline: The Practice of The Learning Organization*），作者是彼得·圣吉。

● 制约因素

一本关于“做到真实”以及认识、理解和处理组织中的制约因素的好书是克里斯 · 阿吉里斯的《克服组织防卫》（*Overcoming Organizational Defenses: Facilitating Organization Learning*）。

评估决策

另见保罗 · 纳特博士的《做出艰难的决定》（*Making Tough Decisions*）。

达成双赢结果：促成决策的艺术

促成决策的能力凝聚了许多技巧和能力，以下是一些推荐的资料。

● 关键信念

希鲁姆 · 史密斯在其作品《高效能人士的时间和个人管理法则》（*The 10 Natural Laws of Successful Time and Life Management*）中，对信念是如何让我们得到我们想要的进行了很好的讨论。

● 逻辑（IQ）

《金字塔原理》（*The Pyramid Principle: Logic in Writing and Thinking*），作者芭芭拉 · 明托。

《简单的逻辑学》（*Being Logical: A Guide to Good Thinking*），作者D. Q. 麦克伦尼。

《普通语义学综述》（*ETC: A Review of General Semantics*），普通语义学研究所（2004—2008）和国际语义学协会。

● 情商（EQ）

《辩无不胜》（*How to Argue and Win Every Time*），作者盖瑞 · 斯宾塞。

《被听到，你需要先被相信》(*You've Got to Be Believed to Be Heard*)，作者伯特·德克尔。

《影响力》(*Influence: The Psychology of Persuasion*)，作者罗伯特·西奥迪尼。

《用正直去影响他人》(*Influencing with Integrity: Management Skills for Communication and Negotiation*)，作者基尼·拉博德。

● 演讲和引导技能

富兰克林柯维的"演讲优势"课程。

对于引导技能，找到一个关于团体引导技能的好课程，它超越了如何使用翻页书写板，教你如何有效地与一群人一起工作。

● 解决黄灯问题

《抵抗与说服》(*Resistance and Persuasion*)，作者埃里克·S. 诺尔斯和J. A. 林。

《故事思维》(*The Story Factor: Inspiration, Influence and Persuasion Through the Art of Storytelling*)，作者安妮特·西蒙斯。

《关键对话》(*Crucial Conversations*)，作者科里·帕特森、约瑟夫·格雷尼、罗恩·麦克米兰、艾尔·史威茨勒。

● 个人风格

作者选择在本书中不涉及个人风格的话题。许多人发现，他们可以根据客户的特定个人风格设计他们的演讲和互动。当今许多流行的风格系统都源于卡尔·荣格的心理学理论，甚至可以追溯到古埃及人和古希腊人的4种气质。几乎所有风格系统都有4种主要风格，分为4个象限，可以进一步细分为16种。

每种风格系统都有自己的拥护者和热衷者。作者和他们的一些客户曾经使用过的两种风格在下面两本书中得到了详细的论述：

《工作中的人员风格：使坏关系变好，使好关系变更好》(*People Styles at Work: Making Bad Relationships Good and Good Relationships Better*)，作者是罗伯特·霍尔顿和多萝西·戈弗·博尔顿。

《颜色代码》(*The Color Code*)，作者是泰勒·哈特曼、哈特曼通信公司。

另一个流行的模式是MBTI人格类型量表。

谈判

富兰克林柯维销售绩效部提供了一门谈判课程，与本书结合得很好。此外，作者非常推崇罗杰·费希尔(哈佛大学谈判项目的教授和主任)和威廉·尤里的各种作品，其中两本比较受欢迎的是《谈判力》(*Getting to Yes*)和《突破拒绝》(*Getting Past No*)。

另一本好书是利·汤普森的《谈判者心智》(*The Mind and Heart of the Negotiator*)。

结果

我们推荐弗雷德·赖歇尔德的作品，特别是《终极问题：推动良好的利润和真正的增长》(*The Ultimate Question: Driving Good Profits and True Growth*)。终极问题是："你有多大可能向同事或朋友推荐这家公司？"对这个问题的回答，促使弗雷德得出了"净推荐值"体系。净推荐值(NPS)是基于这样一个基本观点——每家公司的客户都可以分为3类。推荐者是忠诚的拥护者，他们持续从同一个公司购买产品，并敦促他们的朋友也这样做；被动者是满意但不热心的顾客，他们很容易被竞争者吸引过去；贬损者是不快乐的顾客，与公司关系不佳。净推荐值的计算方法是用推荐者数减去贬损者数。

创造净推荐的想法，与"帮助客户成功"的销售流程完全一致。这本书和这个过程也非常适用于开发推荐人。

开发新客户

如果有人推荐你，潜在客户会同意与你会面的百分比的数据，来自《向高级管理人员销售：销售人员如何与高级管理人员建立信任和信誉》(*Selling to Senior Executives: How Salespeople Establish Trust and Credibility with Senior Execu-*

tives），这是一份白皮书，由目标营销系统公司首席执行官阿尔斯通·加德纳、目标营销系统公司开发部主任史蒂芬·J. 比斯特里察和北卡罗来纳大学凯南·弗拉格勒商学院工商管理教授杰伊·E. 克鲁布美克博士撰写。

关于客户留存的引文来自《战略销售管理：一个董事会问题》（*Strategic Sales Management: A Boardroom Issue*），作者是本森·夏皮罗、亚德里安·斯莱沃斯基和斯蒂芬·道尔，于1994年发表在《哈佛商业评论》。

在附录3中，我们提供了一些如何让客户主动给你来电的建议。詹斯奇通信的约翰·詹斯奇采用了类似的想法，建立了一个易于实施的"系统"来营销自己和自己的业务，并让人们给你打电话。约翰的《胶带营销》一书和他的"推荐洪流"概述了建立一个强大的推荐网络的方法。以下是约翰的"推荐洪流"。

第1步——创建一个获得推荐的目标市场。

第2步——设计一个推荐的教育系统。

第3步——勾勒出你的推荐机会和系统。

第4步——创建一个推荐对话策略。

第5步——确定推荐跟进策略。

这个简单明了的方案可以从"胶带营销"订购并轻松实施。

基思·法拉奇的《别独自用餐》（*Never Eat Alone*）是一本好书，如果你对建立个人的人脉网络有兴趣，务必要读一读。此外，前面提到的《终极问题》，是对建立推荐网络的有力补充。

我们在这本书中没有包括的一个主题是"滴水式营销"或"许可营销"。当我们开发一个潜在客户时，他们要么选择在那个时候接受，要么选择拒绝。如果他们在我们与他们会面时选择拒绝，在未来的某个时间，他们可能会愿意了解我们的解决方案。不要"一次接触就结束"，我们应该与他们持续沟通，向他们提供他们可能重视的信息，让他们记得我们。

在对你的潜在客户进行研究时，可以考虑以下方式：

OneSource深入的公司简介帮助你节省研究企业家族、行业、关键管理人员和财务信息的时间，并提供超过1700万家全球公司和2100万名高管的简介。

Hoovers包含了关于行业、公司和领导它们的人的有见地的信息。

FinListics Solutions的创新软件程序，允许销售人员展示投资回报，并有效沟通他们的解决方案如何影响客户的净利润。

iProfile为销售和市场营销提供了创建需求、评估客户、了解新客户和加速销售所需的信息。谁是信息技术部门的人，他们的联系信息是什么，他们的头衔是什么，他们向谁报告？此外，iProfile还提供深入的背景信息，包括关键人物的简历和访谈，以及主要的应用基础设施和财务状况。

First Research是一家行业情报公司，帮助销售团队更快、更聪明地执行任务，打开业务的大门，并达成更多的交易。First Research通过将数以百计的信息来源整合成易于消化的格式，使销售人员能够迅速了解潜在客户或客户的业务问题。First Research每季度更新一次行业简介，并发送电子邮件提醒，以确保内容的及时性。客户包括银行、技术、电信、业务流程外包和专业服务领域的领先公司，如美国银行和美林公司。First Research公司被50000多名销售专业人员使用，可以使任何在多个行业拥有潜在客户的组织受益。

作者简介

马汉·卡尔萨（**Mahan Khalsa**）是富兰克林柯维销售绩效部的创始人。马汉是世界知名的业务拓展和B2B销售专家。他的客户包括埃森哲、怡安、EDS、微软、甲骨文以及其他许多公司。马汉是一位备受欢迎的演讲者、作家和商业顾问，他已经帮助客户赢得了数十亿美元的销售收入。他以优异的成绩毕业于加州大学洛杉矶分校的经济学专业，并拥有哈佛大学的MBA学位。马汉是富兰克林柯维合资公司ninety five 5, LLC的创始人和合伙人。

兰迪·伊利格（**Randy Illig**）是富兰克林柯维销售绩效部的高级顾问。兰迪加入团队是因为他在帮助客户成功TM销售流程上有着第一手的成功经验。他现在为客户提供培训、咨询和辅导，帮助他们通过使用帮助客户成功TM销售流程赢得更多有盈利的业务。兰迪是富兰克林柯维合资公司ninety five 5, LLC的合伙人，并担任其首席执行官。他曾获得安永年度企业家奖、安永“40岁以下首席执行官”奖，以及安达信战略领导奖。

关于富兰克林柯维

富兰克林柯维集团（纽约证券交易所：FC）是为组织和个人提供效能培训、生产力工具和评估服务的全球领导者。富兰克林柯维通过释放员工的潜力，聚焦和执行最重要业务来帮助企业成功。客户包括90%的财富100强公司、超过75%的财富500强公司、成千上万的中小型企业，以及大量政府部门和教育机构。组织和个人通过企业培训、特许客户辅导员、一对一辅导、公开研讨会和80多家零售店获得富兰克林柯维的产品和服务。在美国，富兰克林柯维有近1500个专业人士，并在全球设立了35个办公室，向140多个国家和地区提供专业服务和产品。

关于富兰克林柯维销售绩效部

富兰克林柯维销售绩效部专注于客户化的销售培训、咨询和辅导，并向客户展示如何通过以客户为中心大幅提高销售绩效。围绕有效的销售计划和流程、销售领导力、销售管理和顾问式销售技巧，富兰克林柯维销售绩效部帮助客户执行和提升能力。富兰克林柯维销售绩效部的帮助客户成功™销售流程打破了销售和购买中的无效做法，为销售人员提供了战略、工具和技能，使他们成为客户眼中值得信赖的顾问。该流程基于马汉和兰迪合著的《帮助客户成功：世界500强企业使用的解决方案销售实用教程》。

FranklinCovey

品 牌 故 事

三十多年前，当史蒂芬·R. 柯维（Stephen R. Covey）和希鲁姆·W. 史密斯（Hyrum W. Smith）在各自领域开展研究以帮助个人和组织提升绩效时，他们都注意到一个核心问题——人的因素。专研领导力发展的柯维博士发现，志向远大的个人往往违背其渴望成功所依托的根本性原则，却期望改变环境、结果或合作伙伴，而非改变自我。专研生产力的希鲁姆先生发现，制订重要目标时，人们对实现目标所需的原则、专业知识、流程和工具所知甚少。

柯维博士和希鲁姆先生都意识到，解决问题的根源在于帮助人们改变行为模式。经过多年的测试、研究和经验积累，他们同时发现，持续性的行为变革不仅仅需要培训内容，还需要个人和组织采取全新的思维方式，掌握和实践更好的全新行为模式，直至习惯养成为止。柯维博士在其经典著作《高效能人士的七个习惯》中公布了其研究结果，该书现已成为世界上最具影响力的图书之一。在富兰克林规划系统（Franklin Planning System）的基础上，希鲁姆先生创建了一种基于结果的规划方法，该方法风靡全球，并从根本上改变了个人和组织增加生产力的方式。他们还分别创建了「柯维领导力中心」和「Franklin Quest公司」，旨在扩大其全球影响力。1997年，上述两个组织合并，由此诞生了如今的富兰克林柯维公司（FranklinCovey, NYSE: FC）。

如今，富兰克林柯维公司已成为全球值得信赖的领导力公司，帮助组织提升绩效的前沿领导者。富兰克林柯维与您合作，在影响组织持续成功的四个关键领域（领导力、个人效能、文化和业务成果）中实现大规模的行为改变。我们结合基于数十年研发的强大内容、专家顾问和讲师，以及支持和强化能够持续发生行为改变的创新技术来实现这一目标。我们独特的方法始于人类效能的永恒原则。通过与我们合作，您将为组织中每个地区、每个层级的员工提供他们所需的思维方式、技能和工具，辅导他们完成影响之旅——一次变革性的学习体验。我们提供达成突破性成果的公式——内容+人+技术——富兰克林柯维完美整合了这三个方面，帮助领导者和团队达到新的绩效水平并更好地协同工作，从而带来卓越的业务成果。

富兰克林柯维公司足迹遍布全球160多个国家，拥有超过2000名员工，超过10万个企业内部认证讲师，共同致力于同一个使命：帮助世界各地的员工和组织成就卓越。本着坚定不移的原则，基于业已验证的实践基础，我们为客户提供知识、工具、方法、培训和思维领导力。富兰克林柯维公司每年服务超过15000家客户，包括90%的财富100强公司、75%以上的财富500强公司，以及数千家中小型企业和诸多政府机构和教育机构。

富兰克林柯维公司的备受赞誉的知识体系和学习经验充分体现在一系列的培训咨询产品中，并且可以根据组织和个人的需求定制。富兰克林柯维公司拥有经验丰富的顾问和讲师团队，能够将我们的产品内容和服务定制化，以多元化的交付方式满足您的人才、文化及业务需求。

富兰克林柯维公司自1996年进入中国，目前在北京、上海、广州、深圳设有分公司。

www.franklincovey.com.cn

更多详细信息请联系我们：

北京 朝阳区光华路1号北京嘉里中心写字楼南楼24层2418&2430室
电话：(8610) 8529 6928 邮箱：marketingbj@franklincoveychina.cn

上海 黄浦区淮海中路381号上海中环广场28楼2825室
电话：(8621) 6391 5888 邮箱：marketingsh@franklincoveychina.cn

广州 天河区华夏路26号雅居乐中心31楼F08室
电话：(8620) 8558 1860 邮箱：marketinggz@franklincoveychina.cn

深圳 福田区福华三路与金田路交汇处鼎和大厦21层C02室
电话：(86755) 8337 3806 邮箱：marketingsz@franklincoveychina.cn

柯维公众号

柯维视频号

柯维+

富兰克林柯维中国数字化解决方案：

「柯维+」(Coveyplus)是富兰克林柯维中国公司从2020年开始投资开发的数字化内容和学习管理平台，面向企业客户，以音频、视频和文字的形式传播富兰克林柯维独家版权的原创精品内容，覆盖富兰克林柯维公司全系列产品内容。

「柯维+」数字化内容的交付轻盈便捷，让客户能够用有限的预算将知识普及到最大的范围，是一种借助数字技术创造的高性价比交付方式。

如果您有兴趣评估「柯维+」的适用性，请添加微信coveyplus，联系柯维数字化学习团队的专员以获得体验账号。

富兰克林柯维公司在中国提供的解决方案包括：

I. 领导力发展：

课程	标识	说明
高效能人士的七个习惯®(标准版) The 7 Habits of Highly Effective People®	THE 7 HABITS of Highly Effective People® SIGNATURE EDITION 4.0	提高个体的生产力及影响力，培养更加高效且有责任感的成年人。
高效能人士的七个习惯®(基础版) The 7 Habits of Highly Effective People® Foundations	THE 7 HABITS of Highly Effective People® FOUNDATIONS	提高整体员工效能及个人成长以走向更加成熟和高绩效表现。
高效能经理的七个习惯® The 7 Habits® for Manager	THE 7 HABITS FOR Managers ESSENTIAL SKILLS AND TOOLS FOR LEADING TEAMS	领导团队与他人一起实现可持续成果的基本技能和工具。
领导者实践七个习惯® The 7 Habits® Leader Implementation	THE 7 HABITS® Leader Implementation COACHING YOUR TEAM TO HIGHER PERFORMANCE	基于七个习惯的理论工具辅导团队成员实现高绩效表现。
卓越领导4大天职™ The 4 Essential Roles of Leadership™	The 4 Essential Roles of LEADERSHIP™	卓越的领导者有意识地领导自己和团队与这些角色保持一致。
领导团队6关键™ The 6 Critical Practices for Leading a Team™	THE 6 CRIRICAL PRACTICES FOR LEADING A TEAM™	提供有效领导他人的关键角色所需的思维方式、技能和工具。
乘法领导者® Multipliers®	LIZ WISEMAN'S MULTIPLIERS® HOW THE BEST LEADERS IGNITE EVERYONE'S INTELLIGENCE	卓越的领导者需要激发每一个人的智慧以取得优秀的绩效结果。
无意识偏见™ Unconscious Bias™	UNCONSCIOUS BIAS™	帮助领导者和团队成员解决无意识偏见从而提高组织的绩效。
找到原因™：成功创新的关键 Find Out Why™: The Key to Successful Innovation	Find Out WHY™ THE KEY TO SUCCESSFUL INNOVATION	深入了解客户所期望的体验，利用这些知识来推动成功的创新。
变革管理™ Change Management™	CHANGE How to Turn Uncertainty Into Opportunity™	学习可预测的变化模式并驾驭它以便有意识地确定如何前进。

培养商业敏感度™ Building Business Acumen™	Building Business Acumen	提升员工专业化，看到组织运作方式和他们如何影响最终盈利。

II. 战略共识落地：

高效执行四原则® The 4 Disciplines of Execution®	The 4 Disciplines of Execution	为组织和领导者提供创建高绩效文化及战略目标落地的系统。

III. 个人效能精进：

激发个人效能的五个选择® The 5 Choices to Extraordinary Productivity®	THE 5 CHOICES to extraordinary productivity	将原则与神经科学相结合，更好地管理决策力、专注力和精力。
项目管理精华™ Project Management Essentials for the Unofficial Project Manager™	PROJECT MANAGEMENT ESSENTIALS For the Unofficial Project Manager	项目管理协会与富兰克林柯维联合研发以成功完成每类项目。
高级商务演示® Presentation Advantage®	Presentation Advantage TOOLS FOR HIGHLY EFFECTIVE COMMUNICATION	学习科学演讲技能以便在知识时代更好地影响和说服他人。
高级商务写作® Writing Advantage®	Writing Advantage TOOLS FOR HIGHLY EFFECTIVE COMMUNICATION	专业技能提高生产力，促进解决问题，减少沟通失败，建立信誉。
高级商务会议® Meeting Advantage®	Meeting Advantage TOOLS FOR HIGHLY EFFECTIVE COMMUNICATION	高效会议促使参与者投入、负责并有助于提高人际技能和产能。

IV. 信任：

信任的速度™（经理版） Leading at the Speed of Trust™	Leading at the SPEED OF TRUST	引领团队充满活力和参与度，更有效地协作以取得可持续成果。
信任的速度®(基础版) Speed of Trust®: Foundations	SPEED OF TRUST FOUNDATIONS	建立信任是一项可学习的技能以提升沟通，创造力和参与度。

V. 顾问式销售：

帮助客户成功® Helping Clients Succeed®	HELPING CLIENTS SUCCEED	运用世界顶级的思维方式和技能来完成更多的有效销售。

VI. 客户忠诚度：

引领客户忠诚度™ Leading Customer Loyalty™	LEADING CUSTOMER LOYALTY	学习如何自下而上地引领员工和客户成为组织的衷心推动者。

助力组织和个人成就卓越

富兰克林柯维管理经典著作

《高效能人士的七个习惯》
（30周年纪念版）（2020新版）

书号：9787515360430
定价：79.00元

《高效能家庭的7个习惯》

书号：9787500652946
定价：59.00元

《高效能人士的第八个习惯》

书号：9787500660958
定价：59.00元

《要事第一》（升级版）

书号：9787515363998
定价：79.00元

《高效执行4原则2.0》

书号：9787515366708
定价：69.90元

《高效能人士的领导准则》

书号：9787515342597
定价：59.00元

《如何管理自己》

书号：9787515342795
定价：29.80元

《激发个人效能的五个选择》

书号：9787515332222
定价：29.00元

《高效能人士的时间和个人管理法则》

书号：9787515319452
定价：49.00元

《柯维的智慧》

书号：9787515316871
定价：79.00元

《高效能人士的七个习惯·每周挑战并激励自己的52张卡片：30周年纪念卡片》

书号：9787515367064
定价：299.00元

《帮助客户成功：世界500强企业使用的解决方案销售实用教程》

书号：9787515369174
定价：69.00元

《公司在下一盘很大的棋，机会留给靠谱的人》

书号：9787515334790
定价：29.80元

《释放潜能》

书号：9787515332895
定价：39.00元

《如何让员工成为企业的竞争优势》

书号：9787515333519
定价：39.00元

《释放天赋》

书号：9787515350653
定价：69.00元